D1694047

 gmbh

schwerinstr. 44
44805 bochum
tel. 0234 / 8 90 90 83
fax 0234 / 8 90 90 85

Armin Krenz
Handbuch Öffentlichkeitsarbeit

Armin Krenz

Handbuch Öffentlichkeitsarbeit

Professionelle Selbstdarstellung für Kindergarten, Kindertagesstätte und Hort

Herder Freiburg · Basel · Wien

Im Verlag Herder sind vom Autor außerdem folgende Bücher erschienen:

praxisbuch kindergarten:
Entwicklung und Lernen im Kindergarten – Psychologische Aspekte und pädagogische Hinweise für die Praxis (zusammen mit H. Rönnau), 6. Aufl. 1996

kindergarten-hort-schule:
Bewegung im „Situationsorientierten Ansatz" – Neue Impulse für Theorie und Praxis (zusammen mit R. Raue), 2. Aufl. 1997

konzeptbuch kindergarten:
Der „Situationsorientierte Ansatz" im Kindergarten – Grundlagen und Praxis, 11. Aufl. 1997
Kompetenz und Karriere – Für ein neues Selbstverständnis der Erzieherin, 2. Aufl. 1995
Die Konzeption – Grundlage und Visitenkarte einer Kindertagesstätte. Hilfen zur Erstellung und Überarbeitung von Einrichtungskonzeptionen. 2. Aufl. 1996

Erzieherin heute:
Was Kinder brauchen – Entwicklungsbegleitung im Kindergarten, 2. Aufl. 1997

Herder/Spektrum:
Seht doch, was ich alles kann! 3. Aufl. 1996
Kinderfragen gehen tiefer, 3. Aufl. 1996

Reihe Lebenshilfe:
Was Kinderzeichnungen erzählen, 3. Aufl. 1997

Anschrift des Autors:
Dr. Armin Krenz
c/o Institut für angewandte Psychologie und Pädagogik
Alter Markt 14
24103 Kiel

Gedruckt auf umweltfreundlichem,
chlorfrei gebleichtem Papier

Fotos: Hartmut W. Schmidt, Freiburg
Einbandgestaltung: Barbara Theis, Freiburg

2. Auflage

Alle Rechte vorbehalten – Printed in Germany
© Verlag Herder Freiburg im Breigau 1997
Satz: Barbara Herrmann, Freiburg
Druck und Bindung: Freiburger Graphische Betriebe 1998
ISBN 3-451-26393-9

Inhalt

Widmung 9

Vorwort 10

1. Beispiele der Öffentlichkeitsarbeit von Kindergärten, Kindertagesstätten und Horten: gelungene und mißlungene Versuche 17

2. Öffentlichkeitsarbeit – Versuch einer Definition 26

3. Öffentlichkeitsarbeit – und wem sie dient 37
3.1 Öffentlichkeitsarbeit dient den pädagogischen MitarbeiterInnen 42
3.2 Öffentlichkeitsarbeit dient dem Berufsbild 46
3.3 Öffentlichkeitsarbeit dient den Kindern 54
3.4 Öffentlichkeitsarbeit dient der Einrichtung 56
3.5 Öffentlichkeitsarbeit dient den Eltern 60
3.6 Öffentlichkeitsarbeit dient dem Träger 64
3.7 Öffentlichkeitsarbeit dient einrichtungsfernen Ziel- und Interessengruppen 69

4. Thesen für eine qualifizierte Öffentlichkeitsarbeit 82

5. Corporate Identity – sich im Innen- und Außenverhältnis präsentieren 90

6. Formen der Öffentlichkeitsarbeit 98
6.1 Öffentlichkeitsarbeit im Innenverhältnis sozial-pädagogischer Einrichtungen 98
6.1.1 Die Personalleiste 98
6.1.2 Umgangskultur 100
6.1.3 Persönliches Erscheinungsbild 106
6.1.4 Indirekte Öffentlichkeitsarbeit 108
6.1.5 (Fach-)Politisches Engagement 109
6.1.6 Einrichtungsräume und Öffentlichkeitsarbeit 111
6.1.7 Eltern- und MitarbeiterInnenbücherei 115
6.1.8 „Schwarzes Brett" 118
6.1.9 Thematisch gebundene Fachbuchvorstellungen 121
6.1.10 Hospitation 123
6.1.11 Besondere MitarbeiterInnen in den Kinder- oder Interessengruppen 126
6.1.12 Elternfragebogen 128
6.2 Eigene Publikationen 133
6.2.1 Einrichtungskonzeptionen 133
6.2.2 Präsentationsmappen 136
6.2.3 Jahresbericht 137
6.2.4 Mitarbeit an Fachpublikationen/Veröffentlichung von Fachpublikationen 139
6.2.5 Einrichtungszeitung 140
6.2.6 Handzettel/Flugblätter 146
6.2.7 Video-Filme und Dia-Serien 148
6.3 Veranstaltungen und Aktionen 149
6.3.1 Umfelderfahrungen mit Kindern 149
6.3.2 Mitarbeit in Arbeitskreisen 153
6.3.3 Unterrichtsmitarbeit in Fachschulen 157
6.3.4 Fachsymposien 159
6.3.5 ReferentInnentätigkeit 162
6.3.6 Elternabende 163
6.3.7 Einrichtungspartnerschaften 169
6.3.8 Schaukästen außerhalb der Einrichtungen 171
6.3.9 Tag der Offenen Tür 174
6.3.10 Ausstellungen innerhalb und außerhalb der Einrichtung 178
6.3.11 Unterschriftenaktion 180

6.3.12 Spendenaktionen und öffentliche Versteigerungen 184
6.3.13 Feste und Feiern 186
6.3.14 Der Info-Stand 188
6.3.15 Öffentlichkeitsarbeit durch Direktwerbung/
Streuartikel 190
6.3.16 Trägerausgerichtete Betriebsfeste und Betriebsausflüge 191
6.3.17 Demonstrationen 193
6.4 Presse- und Medienarbeit 194
6.4.1 Pressemitteilung/Presseinformation 194
6.4.2 Pressegespräch 202
6.4.3 Pressekonferenz 203
6.4.4 Reportage 206
6.4.5 Anzeige 208
6.4.6 Lokalfunk/Radiointerview 209
6.4.7 Fernsehen 215
6.4.8 LeserInnenbriefe in regionalen und überregionalen
Zeitungen/Zeitschriften 218

7. Social Sponsoring – Leistungen und Gegenleistungen .. 221

8. Zusammenfassung 228

Literatur 230

Anschriften der Fernsehsender 236

Widmung

Es gab in der vergangenen Zeit viele Situationen in meinem beruflichen Leben, an die ich gerne zurückdenke, weil ich auf Menschen getroffen bin, die sich auf der einen Seite voller Engagement an neue Aufgaben heranwagten, auf der anderen Seite ein hohes Interesse daran zeigten, das Profil ihrer Einrichtungen deutlich herauszuarbeiten, zum Wohle von Kindern und Eltern, zur eigenen Zufriedenheit und zur Professionalität ihres Berufsstandes.

So denke ich zunächst an Frau Gensch, Fachberaterin in Salzwedel, die mit einem unsagbaren Engagement, einer Lebendigkeit und mit Witz für Bewegung sorgt, wie ich es in diesem Berufsfeld selten kennenlernen durfte.

Dann denke ich an die Schwesternschaft des Marianums in Allensbach-Hegne, die durch ihre Aufgeschlossenheit und Hilfsbereitschaft für die Durchführung zweier großartiger Veranstaltungen sorgte.

Meine Gedanken wandern weiter zum Kath. Kindergarten Gernsheim, in dem ein Mitarbeiterinnenteam arbeitet, das sich mutig und neugierig den Anforderungen einer veränderten Pädagogik stellt.

Schließlich denke ich an Masal Pas Bagdadi aus Mailand, die für eine Pädagogik eintritt, in der sich Kinder in ihren Ausdrucksformen verstanden fühlen.

Mein besonderer Dank gilt den Kindergärten in Groß Liedern, Bad Segeberg (St. Marien), Erfurt (Kindertagesstätte Schmetterling), Jena (Kindertagesstätte Wirbelwind), Alveslohe, Wahlstedt (Kinderschutzbund), Husum (AWO), Bordesholm (Christuskirche), dem Kinderhaus des Hilfswerks der Deutschen Unitarier in Kiel und dem Ev. Kindergarten Wahlstedt, dem Jugendamt der Stadt Bottrop und dem Kirchenkreis Hamm: Sie alle setzen sich für eine professionelle Pädagogik ein, in der Öffentlichkeitsarbeit zu einem neuen, interessanten Schwerpunkt werden könnte.

Und schließlich denke ich an Magdalena Maria Giermann aus Freising, die mir mit ihren 7 Jahren einen der schönsten Briefe geschrieben hat, den ich jemals geschenkt bekam.

Vorwort

Beispiel: Musical

Lassen Sie mich, verehrte Leserinnen und Leser, zunächst mit einem Beispiel beginnen, um die Wirkung einer gelungenen Öffentlichkeitsarbeit zu zeigen.

Vor einiger Zeit (Anfang 1997) wurde im Kieler Raum ein Musical von Schülerinnen und Schülern einer Realschule aufgeführt, bei dem ich Gast sein konnte. Das Stück trug den Titel „Lena" und handelte von einem Mädchen, das in den 90er Jahren lebt und eine Reise in die Zukunft unternimmt – genauer gesagt ins Jahr 2100. Dort trifft es auf Menschen, die sich wie Menschen verhalten, lediglich mit ihren Computern kommunizieren und vor allem keine Gefühle mehr spüren. Was zählt, sind lediglich die Vernunft, das Denken und Wissen, intellektuelle Auseinandersetzungen und Selbstbeschäftigung. Lena trifft bei ihrer Reise auf Markus und nimmt ihn mit auf einen Ausflug in die Vergangenheit – sie erleben dabei die Uraufführung von Aida, die Flower-Power-Zeit der 60er Jahre, die wilden 70er mit dem Schwerpunkt „We don't need no education", die 80er Jahre mit dem Höhepunkt der Wiedervereinigung und die 90er mit den aktuellen Disco-Wellen jeweiliger Musikrichtungen. Langsam findet Markus wieder zu seinen Gefühlen zurück und entschließt sich, bei Lena zu bleiben. Doch Lena entscheidet sich dagegen: Sie fordert Markus auf, in seine Zeit zurückzugehen, um auch in der Zukunft das Leben von Gefühlen zu gewährleisten. Markus erhält von Lena zum Abschied einen Strauß bunter Blumen. Mit ihnen geht er in seine Zeit und erweckt die „Maschinen-Menschen" zu neuem Leben.

Soweit das Musical. Beide Vorstellungen waren mit jeweils 700 BesucherInnen ausgebucht, und der Beifall nach den Aufführungen wollte kein Ende nehmen. Zugaben wurden gefordert, und die Schülerinnen und Schüler entsprachen dem Wunsch. Verschiedene Zeitungen berichteten ebenso begeistert und voller Lob über das Musical wie unterschiedliche Radiosender, die sowohl Ausschnitte übertrugen als auch Interviews mit einigen Beteiligten führten. Noch Wochen und Monate später war diese Aufführung

in vieler Munde: So etwas löste Anerkennung und Begeisterung aus. Was war dabei das Besondere?
- Bei diesem Musical haben alle (!) Schülerinnen und Schüler der gesamten Schule mitgewirkt.
- Bei diesem Musical waren alle (!) Lehrerinnen und Lehrer sowohl bei der Vorbereitung als auch bei der Durchführung aktiv beteiligt.
- Die gesamte Vorbereitungs- und Durchführungsphase war von einer hohen Motivation aller getragen.
- Das Musical wurde in enger Zusammenarbeit von LehrerInnen und SchülerInnen gemeinsam entworfen, geschrieben, einstudiert und schließlich aufgeführt.
- Die Idee eines Musicals ist während einer SchülerInnenaktion entstanden und wurde durch einen Impuls einzelner initiiert und weiterentwickelt.
- Die Phase der Vorbereitung dauerte ihre notwendige Zeit (in diesem konkreten Beispiel sieben Monate).
- Während der Vorbereitungszeit wurde von allen Seiten (hier: SchülerInnen und LehrerInnen) aktiv mitgearbeitet.
- Bei der unterschiedlichen Rollenbesetzung gab es zwar Haupt- und Nebenrollen, Statisten, Solosänger und einen Chor..., doch gab es in der Bewertung der Rollen keine Unterschiede zwischen wichtigen Rollen und Funktionen und weniger wichtigen Besetzungen.
- Schülerinnen und Schüler haben sich mit den teilweise langen Texten und sinnverbundenen Szenen (Zeitgeschichte, Politik) auseinandergesetzt, sie haben persönlichen Einsatz gezeigt und teilweise viel Mühe investiert, um zum Gelingen des Musicals beizutragen.

Darüber hinaus
- wurden Sponsoren gesucht und gefunden, die dazu beigetragen haben, daß die finanziellen Verpflichtungen (professionelle Beleuchtung; professionelle Musikmischanlage ...) tragbar waren;
- fühlten sich die Besucherinnen und Besucher wirklich als Gäste wertgeschätzt: Die Stuhlreihen boten genügend Platz für die einzelnen Gäste, eine Sekt- und Saftbar lud in der Pause zu Erfrischungen ein, die Schülerinnen und Schüler hinter den Getränketresen zeigten sich sehr freundlich und höflich, ein „Ord-

nungsdienst" begleitete – falls gewünscht – die BesucherInnen zu ihren Plätzen;
- gab eine große Plakatwand mit großformatigen Fotos, die im eigenen Schullabor entwickelt wurden, einen Eindruck von den Proben und der Vorbereitung wieder. Teilweise waren die Bilder mit interessanten Texten kommentiert, so daß sich die Besucherinnen und Besucher qualitativ ansprechend mit der Entstehung dieses Musicals beschäftigen und auseinandersetzen konnten;
- wurden auch Personen aus der Gemeinde-, Kreis- und Landespolitik eingeladen, um eine breite Öffentlichkeit zu erreichen.

Bei diesem Musical stimmte einfach alles – von der Idee über die Planung bis hin zur Durchführung. Für die Besucherinnen und Besucher fing das Musical schon vor der Aufführung ansprechend an: Es gab Eintrittskarten mit einem sorgsam gedruckten Programmheft, in dem sowohl ein kurzer Inhaltstext aufgeführt war als auch alle (!) Schülerinnen und Schüler aus den jeweiligen Klassenstufen genannt und alle Lehrerinnen und Lehrer mit ihren besonderen Aufgaben vorgestellt waren.

Selbst bei der kurzen Ansprache des Rektors wurde z. B. dadurch auf die Besucherinnen und Besucher Rücksicht genommen, daß die Sponsoren nicht namentlich aufgeführt wurden, sondern eine optisch ansprechende, großformatige Plakatwand im Eingangsbereich die Sponsoren vorstellte. Interessierte Besucherinnen und Besucher konnten sich auf diese Weise freiwillig über die Sponsorenschaft informieren.

Vielleicht ist es mir gelungen, ein wenig von der großartigen Atmosphäre dieser Musical-Aufführung herüberzubringen.

Hier wurde „nicht gekleckert, sondern geklotzt".

Hier wurden „Bordmittel genutzt und mit professioneller Hilfe ergänzt".

Hier stimmte das Innenambiente der Schule mit dem Außenambiente (Presse, Funk, Einladungsplakate) überein.

Hier gab es eine hohe Stimmigkeit zwischen der hohen Motivation der Schülerinnen und Schüler sowie der Lehrerinnen und Lehrer, die zu jedem Zeitpunkt zu spüren war.

Hier mußten finanzielle Kalkulationen größerer Ordnung vorgenommen und zur Deckungsgleichheit gebracht werden, die wiederum mit professioneller Logistik erreicht wurde.

Professionalität und Stimmigkeit von Inhalten und gelebten Beziehungen, Motivation und Aktivität, Zielsetzungen und eingeschlagene Wege, Bestandsaufnahmen und innovative Problemlösungen führten unweigerlich zum Erfolg. Und das in einer Regelschule mit curricularen Unterrichtsplänen, Zeitbegrenzungen und den üblichen schulinternen Schwierigkeiten, dem berechtigten Freizeitinteresse der SchülerInnen und LehrerInnen, die viel Zeit neben ihren Unterrichtsverpflichtungen in die anstrengende Vorbereitungsphase investiert haben.

Im nachhinein, als sich viele Schülerinnen und Schüler in den Armen lagen, sich gegenseitig auf die Schultern klopften, sie mit den LehrerInnen, dem Rektor, den beiden Hausmeistern und der Schulsekretärin auf das außergewöhnlich gute Gelingen ihres Musicals die Gläser anstießen, hieß es zu Recht:
„Das hat sich gelohnt."

Und sowohl aus dieser Gruppe der vielen hundert Mitwirkenden als auch aus der Reihe der BesucherInnen kam rasch die Frage auf:
„Und wann machen wir mit etwas Neuem weiter?"

Effekt der Aufführung

Öffentlichkeitsarbeit ist eine Investition, die sich dann lohnt, wenn sie wie in dem o.g. Beispiel funktioniert, zumal viele Ziele erreicht wurden (beabsichtigt und sich ergebend):

- Schülerinnen und Schüler unterschiedlicher Altersgruppen nehmen Kontakt miteinander auf, lernen sich kennen und arbeiten an einer gemeinsamen Zielsetzung.
  (Auf- und Ausbau einer kommunikativen Kooperation)

- Lehrerinnen und Lehrer machen gemeinsam fächerübergreifende Erfahrungen und lernen sich – intensiver als in einer normal verlaufenden Schulzeit – kennen.
  (Auf- und Ausbau einer interdisziplinären Kommunikation)

- SchülerInnen und LehrerInnen machen Erfahrungen miteinander, die ein üblicher Schulalltag nicht oder nur selten zuläßt.
  (Abbau gegenseitiger Vorurteile und Auf-/Ausbau einer gemeinsamen Einrichtungsidentität)

- Eltern, politische Mandatsträger und andere Personen aus dem (un)mittelbaren Umfeld der Einrichtung lernen die Institution – über den bekannten Rahmen hinaus – intensiver kennen.
  (Beitrag zur Transparenz einer Institution)

- Durch die Berührungspunkte in der Vorbereitungszeit sowie die Durchführung selbst werden Kontakte geknüpft, die für alle Seiten bedeutungsvoll sein können bzw. sind.
  (Auf- und Ausbau einer interdisziplinären Kooperation von Institutionen und Personen, die bisher unterschiedliche Aufgaben verfolgen)

Warum ein Beispiel aus der Schulpädagogik?

Nun werden Sie sich, verehrte Leserin, verehrter Leser, fragen, warum im Vorwort ein Beispiel aus der Schulpädagogik und nicht aus der Elementarpädagogik gewählt wurde. Das hat sehr unterschiedliche Gründe:

- Die Pädagogik der Schule ist aufgrund ihrer vielschichtigen Verflechtungen zwischen Schul- und Kultusministerbürokratie in engere Rahmen und Grenzen gesetzt als Kindergärten und Kindertagesstätten. Insoweit müssen und sollten es letztere Einrichtungen leichter haben.

- Das Schulbeispiel bringt zum Ausdruck, daß es um eine öffentliche Aktion mit mehreren hundert Beteiligten ging, die während der normalen Unterrichtszeit mit allen Lehr- und Lernverpflichtungen und auch darüber hinaus ein solch starkes, öffentlich vielbeachtetes Spektakel auf die Beine stellen konnte. Kindergärten und Kindertagesstätten haben kleinere Kollegien und eine insgesamt geringere Kinderzahl. Insoweit müssen und sollten es letztere Einrichtungen leichter haben.

- Eine solch wirksame Öffentlichkeitsarbeit habe ich im Vergleich zu Kindergärten und Kindertagesstätten mit ihren Aktionen persönlich noch nicht erlebt. Insoweit ist es zu wünschen, daß letztere Einrichtungen eine ähnliche Begeisterung in ihrem Umfeld durch institutionsspezifische Aktionen initiieren können, wie es die Schule geschafft hat.

- Die Entstehung bestimmter Formen der Öffentlichkeitsarbeit ist sicherlich immer von Personen, ihren Zielsetzungen und Ideen, ihrem Engagement und ihren Handlungsaktivitäten abhängig. Dabei spielt es keine Rolle, ob es sich dabei um Beispiele aus der Schul- oder Elementarpädagogik handelt.

- Die Schule hat mit Hilfe logistischer Planungsarbeiten und strukturierter Arbeitsschritte für einen weitestgehend vorhersagbaren Erfolg gesorgt. Dabei kam es zu einer Vernetzung von Sach-, Selbst- und Sozialkompetenzen der pädagogischen Fachkräfte sowie des Schulleiters. Diese Kompetenzen wurden von den Beteiligten während des Studiums und in Fort- und Weiterbildungsmaßnahmen sowie durch Auswertungen unterschiedlicher Erfahrungen „gelernt". Da auch ErzieherInnen pädagogische Fachkräfte sind, darf es in der Bewertung der unterschiedlichen Ausgangslagen (einerseits Studium und Schule, andererseits Fachschulausbildung und Kindergarten/Kindertagesstätten) keine qualitativen Unterschiede geben. Öffentlichkeitsarbeit kann gelernt werden – unabhängig vom Grundberuf und der Arbeitsinstitution!

Absicht des Handbuches

Das „Handbuch Öffentlichkeitsarbeit" versucht auf der einen Seite, das notwendige Know-how zu vermitteln. **Lebendig** – versehen mit vielen Beispielen –, **verständlich** – in einer „normalen" Sprache –, **übersichtlich** – mit Hilfe eines strukturierten Aufbaus –, **praktisch** – zur Übertragung auf die eigene Arbeit –, **kritisch** – mit selbsterlebten Beispielen aus der langjährigen Praxis des Autors –, **optimistisch** – mit der Sicherheit getragen, daß auch das Unmögliche bei entsprechendem Willen möglich wird –, **perspektivisch** – in der Absicht, daß auch neue Formen der Öffentlichkeitsarbeit Einzug in die Praxis finden –, **klar** – ohne sich in Nebensächlichkeiten zu verlieren – und **konstruktiv** – um Übertragungen auf die jeweilige Praxis zu ermöglichen.

Sollte es dennoch an bestimmten Stellen zu Widersprüchen zwischen Ihren Erwartungen und den ausgeführten Textstellen des Autors kommen, dann gibt es unterschiedliche Möglichkeiten, damit umzugehen:
1. Machen Sie es besser, als es in diesem Buch vorgestellt wird.
2. Schreiben Sie gerne dem Autor (Anschrift siehe Seite 4), und lassen Sie ihn an Ihren Erfahrungen und Ideen teilhaben.

3. Entwickeln Sie gerne neue Formen der Öffentlichkeitsarbeit, setzen Sie diese um, und lassen Sie uns alle dazu beitragen, daß sozial-pädagogische Einrichtungen verstärkt, kompetent und offensiv eine Öffentlichkeitsarbeit betreiben, die den besonderen Stellenwert dieser wichtigen Institutionen immer wieder aufs neue herausstellt.

In erster Linie zum Wohle der Kinder und ihrer Eltern, in zweiter Linie für das Image der Elementar- und Primarpädagogik, für das Berufsbild und die Personen selbst, die engagiert und motiviert das Profil dieser Einrichtungen prägen.

1. Beispiele der Öffentlichkeitsarbeit von Kindergärten, Kindertagesstätten und Horten: gelungene und mißlungene Versuche

Es gibt im Kieler Raum eine Kindertagesstätte, die schon seit vielen Jahren versucht, ein möglichst weites Ansprechfeld für die Entwicklungsbegleitung von Kindern im Alter von 3–10 Jahren zu finden.

Ausgangspunkt war die Idee, daß die MitarbeiterInnen zwar einen Großteil der Eltern mit ihren gruppeninternen und gruppenübergreifenden Elternabenden erreichen konnten, doch entwickelte sich mit der Zeit die Tendenz, daß manche Kindertagesstätteneltern nachfragten, ob nicht auch Freunde oder Bekannte zu diesen interessanten Themenabenden mitkommen könnten. Schließlich bemerkten die MitarbeiterInnen, daß der Rahmen immer größer wurde und es auch einige Eltern gab, die sich in einem kleineren, „internen" Kreis wohler fühlten.

So entstand der Gedanke, einmal im Jahr innerhalb einer Zeitspanne von sechs Wochen einen „Vortragszyklus" anzubieten, bei dem – im Abstand von jeweils zwei Wochen – ein Vortrag unter einem Hauptthema gehalten wurde.

Beispiele für einen Vortragszyklus

Hauptthema: „Was Kinder brauchen, um sich seelisch gesund zu entwickeln."

1. Abend: „Kinder brauchen Grenzen und Konsequenzen."
2. Abend: „Kinder brauchen Regeln und Sicherheit."
3. Abend: „Kinder brauchen Wertschätzung, Respekt und Zeit. Ein Plädoyer für Kinderrechte."

Hauptthema: „Erziehen ist nicht kinderleicht – Entwicklungsprobleme und wie man ihnen begegnen kann."

1. Abend: „Verhaltensauffälligkeiten als Signale von Ängsten, Belastungen, Nöten und Hoffnungen."
2. Abend: „Kinder fordern uns heraus – Provokationen und wie Eltern damit umgehen können."
3. Abend: „Erziehungsstile und ihre Auswirkungen auf Kinder – und was geschieht, wenn gar nichts klappt?"

Hauptthema: „Kinder spielen sich ins Leben – die Bedeutung des Spiels für die Entwicklung von Kindern."

1. Abend: „Das Spiel der Kinder – Spielformen und ihr besonderer Wert aus entwicklungspsychologischer Sicht."
2. Abend: „Unser Kind spielt nur: der Zusammenhang von spielen und lernen."
3. Abend: „Und jetzt kommt die Schule – reicht das Spiel für die Vorbereitung der Schule wirklich aus?"

Hauptthema: „Kindheiten heute – wie wachsen Kinder auf, und wie sind die Auswirkungen auf unsere Kinder?"

1. Abend: „Der Fernseher als Mittelpunkt der Familie – Auswirkungen der medialen Welt auf die Entwicklung von Kindern."
2. Abend: „Verplante Zeiten – Kurse, Trainings- und andere Veranstaltungen nehmen Kindern immer mehr Entwicklungszeit."
3. Abend: „Kinder lernen aus Erfahrung – was Eltern und Kindertagesstätte tun können, um Kinder in ihrer Selbständigkeit zu unterstützen."

Diese vier Beispiele geben die Haupt- und Abendthemen der Zyklen aus den letzten vier Jahren wieder.

Schon zur ersten Veranstaltungsreihe kamen Eltern aus der Kindertagesstätte, Freunde und Bekannte, ErzieherInnen aus anderen Einrichtungen und interessierte Männer und Frauen aus dem Ortsteil. Mit der Fortsetzung des Zyklus' stieg die BesucherInnenzahl unaufhörlich, so daß die Kindertagesstätte inzwischen aufgrund des begrenzten Raumes auch die TeilnehmerInnenzahl begrenzen muß. Die Abende (20.00 – 22.00 Uhr) sind dabei zeitlich so strukturiert, daß nach der Begrüßung durch die Leiterin ein Vortrag von einer Stunde folgt, dann die Eltern in ihren Tischgruppen die Möglichkeit nutzen können, anhand formulierter Thesen und Fragen diese miteinander zu diskutieren, um in der letzten halben Stunde mit dem Referenten bzw. der Referentin in einen gemeinsamen Gedankenaustausch zu treten. Die Eltern sitzen derweil um Tische, auf denen Gebäck, Kaffee und Tee zur Verköstigung bereitgestellt sind.

Da dieser Zyklus jedes Jahr in denselben (Spät-)Sommermonaten stattfindet, hat sich diese Veranstaltungsform schon fest im Gemeindeleben etabliert. Eltern, ErzieherInnen und große Teile der Bevölkerung der Gemeinde erwarten diesen Zyklus jeweils mit großem Interesse. Daß mit ansprechenden Plakaten in Geschäften des Ortes darauf aufmerksam gemacht wird, versteht sich ebenfalls von selbst wie die Tatsache, daß die Presse darüber berichtet. Dafür haben die MitarbeiterInnen entsprechende Pressemappen vorbereitet und händigen diese an die PressevertreterInnen am Vortragsabend aus.

Dieses gelungene Beispiel bringt die Kindertagesstätte neben anderen Aktivitäten immer wieder öffentlich und konstruktiv ins Gespräch.

Öffentliche Podiumsdiskussion

Im Zuge der starken Einschränkung der finanziellen Mittel für den Kindertagesstättenbereich entschlossen sich die MitarbeiterInnen einer Kindertagesstätte im Hamburger Umland, endlich einmal eine **öffentliche Podiumsdiskussion** zur Sparpolitik im Elementarbereich zu initiieren. So wurden alle VertreterInnen der kommunalen Parteien, der Bürgermeister und entsprechende Beigeordnete der Stadt, LeiterInnen und MitarbeiterInnen umliegender Kindergärten und Eltern sowie die interessierte Öffentlichkeit eingeladen, an dieser Veranstaltung teilzunehmen. Ausgangspunkt war ein Referat mit dem Thema „Kindergärten – unverzichtbarer Bestandteil im Bildungssystem unseres Landes". Der Referent stellte zunächst die im Kindertagesstättengesetz genannten Aufgaben und Ziele von Kindergärten vor und setzte diese in einen direkten Bezug zu Umsetzungsmöglichkeiten in der Praxis. Dabei wurden die Bereiche Personalbesetzung, Gruppengrößen, Ausstattung und finanzielle Haushaltstitel in Beziehung zueinander gesetzt. Im Anschluß an das Referat übernahm eine der Leiterinnen die Rolle der Moderatorin und forderte die StadtvertreterInnen und Parteiabgeordneten auf, ihre Positionen zu verdeutlichen und konkret Stellung zu den aufgeworfenen Aussagen und Fragen aus dem Referat zu beziehen. Es entwickelte sich – dank der ausgezeichneten Gesprächsführung durch die Moderatorin – eine lebhafte, spannende, kontrovers geführte und inhaltlich anspruchsvolle Diskussion mit dem Ergebnis, daß

a) die Parteiabgeordneten versprachen, sich für die Verbesserung der Rahmeneckwerte für Kindertagesstätten aktiv einzusetzen;

b) die StadtvertreterInnen ihre Absicht öffentlich bekanntgaben, die geplanten finanziellen Mittel für die Errichtung einer bestimmten Straßenbeleuchtung zu kürzen und den gewonnenen Finanzanteil für dringende Aufgaben in den Kindertagesstätten einzusetzen.

Die Presse berichtete in großem Umfang über diese Podiumsdiskussion und das Engagement der Politiker und ParteivertreterInnen.

Wie gesagt – diese Podiumsdiskussion, die in einer gemeinsamen Aktion von Kindertagesstätten und dem Referenten sehr genau vorbereitet worden war, schaffte es, daß Haushaltsmittel der Stadt umgeschichtet wurden. ErzieherInnen und Eltern feierten dies zu Recht als einen großen Erfolg für eine bessere Kindertagesstättenpädagogik, die den Kindern unmittelbar zugute kam.

Interne Probleme und ihre Wirkung nach außen

Schon viele Jahre arbeiteten die MitarbeiterInnen einer Kindertagesstätte daran, ihre Pädagogik zu qualifizieren. Sie unternahmen dazu eine Bestandsaufnahme ihrer gesamten Tätigkeit in den letzten Jahren, diskutierten auf breiter Ebene die unterschiedlichen Ansätze in der Elementar- und Primarpädagogik, unterzogen sich motiviert einer strukturierten Reflexion im Hinblick auf ihre eigenen Kompetenzen und entschlossen sich konsequent für einen bestimmten Ansatz. Nun ging es darum, Eckwerte der Arbeit zu verändern, andere Formen der Zusammenarbeit mit den Eltern zu wählen, die Tagesabläufe anders zu gestalten, mehr mit Kindern ins Umfeld zu gehen, Planungen mit Kindern gemeinsam zu strukturieren und „den Mief einer veralteten Pädagogik" durch neue Impulse fachkompetent zu ersetzen. Auch wenn viele Eltern – wie auch die Gemeinde als Träger – anfänglich einige Schwierigkeiten hatten, sich auf das neue Konzept einzulassen, so merkten sie doch recht schnell, wie motiviert, neugierig, lebendiger und interessierter ihre Kinder wurden.

Völlig unvermittelt wurde die Leiterin dieser Kindertagesstätte schwer krank. Dies passierte in der Zeit, als die Einrichtung wegen des „Anspruchs auf einen Kindertagesstättenplatz" in einer Umbauphase (= Anbau für zwei weitere Gruppen) steckte. Dadurch waren viele Irritationen vorprogrammiert, die Bauaktivitäten und der Lärm taten das ihrige dazu, und es war gerade jetzt notwendig, daß alle in dieser schwierigen Zeit den Überblick behielten. Nachdem es sich herausgestellt hatte, daß die Leiterin schwerer erkrankt war als ursprünglich angenommen und wahrscheinlich nicht mehr in die Kindertagesstätte zurückkommen würde, entschied sich der Träger in sehr kurzer Zeit, eine neue Leiterin einzustellen. Die MitarbeiterInnen wurden dazu nicht gefragt bzw. angehört. Schnell wurde eine neue Leiterin gefunden, und so nahm sie ihre Arbeit auf. Da sie schon viele Jahre vorher eine Leitungsfunktion innehatte und bei ihren vorigen Arbeitsstellen einen anderen Ansatz favorisierte, nahm sie von dem Entwicklungsprozeß dieser MitarbeiterInnengruppe zwar kurze Notiz, verlangte aber andere Arbeitsschwerpunkte, die mit den Vorstellungen der MitarbeiterInnen nicht deckungsgleich waren. Aufgeschreckt durch den fachlichen (!) Widerstand des Kollegiums rief die Leiterin einen Gesamtelternabend ein und machte ihren Standpunkt deutlich. Dabei kamen nun die (wenigen) Eltern, die schon immer mit dem „neuen Ansatz auf Kriegsfuß" standen, zu Wort und unterstützten die Leiterin. Es endete in einer völligen Irritation für viele Eltern und ErzieherInnen. Nach dem Gesamtelternabend sprach die neue Leiterin viel mit den Eltern, die ihr inhaltlich nahestanden, und vernachlässigte die Eltern, die eine andere Einschätzung vertraten. Dasselbe konnte auf den Umgang mit den einzelnen MitarbeiterInnen übertragen werden.

Hier ging es um Macht(ansprüche), um „richtig" und „falsch", „gut" und „böse", „angemessen" und „schlecht".

Das Ergebnis zeigte sich darin, daß Eltern untereinander – ebenso wie die Mehrzahl der ErzieherInnen im Verhältnis zur Leiterin – nun gegeneinander „kämpften", persönliche Kränkungen erlebten und sich zunehmend Cliquen bildeten. Da sich alles in einem relativ kleinen Ort abspielte, in dem unter-

schiedliche soziale Bezüge bestanden, war auf einmal die ganze Öffentlichkeit in diesen „Beziehungskampf" involviert. Die Kindertagesstätte verlor dadurch ihren guten Ruf.

Straßenfest In einem großen Neubaugebiet mit überwiegend schmucken Ein- und Zweifamilienhäusern wurde nach einiger Zeit ein Kindergarten gebaut. Schon im Vorfeld (Planungsverfahren) gab es von vielen BewohnerInnen Einwände wegen des zu erwartenden Lärms, der Zunahme des Autoverkehrs durch die Eltern, die ihre Kinder mit dem Pkw zum Kindergarten bringen würden, und damit wegen einer subjektiv zu erwartenden Minderung ihres Eigentumswerts. Das Ergebnis sah dann so aus, daß die Gruppen der Einrichtung auf drei (statt geplanter fünf) reduziert wurden, und nach einer beschleunigten Bauzeit der Kindergarten auch bezogen wurde. Die MitarbeiterInnen merkten schnell, daß es – grob gesagt – drei Bevölkerungsgruppen in ihrem Einzugs- und Wohngebiet gab. Die Eltern mit Kindern im Kindergarten begrüßten natürlich die unmittelbare Nähe; Erwachsene ohne Kinder fühlten sich überwiegend durch den Lärm und den (vergleichsweise dennoch sehr geringen) Verkehr gestört und lehnten nach wie vor den Kindergarten ab, und dann gab es eine dritte Gruppe, die sich weder für noch gegen den Kindergarten aussprach.

Die MitarbeiterInnen, die sich um eine gute und gewinnbringende Kommunikation mit den (un)mittelbaren Nachbarn bemühen wollten, dachten darüber nach, wie sie sich auf der einen Seite vorstellen und auf der anderen Seite die Lager unterschiedlich eingestellter Menschen ins Gespräch bringen konnten. Schnell entschlossen sie sich für eine lebendige, öffentliche, fröhliche und lustige Aktion. So entstand die Idee für ein großangelegtes Kindergarten- und Straßenfest. Einige Wochen vorher wurde zusammen mit Eltern und Kindern geplant, Vorhaben vorbereitet, Sponsoren gesucht, Spielaktivitäten erdacht und schließlich an einem sonnigen Samstag im Juni umgesetzt. Mit den Kindern wurden persönliche Einladungen per Handzettel in den Haushalten abgegeben, Plakate hingen in jedem Geschäft, die örtliche Presse berichtete von dem bevorstehenden Nachbarschaftsfest, die Feuerwehr stellte ein Zelt (für alle „Regenfälle") zur Verfügung, die angrenzenden Straßen wurden im Wohngebiet gesperrt, und alles begann mit einer Zirkusnummer der Kinder. Sie hatten sich überlegt, einen Kinderzirkus mit sehr vielen Darstellungen zu zeigen. Auch die Eltern spielten etwas vor, wovon im übrigen weder die ErzieherInnen noch die Kinder vorher etwas wußten. So kamen zu dem Fest viele Eltern, Freunde und Bekannte, Nachbarn (aus allen „Lagern") und Trägervertreter und feierten mit den Kindern ein bis heute unvergessenes Fest. Die MitarbeiterInnen hatten bewußt auf Gesprächskreise u. a. verzichtet, weil sie allen Beteiligten ganz einfach das Gefühl vermitteln wollten, daß Kinder eine Bereicherung für alle sind. Ohne pädagogischen Zeigefinger oder irgendwelche Argumente, sondern lediglich durch das Erleben von lebendiger Kommunikation!

Durch diese Aktion wurden nicht nur Vorurteile abgebaut, sondern auch neue Beziehungen geknüpft, die bis heute dazu geführt haben, daß der Kindergarten (und die Kinder) fest ins Wohnumfeld integriert ist (sind). Kinder grüßen die Erwachsenen, Erwachsene grüßen die Kinder, Plaudereien werden ausgetauscht, und es wird auch im Rahmen der Möglichkeiten Rücksicht aufeinander genommen.

Die Einrichtungskonzeption

Durch den teilweise rapiden Personalabbau von pädagogischen Fachkräften in den neuen Bundesländern (verbunden mit einem Rückgang der Geburtenzahl, Kürzungen im Landeshaushalt, Abbau von Überkapazitäten ...) standen und stehen viele ehemalige „Kinderkombis" vor dem Aus. Das ist im Sinne der MitarbeiterInnen besonders bedauerlich! In einer großen Stadt in Sachsen-Anhalt ging ebenfalls das „Gespenst der drohenden Schließung" um, und viele Erzieherinnen sowie das technische Personal bangten jeden Tag und bei jeder angesetzten Betriebsversammlung, wenn es zudem mit VertreterInnen der Jugendämter um die Weiterführung der Einrichtungen ging. Gleich nach der „Wende" wandte sich die Leiterin einer Kindertagesstätte den neuen Anforderungen zu. Sie besuchte viele Fort- und Weiterbildungsveranstaltungen, verglich pädagogische Ansätze und führte auch hausinterne Fortbildungen für sich und die MitarbeiterInnen durch. Die Referentenhonorare, die aus Sicht der MitarbeiterInnen im Vergleich zu ihrem eigenen Einkommen sehr hoch waren, wurde dabei sowohl durch Haushaltsgelder als auch anteilige Eigenkosten gedeckt. Es wurde konzeptionell gearbeitet, und schließlich entstand eine stimmige Konzeption. Nun begab sich die Leiterin (!) auf die Suche nach einer neuen Trägerschaft für diese Kindertagesstätte. Sie besuchte alle freien Wohlfahrtsverbände, setzte sich mit Stiftungen in Verbindung und stellte dabei das Konzept vor, mit dem sie verdeutlichen wollte, daß es sich lohnt, gerade diese Einrichtung zu übernehmen. Die Konzeptionen wurden dabei an die Eltern weitergegeben, „Tage der offenen Tür" wurden eingerichtet, potentielle Träger eingeladen und Kontakte zu allen wichtigen Entscheidungs- und Mandatsträgern aus der Politik und den zuständigen Ämtern hergestellt. Schließlich fand sich ein Träger, der bereit war, diese Kindertagesstätte zu übernehmen.

Die Leiterin hat dabei den Weg in die Öffentlichkeit gesucht – mit Fachkompetenz und perspektivischem Blick in eine bedrohliche Zukunft. Dabei hat sie vor allem mit Hilfe einer guten, inhaltlich strukturierten Konzeption den Anspruch einer qualitativen Pädagogik dokumentiert und öffentlich vorgetragen. Mit dem Erfolg, daß diese Einrichtung noch heute existiert.

Rolle der Eltern

MitarbeiterInnen eines Kindergartens beklagten sich immer wieder darüber, daß „die" Eltern überhaupt kein Interesse an der Kindergartenarbeit zeigen würden. So fielen z. B. Aussagen wie folgende:
- „Den Eltern ist es doch völlig gleich, was wir hier machen. Sie geben am Morgen ihre Kinder ab und holen sie – teilweise verspätet – ohne Kommentar ab."
- „Viele Eltern sind einfach nur froh darüber, daß sie für ihre Kinder einen Kindergartenplatz gefunden haben. Wir können arbeiten, wie wir wollen – Nachfragen kommen selten. Nur wenn die Kinder über längere Zeit mal nichts mit nach Hause bringen, dann haken sie schon mal nach, ob wir denn vielleicht mal was basteln können."
- „Wenn Eltern auf uns zukommen, dann geht es hauptsächlich darum, daß wir darauf achten sollen, daß die Kinder ihr mitgebrachtes Frühstück essen sollen."
- „Elternabende können wir uns schenken. Zu Anfang waren es wenigstens noch ein paar Väter und Mütter, die gekommen sind. Aber wenn ich an die letzten Gruppenabende denke, dann waren von 23 Eltern durchschnittlich fünf oder sieben da."
- „Elternarbeit macht keinen Spaß. Jetzt haben wir uns mit der Realität arrangiert und können – wenn auch mehr schlecht als recht – damit leben."

Auf Nachfragen ergab sich die Situation, daß Elternabende z. B. zum Thema „Kind und Verkehr", „Gesunde Ernährung" und

„Fernsehen" angeboten wurden (die Themen wurden an dieser Stelle genauso übernommen, wie sie in den Ankündigungen vorkamen). Darüber hinaus war durch die Art der Sprache von seiten der MitarbeiterInnen deutlich zu spüren, daß die Eltern nicht willkommen waren und eigentlich „störten". Es gab wohl zu Anfang von einigen Eltern Nachfragen, doch wurden diese eher kurz und schroff beantwortet. Auf eine Anregung hin, doch einmal periodisch (z. B. am Ende jeder Woche) gruppenintern einen schriftlichen, kurzen Rückblick auf die fünf Kindergartentage zu geben, um zu verdeutlichen, was genau an Schwerpunkten und Inhalten gelaufen war, folgte die ablehnende Antwort, daß der Vorschlag zwar interessant, aber aus oben genannten Gründen überflüssig sei. Bei der Problematisierung der Elternabendthemen gaben die MitarbeiterInnen zur Antwort, daß dies wichtige Inhalte seien und sie für Eltern bedeutsam sein müßten (!). Andere Themen wollten (könnten?) sie nicht anbieten, und für externe Referenten fehle es im Haushalt an Geld.

Gleich, um welche Vorschläge es ging: Die MitarbeiterInnen sahen sich in der „Opfer-" und die Eltern in der „Täterrolle".

Die Eltern – als ein wesentlicher Teil der Öffentlichkeit – konnten sich in dieser Einrichtung nicht als gern gesehene Gäste erleben. Leider waren die Fronten zwischen ErzieherInnen und Eltern in der Zwischenzeit so deutlich abgesteckt, daß ein – bildlich gesprochen – großer Graben zwischen ihnen stand. Dieser mußte solange als unüberwindbar gelten, wie die MitarbeiterInnen des Kindergartens ihre subjektiven Einschätzungen beibehielten und damit Tag für Tag die unmittelbare Öffentlichkeit als Gegner erlebten.

2. Öffentlichkeitsarbeit – Versuch einer Definition

Kindergärten, Kindertagesstätten und andere (sozial-)pädagogische Einrichtungen stehen in gleichem Maße wie jede andere Institution, jeder Verband oder auch jeder Mensch in der Öffentlichkeit, ob Einrichtungen oder Personen es wünschen oder auch nicht. Schon allein die Existenz von etwas bzw. jemandem genügt, um öffentlich betrachtet zu werden. Seien es nun Menschen auf der Straße mit einem besonderen „Outfit", seien es bestimmte Berufsgruppen oder Menschenansammlungen, seien es Häuser mit auffallenden Merkmalen oder Unternehmen mit einer bestimmten Firmenphilosophie, sei es ein Kind, das laut auf der Straße singt, oder sei es ein außergewöhnliches Auto, das das Augenmerk anderer Menschen auf sich zieht.

Natürlich ist die Chance größer, daß Personen, Einrichtungen oder Umständen eine größere Beachtung geschenkt wird, wenn sie aus einem gewohnten bzw. gewöhnlichen Rahmen herausfallen, als wenn sie in einer Menge gleicher Dinge untergehen. Öffentlichkeit besteht immer, so daß im übertragenen Verhältnis zur Kommunikationspsychologie – in Anlehnung an das erste Axiom von Paul Watzlawick: „Man kann nicht nicht kommunizieren" – der Satz lauten könnte:

> „Öffentlichkeit ist jederzeit und an jedem Ort existent. Einer Öffentlichkeit kann sich niemand und nichts entziehen, denn schon der Entzug ist eine Existenz für die Öffentlichkeit."

Kindergärten, Tagesstätten und andere kindergartenähnliche Einrichtungen stehen in der letzten Zeit stärker im Rampenlicht der Öffentlichkeit. Das hat unterschiedliche Gründe:
– Der Anspruch auf einen Kindergartenplatz ließ die Diskussion um Kindergärten lauter werden.
 – In einigen Orten, Städten und Gemeinden ist inzwischen der

Ausbau von Kindergärten und Tagesstätten so weit fortgeschritten, daß Eltern sich in den unterschiedlichen Institutionen ein Bild von den jeweiligen Einrichtungen machen und ihre Anmeldung aufgrund ihres subjektiven Eindrucks in dem Kindergarten oder der Tagesstätte vornehmen, der oder die ihnen personell, räumlich und vom Arbeitsansatz am besten gefällt.
- Durch die unterschiedlichen Einsparungen im Sozialbereich, von denen auch die Elementar- und Primarpädagogik nicht verschont geblieben ist, sind viele ErzieherInnen an ihre Qualitätsgrenzen gestoßen und haben dementsprechend in der Öffentlichkeit gehandelt.
- Die öffentliche Auseinandersetzung um bestimmte elementarpädagogische Ansätze geschieht in den letzten Jahren weitaus deutlicher als zu der Zeit, als lediglich der „funktionsorientierte Ansatz" mit dem „Situationsansatz" verglichen wurde. Dadurch haben sich auch Kindergärten und Kindertagesstätten mehr mit den besonderen Merkmalen spezifischer Ansätze auseinandergesetzt, wobei im Laufe der Diskussionen auch Eltern und Träger in stärkerem Maße beteiligt waren.

Insoweit ist der „langjährige Dornröschenschlaf" weitestgehend beendet, und eine neue Phase der „Bewegung" ist eingetreten.

Versäumnisse in punkto Öffentlichkeitsarbeit

Viele (sozial-)pädagogische Einrichtungen haben es in der Vergangenheit verpaßt, eine aktive und konstruktive Öffentlichkeitsarbeit aufzunehmen bzw. auszubauen. Das mag unterschiedliche Gründe gehabt haben, die vor allem in folgenden Tatsachen zu finden sind:
- (Sozial-)Pädagogische Institutionen waren in der Vergangenheit (leider) nicht „gezwungen" bzw. aufgefordert, sich darstellen zu müssen. Schon ihre Existenz reichte aus, daß sie durch sich selbst legitimiert waren. Das betraf die Kindergärten, Tagesstätten, Schulen und Kinderkrippen ebenso wie Sucht- oder Familienberatungsstellen. Da sie für Kinder oder eine bestimmte Klientel gedacht waren, umgab sie ein Schein der Notwendigkeit. Und was notwendig war, bedurfte keiner besonderen Legitimation.
- MitarbeiterInnen in den unterschiedlichen sozialen Einrichtungen haben kaum die Aufgabe gesehen, Öffentlichkeitsarbeit zu gestalten. Soziale Arbeit entsprach einem Selbstverständnis zu helfen, wobei „Hilfe" etwas originär Gutes war. Und „gute"

Dinge bedürfen im allgemeinen Verständnis der Öffentlichkeit auch keiner besonderen Hervorhebung.
- In den sozialpädagogischen Ausbildungsstätten – so ergab eine Analyse von Unterrichtslehrplänen in den einzelnen Bundesländern – wurde der Schwerpunkt „Öffentlichkeitsarbeit" kaum bis gar nicht berücksichtigt. Weder im Fach „Praxis-/Methodenlehre" noch in den Fächern „Pädagogik" bzw. „Psychologie".
- Wurde von verschiedenen Trägern einmal eine aktive Öffentlichkeitsarbeit erwartet bzw. offensiv verlangt, reagierten (sozial-)pädagogische MitarbeiterInnen schnell mit dem Vorwurf, ihre Arbeit solle kontrolliert werden oder es gehe um eine Legitimierung ihrer Tätigkeit, und „das sei wohl nicht nötig". Statt konstruktiver Dialoge wurden beziehungsorientierte Auseinandersetzungen geführt, in denen Abwehrmechanismen zum Tragen kamen.
- Öffentlichkeitsarbeit wurde nicht selten mit der vorrangigen Aufgabe von Dienstleistungsunternehmen gleichgesetzt, von denen sich (sozial-)pädagogische Einrichtungen gerne abgehoben haben. Dadurch kam es zu einer Aufteilung zweier Einrichtungsarten: Auf der einen Seite gab es den Bereich „Wirtschaft" mit seinem Schwerpunkt „Management", auf der anderen Seite gab es das große Arbeitsfeld „Sozial-Pädagogik" mit seiner Konzentration auf die betreffende Klientel.

Graphisch dargestellt ergibt sich dazu folgendes Bild:

Wirtschaft mit dem Schwerpunkt Management: notwendige Konzentration auf eine **Außendarstellung**

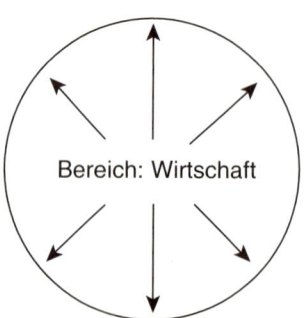

Sozial-Pädagogik mit ihren besonderen Aufgaben und Schwerpunkten: selbstdefinierte Konzentration auf eine **Innenkonzentration**

Vergleicht man heute die Schwerpunkte dieser beiden Arbeitsfelder, fallen interessante Beobachtungen auf.

1. Während der Wirtschaftsbereich vor einigen Jahren gemerkt hat, daß die verstärkte Außenorientierung eine Vernachlässigung der Innenorientierung bewirkte, hatte die Sozial-Pädagogik – der sogenannte Non-profit-Bereich – bei aller Innenorientierung vergessen, für eine Präsentation nach außen zu sorgen.

2. Darüber hinaus reagierte der Wirtschaftsbereich schnell, als er diese Diskrepanz bemerkte. So wurden verstärkt Seminare (sogenannte In-house-Veranstaltungen) angeboten, um wieder ein Gleichgewicht herzustellen.

3. Sozial-pädagogische Einrichtungen nahmen diesen notwendigen Ausgleichsprozeß nur zögernd, teilweise – bis heute – sogar in keiner Weise an. Das hat(te) zur Folge, daß Öffentlichkeitsarbeit immer noch in vielen Institutionen als eine „exotische Frucht" angesehen wird. Manches Mal sogar als eine überaus „saure Zitrone".

Verschiedentlich wurde der Versuch unternommen, den Begriff „Öffentlichkeitsarbeit" auf den Punkt zu bringen. Doch ein Vergleich dieser Bestimmungen ist unbefriedigend, weil die Definitionen entweder zu wissenschaftlich formuliert oder sehr offen, allgemein gehalten sind.

Eine Begriffsbeschreibung kann allerdings auch – wie in der Publikation „Wirtschaft heute" – witzig und humorvoll vorgenommen werden. Da heißt es: „Wenn ein Mann einem Mädchen vorschwärmt, was für ein toller Kerl er ist, dann ist das Werbung. Wenn er die Schwester der Angebeteten dazu bringt, gut über ihn zu sprechen, dann nennt man das Public Relations."

So soll an dieser Stelle eine eigene Definition folgen:

Definition der Öffentlichkeitsarbeit

> Qualitativ hochwertige Öffentlichkeitsarbeit ist eine planmäßige, strukturierte und professionell gestaltete Herstellung von Öffentlichkeit, bei der die Einrichtung durch klare Informationen Fakten und Tatsachen der eigenen Arbeit weitergibt, mit dem Ziel, Aufgaben und Ansprüche transparent zu machen, das Ansehen in der Öffentlichkeit zu steigern und dabei das Vertrauen zur Öffentlichkeit aufzubauen und zu pflegen.

Sicherlich erscheint es an dieser Stelle hilfreich, ein paar erklärende Worte zu dieser Definition zu geben:

- Öffentlichkeitsarbeit geschieht immer. Dabei ist es gleich, wie sie aussieht.
  Eine Einrichtung kann auf der einen Seite eine hochwertige Konzeption an alle Interessierten (Jugendamt, Kinderärzte, externe TherapeutInnen, Fachschule, Eltern, andere Kindergärten oder Tagesstätten …) aushändigen oder ein sorglos, mit Flecken versehenes, schwach fotokopiertes Konzeptblatt weitergeben.
  Eine Einrichtung kann sich dazu entschließen, ihre Arbeit mit den Kindern zu dokumentieren und öffentlich den Eltern zur Einsicht vorzulegen, oder die Eltern mit der Tatsache konfrontieren, daß die pädagogische Arbeit nicht dokumentiert wird. Beides ist jeweils eine Form der Öffentlichkeitsarbeit!
  Deshalb wird gleich zu Anfang in der Definition von einer **qualitativ hochwertigen Öffentlichkeitsarbeit** gesprochen.

- Öffentlichkeitsarbeit kann sehr unterschiedlich geschehen. Denken wir z. B. an eine Podiumsdiskussion, bei der MitarbeiterInnen einer sozial-pädagogischen Einrichtung teilnehmen.
  Auf der einen Seite werden sich MitarbeiterInnen im vorhinein

gemeinsam an einen runden Tisch setzen, um über die Zielsetzung, ihre Absichten und den genauen Zweck zu diskutieren, und Konsequenzen für das eigene Verhalten ableiten. Auf der anderen Seite kann es MitarbeiterInnen geben, die sich spontan für diese Idee bzw. dieses Vorhaben interessieren und ohne genaue Vorstellung die Diskussionsrunde aufsuchen.
Beide Auftrittsformen sind jeweils eine bestimmte Art der Öffentlichkeitsarbeit, sicherlich mit unterschiedlichen Wirkungen! Aus diesem Grunde ist der Begriff „Öffentlichkeitsarbeit" mit dem **Merkmal eines planmäßigen Vorgehens** verknüpft.

- Stellen Sie sich vor, MitarbeiterInnen eines Kindergartens, einer Tagesstätte oder einer Grundschule würden aufgefordert werden, in einer Fernseh-Talk-Show aufzutreten, um aus pädagogischer Sicht etwas zum Thema „Die Bedeutung der frühkindlichen Erziehung für die Entwicklung von Kindern" beizutragen. Auf der einen Seite könnten die MitarbeiterInnen ganz euphorisch reagieren, vor Stolz im Raum tanzen und darüber sprechen, wer denn wohl die größte Ausstrahlung besitze, wer es sich zutraue und was man wohl am besten an Kleidung trage. Auf der anderen Seite würden sich in einer zweiten Einrichtung die MitarbeiterInnen sicherlich freuen und gleichzeitig Erkundigungen darüber einziehen, was es für eine Fernseh-Talk-Show ist, wie der Stil des Talkmasters bzw. der Talkmasterin aussieht und vor allem, was in welcher Redezeit mit welchem Gedankenaufbau am besten gesagt werden müßte.
Öffentlichkeitsarbeit geschieht daher immer strukturiert, weil unstrukturierte Beiträge schnell dazu beitragen, sich in Einzelheiten oder Nebenthemen zu verlieren.

- Angenommen, MitarbeiterInnen entschieden sich, aufgrund der deutlichen Verschlechterung der Rahmen- und Arbeitsbedingungen eine Aktion zu planen, um die Öffentlichkeit auf die damit verbundenen, eingeschränkten Entwicklungsmöglichkeiten der Kinder aufmerksam zu machen, so könnte es u. a. zwei Vorgehensweisen geben:
Zum einen könnten die MitarbeiterInnen des einen Kindergartens „mal eben" Handzettel schreiben, fotokopieren und im Einrichtungsflur auf einen Tisch legen, auf dem schon andere Hefte und Hinweisblätter deponiert sind. Zum anderen könnten

sich die MitarbeiterInnen eines Nachbarkindergartens entschließen, in einer ausführlichen Diskussionsrunde über die Gestaltung der Handzettel zu beraten und einen Plan zu entwerfen, wie möglichst viele Bürgerinnen und Bürger erreicht werden können. Sie könnten sich z. B. darauf einigen, einen öffentlichen Stand in der Fußgängerzone oder auf dem Marktplatz aufzubauen (mit Genehmigung durch das Ordnungsamt), die Aktion mit Presseberichten begleiten zu lassen und die Aktion mit einer Unterschriftenaktion zum Abschluß zu bringen. Dabei würden die Unterschriftenlisten den zuständigen Landtagsabgeordneten anschließend zugestellt werden.
Die Wirkung einer gezielten Öffentlichkeitsarbeit ist sicherlich bei einer professionellen Gestaltung der Vorhaben ungleich höher als bei einem unprofessionellen Aktionismus.

- Es gibt eine Reihe von Institutionen, die von sich aus erwarten, daß die Öffentlichkeit ein Interesse an ihnen haben müßte. Das dokumentiert sich z. B. in folgenden ErzieherInnen- bzw. LehrerInnenaussagen:
  – „Wir verstehen gar nicht, daß so wenig Eltern unseren Kontakt suchen. Dafür sind wir doch da, daß Eltern bei Fragen auf uns zukommen und wir dann gemeinsam versuchen wollen, anstehende Probleme zu lösen."
  – „Für die Kindergarten- bzw. Kindertagesstättenpolitik hat sich so richtig noch niemand interessiert. Weder ein Kreis- noch Landtags-, geschweige denn Bundestagsabgeordneter hat es mal für nötig gehalten, bei uns vorbeizuschauen. Die sitzen alle nur in ihren Elfenbeintürmen und kümmern sich um die große Politik. Sie sprechen zwar über unsere Einrichtungen, wissen doch aber gar nicht wirklich, wie es in der Praxis aussieht."
  – „Die Fachschulen bringen immer noch zum großen Teil veraltetes Wissen rüber. Da machen FachschülerInnen heute genau dasselbe, was wir schon vor 15 Jahren im Unterricht hatten. Na ja, ist doch auch kein Wunder, wenn immer noch dieselben Lehrkräfte den Unterricht gestalten. Aber anstatt mal auf uns zuzukommen, sich vor Ort zu informieren, erhalten wir nur irgendwelche Rundschreiben von den Fachschulen, werden höflich gefragt, ob wir PraktikantInnen aufnehmen und ansonsten läßt sich hier niemand blicken."

Öffentlichkeitsarbeit ist eine aktive Herstellung von Öffentlichkeit, bei der die Position eines – wie auch immer gestalteten – Abwartens aufgegeben wird zugunsten einer bewußten Einleitung von Handlungsschritten.

- Sowohl in der Vergangenheit als auch in der Gegenwart fallen bei öffentlichen Veranstaltungen Diskussions- und Argumentationsformulierungen auf, die eine Fachdiskussion häufig nicht weiterbringen. Dasselbe trifft für Texte in Schriftstücken zu, die von (sozial-)pädagogischen Einrichtungen weitergegeben werden.
Hierzu einige Beispiele:
    - „Wir MitarbeiterInnen sind der Meinung, daß eine allgemeine Schulfähigkeit bei vielen Kindern mit dem 6. Lebensjahr noch nicht gegeben ist." (Fakt ist, daß z. B. in Schleswig-Holstein durchschnittlich 16,5 % der jährlich rd. 28.000 schulpflichtigen Kinder zurückgestellt werden. Beim Vergleich der Kreise reicht die Bandbreite der Zurückstellung von 11 bis 20,4 %. Bezogen auf die Zurückstellpraxis der einzelnen Schulen, zeigen sich ebenfalls größere Unterschiede; einzelne Schulen stellen bis zu 30 % aller schulpflichtigen Kinder zurück.)
    - „Wenn wir an die Einschulungspraxis und die Überprüfung der Schulfähigkeit denken, dann glauben wir, daß die Schulreifeuntersuchungen nur einen Ausschnitt der kindlichen Entwicklung berücksichtigen können." (Fakt ist, daß die „Schulreifetests" bei der Einschätzung von Schulreife als einem biologischen Entwicklungszeitpunkt des Kindes stehengeblieben sind. Diese Sichtweise entspricht der Einschätzung von Schulreife der 50er und 60er Jahre. Die bekannten „Schulreifetests" beschränken sich bei ihrer Überprüfung lediglich auf die kognitiven Merkmale. Sie vernachlässigen dabei die emotionale, soziale und motorische Schulfähigkeit, teilweise bleiben diese drei Bereiche sogar völlig unberücksichtigt. Vom Verlag des „Frankfurter Schulreifetest" wurden Ergebnisse publik, aus denen sich ergab, daß der Test die spätere erfolgreiche Schulleistung teilweise zu etwa 60 %, teilweise auch nur zu nicht ganz 45 % erfassen konnte. Selbst der Deutsche Bildungsrat hat schon 1970 von der Benutzung der Schulreifetests abgeraten.)

– „Da wir dem Spiel(en) der Kinder eine große Bedeutung beimessen, sind wir MitarbeiterInnen zu dem Entschluß gekommen, daß wir einerseits den Kindern sehr viel Raum zum Spiel(en) bieten, andererseits die Zeit der Kinder nicht mit Vorschulblättern weiter verplanen möchten. Wir bitten dafür um Verständnis und Akzeptanz." (Fakt ist, daß z. B. in dem „Übereinkommen über die Rechte des Kindes" [UNO-Convention on the rights of the child], das auch von Deutschland ratifiziert wurde, in Artikel 32,1 zu lesen ist, daß die Vertragsstaaten das Recht des Kindes auf Ruhe und Freizeit, auf Spiel und altersgemäße Erholung etc. anerkennen. Fakt ist weiterhin z. B. für Schleswig-Holstein, daß es im „Gesetz zur Förderung von Kindern in Tageseinrichtungen und Tagespflegestellen" vom 12.12.1991 in § 5, Absatz 4, heißt: „Kindertageseinrichtungen übernehmen keine vorgezogenen schulischen Aufgaben." Dort ist nicht zu lesen, daß Kindertageseinrichtungen dieses nicht tun sollen oder dürfen, sondern es nicht zu tun haben!)

Es geht in einer qualifizierten Öffentlichkeitsarbeit daher nicht um Meinungen, Ansichten, Vermutungen oder subjektive Einschätzungen, sondern um das Recht der Öffentlichkeit, klare Informationen, Fakten und Tatsachen zu erfahren.

- Wenn eine sozial-pädagogische Einrichtung längere Zeit nicht mehr für die Herstellung einer Öffentlichkeit gesorgt hat, kann es geschehen, daß entweder aus eigenen Impulsen oder auf Drängen des Trägers die Notwendigkeit beschrieben wird, Impulse nach außen zu bringen. Da mag sich z. B. folgendes Gespräch in einer MitarbeiterInnengruppe entfachen:

„Es ist schon richtig, wenn uns der Träger fragt, was wir denn in den letzten Monaten eigentlich mit den Kindern gemacht haben. Wir müßten wirklich mal was unternehmen, um in der Öffentlichkeit präsent zu sein. Aber was können oder sollen wir tun? Ich fand's toll, als wir vor zwei Jahren den großen Flohmarkt gemacht haben. Da waren die Kinder voll dabei, und die Eltern hatten auch ihren Spaß. Zwar hätten mehr an der Aktion teilnehmen können, aber es war immerhin ein Anfang. Wir müssen uns da auch nicht so tief in die Vorbereitung hängen, sondern können eine ganze Menge an interessierte Eltern delegieren. Sagt mal eure Meinung dazu …"

Öffentlichkeitsarbeit – Versuch einer Definition

Wie erwartet, folgten weitere Vorschläge, Reden und Gegenreden, Hinweise auf bestimmte Schwierigkeiten bei der Umsetzung besonderer Vorhaben, bis schließlich alle für die Durchführung eines Flohmarkts – kombiniert mit einem Basar – stimmten. Gut – auf der einen Seite ist es sicherlich möglich, Öffentlichkeitsarbeit aus einer Sammlung von Aktivitätsmöglichkeiten abzuleiten und sich auf ein Vorhaben zu einigen. Auf der anderen Seite bleibt dabei völlig offen, welches Ziel mit der Aktion verfolgt wird.

Daher heißt es in der Definition, daß Öffentlichkeitsarbeit ein Ziel besitzt und sich Aufgaben, Schwerpunkte und Vorhaben immer aus einem Ziel ableiten.

Aufgaben der Öffentlichkeitsarbeit

Öffentlichkeitsarbeit hat grundsätzlich immer drei Aufgaben zu erfüllen:
a) Herstellung einer Transparenz der Aufgaben und Ansprüche dieser betreffenden Institution mit ihrer besonderen Arbeit;
b) Steigerung des Ansehens dieser Institution in der Öffentlichkeit;
c) Aufbau und Pflege eines Vertrauens zur Öffentlichkeit.

Wenn auf der einen Seite von MitarbeiterInnen des öfteren der Umstand beklagt wird, daß der Kindergarten in der Öffentlichkeit noch immer als „Bastelstube" angesehen wird, daß ErzieherInnen – auch von politischen Mandatsträgern und einem großen Teil der Presse – immer noch als „KindergärtnerInnen" bezeichnet werden, daß der Kindergarten im Vergleich zum „Bildungssystem Schule" einen untergeordneten Wert zugeschoben bekommt, dann hat es der Kindergarten offensichtlich noch nicht geschafft, seine Aufgaben und seinen eigenständigen Erziehungs-, Bildungs- und Betreuungsauftrag kompetent nach außen zu tragen.

Daher geht es um die Transparenz!

Wenn der Kindergarten in einem Vergleich mit anderen Einrichtungen immer noch eine häufige „Zuarbeitsfunktion für die Schule" erhält und diese auch erfüllt, dann bleibt von einem eigenständigen Auftrag im Bildungssystem kaum etwas übrig.

Wenn – sicherlich eher vereinzelt – manche Eltern von den ErzieherInnen annehmen, daß es in der Pädagogik eher um die Fortsetzung einer begonnenen Familienerziehung gehe und dafür keine besondere Ausbildung nötig sei (Aussage einer Mutter: „Das könnte ich auch, hier mit Kindern spielen!"), dann wird dem Kindergarten keine Professionalität zugestanden. Gleichzeitig wird auch der Kindergarten wenig oder gar nichts dazu beigetragen haben, daß ein Mindestmaß an Professionalität zu erkennen war.

Kindergärten und Kindertagesstätten sind eine bedeutsame Institutionalisierung professioneller Pädagogik, allerdings nur dann, wenn fachkompetent an einem eigenen Profil gearbeitet wird. Öffentlichkeitsarbeit kann dabei helfen.

Daher geht es um die Steigerung des Ansehens!

Aufmerksamkeit in der Öffentlichkeit wird sicherlich dann erreicht, wenn bestimmte Aktionen auffallen und damit der Öffentlichkeit deutlich ins Auge springen. Doch wissen wir aus der Kommunikationspsychologie, daß auf der einen Seite zwar die Inhalte bedeutsam sind, auf der anderen Seite aber auch die Beziehungsebene nicht unterschätzt werden darf. Wenn Ziele erreicht werden sollen, muß gewissermaßen auch das Herz angesprochen sein. Zum anderen geht es in der Öffentlichkeitsarbeit nicht um irgendwelche punktuelle „Spots", bei denen nur dann die Öffentlichkeit gesucht wird, wenn aktuelle Notwendigkeiten drängen, bestimmte Kontakte aufzunehmen. Öffentlichkeitsarbeit lebt aus einer Kontinuität heraus.

Daher geht es um den Aufbau und die Pflege eines Vertrauens zur Öffentlichkeit mit langfristigen Wirkungen!

3. Öffentlichkeitsarbeit – und wem sie dient

Öffentlichkeitsarbeit dient nicht einem einfachen Selbstzweck, der in sich selbst begründet ist.

Öffentlichkeitsarbeit ist nicht deswegen ein Arbeitsfeld der Elementar- oder Primarpädagogik, weil irgendwelche Menschen der Überzeugung sind, daß diese Tätigkeit mit einer professionellen Pädagogik verknüpft sein muß.

Öffentlichkeitsarbeit gehört nicht nur deshalb zur Elementar- und Primarpädagogik, weil es berufspolitisch betrachtet sinnvoll ist, die Pädagogik in der Öffentlichkeit zu präsentieren.

Öffentlichkeitsarbeit ergibt sich aus dem Zusammenhang notwendiger Erfordernisse, damit eine qualifizierte Pädagogik überhaupt möglich ist.

Insoweit sind bestimmte Aussagen, die beim Bekanntwerden der Vorbereitungen dieser Veröffentlichung von ErzieherInnen und FachberaterInnen vorgenommen wurden, zunächst verständlich. Bei genauerem Betrachten weisen sie aber auf bestimmte Einstellungen und Einschätzungen hin:

Mißverständnisse

- „Nun wird also ein Buch über Öffentlichkeitsarbeit geschrieben. Ich weiß nicht, was wir noch alles machen sollen. Da wird von uns verlangt, daß wir auf eine Sozialerziehung mit den Kindern hinarbeiten sollen, auf eine gesunde Ernährung zu achten haben und mit den Kindern und Eltern eine gute Beziehung pflegen müssen. Wir setzen uns mit dem Problem verhaltensauffälliger Kinder auseinander und bilden uns weiter, indem wir entwicklungspsychologische Fachliteratur lesen oder Fortbildungsseminare besuchen. Nun heißt es, daß wir auch noch Öffentlichkeitsarbeit machen sollen. Und das alles in unserer eng begrenzten Arbeitszeit."

Hier wird Öffentlichkeitsarbeit als ein zusätzlicher Schwerpunkt zur ohnehin ausgefüllten Arbeitszeit verstanden.

- „Öffentlichkeitsarbeit – damit hatten wir bisher wenig am Hut. Warum soll(t)en wir das auch noch machen? Unsere Aufgabe besteht eindeutig in der Erziehung der Kinder. Unsere Aufgabe heißt, eine familienunterstützende und -ergänzende Aufgabe zu leisten, und damit konzentrieren wir uns in vollem Umfang auf die uns anvertrauten Kinder. Wenn wir einmal schauen, wie diese heute aufwachsen, dann bleibt ihnen nur wenig Zeit, Raum und Platz, sich noch wie richtige Kinder zu verhalten. Der ganze Medieneinfluß und die hohen Erwartungen vieler Eltern nehmen Kindern in zunehmendem Maße die Chance, sich kindgemäß zu entwickeln. Für Öffentlichkeitsarbeit sehe ich daher überhaupt keine Notwendigkeit, weil Kinder unsere ganze Kraft, unseren ganzen Einsatz erforderlich machen."

  Hier wird Öffentlichkeitsarbeit als ein Arbeitsschwerpunkt abgelehnt, weil die Befürchtung besteht, die für Kinder notwendige Zeit und für die kindorientierte Pädagogik notwendige Kraft einschränken und auslagern zu müssen.

- „Öffentlichkeitsarbeit ist in unserem Berufsfeld doch nun wirklich nicht nötig. Entscheidend ist der Punkt, daß Eltern ihre Kinder bei uns gut aufgehoben wissen. Und darauf können sie sich auch verlassen. Eltern fragen uns des öfteren, wie sich ihr Kind in der Gruppe verhält, was es an dem Tag gespielt hat, ob es auch frühstücken wollte und welche besonderen Vorkommnisse vielleicht passiert sind. Eltern zeigen schon genügend Interesse für ihr Kind, und das freut uns. Damit hat die Pädagogik ihre Aufgaben erfüllt."

  Hier wird Öffentlichkeitsarbeit als ein überflüssiger Arbeitsschwerpunkt verstanden, der einfach nicht nötig ist und deshalb im Kindergarten und in Kindertagesstätten nichts zu suchen hat.

- „In unserer Kindertagesstätte brauchen wir MitarbeiterInnen keine Öffentlichkeitsarbeit zu machen. Unser Träger übernimmt diese Aufgabe gerne für uns. Immer wieder gibt unser Träger, der ja auch Altenheime und Tagespflegestellen, einen Jugendclub und noch andere Kindertagesstätten unterhält, Mitteilungen an die Presse heraus. Natürlich sind wir darüber sehr froh, denn Pressegespräche oder Zeitungsartikel zu schreiben, ist

nicht unser Fall. Das können andere besser, und deshalb verlassen wir uns auch gerne auf unseren Geschäftsführer."
Hier wird Öffentlichkeitsarbeit delegiert. Damit gibt es eine Rechtfertigung für die eigene Inaktivität.

- „Öffentlichkeitsarbeit klappt bei uns – wenn wir ehrlich sind – überhaupt nicht. Auf der einen Seite haben wir uns im MitarbeiterInnenkreis schon des öfteren darüber unterhalten, ob wir nicht mal nach außen gehen, um unsere Arbeit vorzustellen. Auf der anderen Seite bleibt alles dann immer an der Frage hängen, wer von uns MitarbeiterInnen denn die Aktivitäten übernehmen würde, die damit verbunden sind. Tja, und bei der konkreten Frage meldet sich niemand. Ich sehe es als Leiterin auch nicht ein, daß ständig alles an mir hängenbleibt. Ich könnte zwar die Arbeit an einzelne MitarbeiterInnen weitergeben, traue es ihnen aber ehrlich gesagt nicht zu, etwas Gutes, Brauchbares auf die Beine zu stellen."
Hier werden eigene Überlastungsmomente und fehlende Kompetenzen als Hauptgründe angeführt, Öffentlichkeitsarbeit zu vernachlässigen.

- „Wenn Sie einmal auf unsere lange Warteliste schauen und feststellen, wieviele Eltern einen Kindergartenplatz haben möchten, dann würde Ihnen klar sein, daß wir keine Werbung machen müssen. Im Gegenteil: Es tut uns jetzt schon immer leid, Eltern eine Absage zu geben bzw. Eltern darauf aufmerksam zu machen, daß sie so schnell nicht mit einer Platzzusage rechnen können. Unser Kindergarten steht mitten in einem großen Neubaugebiet, und hier leben viele Familien mit kleinen Kindern. Würden wir einen Bedarf wecken, dann würden wir vielleicht noch mehr mit Anmeldungen überrollt werden. Nein, öffentliche Werbung ist daher völlig unangebracht und wäre aus unserer Sicht ethisch auch nicht vertretbar."
Hier wird Öffentlichkeitsarbeit mit dem Begriff „Werbung" verwechselt. Auf der einen Seite wirbt Öffentlichkeitsarbeit für bestimmte Umstände, auf der anderen Seite ist „Werbung" nicht das primäre Ziel. Öffentlichkeitsarbeit trägt in vielfältiger Art und Weise zu einer qualifizierten Informationsbreite bei und darf daher nicht ausschnittweise auf einen bestimmten Umstand (hier: Werbung) verengt, verkleinert oder beschnitten werden.

- „Öffentlichkeitsarbeit ist ja schön und gut, doch ehrlich gesagt wüßten wir gar nicht, was wir nach draußen geben könnten. Bei uns im Kollegium herrscht seit längerer Zeit sehr viel Unruhe. Ältere MitarbeiterInnen verstehen sich immer weniger mit den jüngeren, Arbeitsstile sind sehr unterschiedlich und bestimmte Qualitätsunterschiede in unserer Arbeit sind deutlich erkennbar. Insofern ist Öffentlichkeitsarbeit für uns undenkbar. Wenn Eltern und Träger mitbekommen würden, wie es bei uns intern abläuft, dann würde bestimmt ein Donnerwetter einschlagen. Ich würde mich da nicht wundern, wenn einige Eltern ihre Kinder abmelden und in Nachbarkindergärten anmelden würden. Unser Träger würde uns zu einer Supervision verdonnern, und davor hat jeder von uns Angst. Vielleicht können Sie jetzt verstehen, daß Öffentlichkeitsarbeit nicht unser Ding ist."

Hier wird Öffentlichkeitsarbeit bewußt ausgeblendet, um interne Spannungen nicht noch zu verschärfen und durch Öffentlichkeit negative Konsequenzen zu erfahren.

- „Den Begriff ‚Öffentlichkeitsarbeit' kenne ich auch unter den Worten ‚Public Relations'. Das ist etwas für Industrieunternehmen und Geschäfte, die ihren Umsatz steigern wollen bzw. müssen. Wir leben zwar in einer kapitalistischen Gesellschaft, doch ist es mir neu, daß nun auch ‚soziale Einrichtungen' auf diese Geschäftswelle aufspringen müssen. Ich habe mir diesen Beruf in der Pädagogik genau aus dem Grunde ausgewählt, weil ich mit Management und geschäftlichen Dingen nichts zu tun haben wollte. Für mich waren immer schon Menschen bedeutsamer als irgendwelche technischen Dinge. Sicherlich, die Zeiten verändern sich, aber meine Skepsis ist groß. Auch wenn z. B. alle Industrieunternehmen, Geschäfte und Betriebe Computer haben, gibt es bei uns im Kindergarten noch keinen. Und wenn alle von Öffentlichkeitsarbeit reden, dann heißt das noch lange nicht für uns, daß wir da mitmachen müssen."

Hier wird Öffentlichkeitsarbeit zwischen den Bereichen „wirtschaftliche Unternehmen" und „Non-profit-Einrichtungen" getrennt betrachtet. Öffentlichkeitsarbeit wird den wirtschaftlichen Zweigen zugeordnet und für den Non-profit-Bereich ausgeschlossen. Daß auch (sozial-)pädagogische Einrichtungen Wirtschaftsunternehmen und marktwirt-

schaftlichen Gesetzen unterworfen sind, spielt für die Erzieherin (leider) keine Rolle.

- „Öffentlichkeitsarbeit wird von uns schon immer indirekt gemacht, allerdings nicht offensiv oder laut. Unsere Einrichtung steht unter kirchlicher Trägerschaft, und damit haben wir einen allgemein-christlichen Auftrag. Dadurch, daß wir in der Arbeit mit Kindern und Eltern christliche Werte leben, erhoffen wir, daß unsere Einstellung kleine und große Auswirkungen auf den Lebensstil aller hat. Wir missionieren nicht, sondern erhoffen, daß vieles wie ein Samen auf einen fruchtbaren Boden fällt und schließlich als Keim aufgeht. Öffentlichkeitsarbeit beginnt in unseren Herzen und hat es nicht nötig, auf großen Tabletts serviert zu werden."
Hier wird Öffentlichkeitsarbeit im Sinne einer offensiven Außenorientierung aus christlich-ethischen Gründen abgelehnt.

Fazit Was machen diese wenigen Aussagen aus der Praxis deutlich? Es wird eine Reihe von Gründen angeführt, warum bzw. wozu Öffentlichkeitsarbeit nicht zum festen Bestandteil der (sozial-)pädagogischen Arbeit aufgenommen wurde und wird, nach dem Motto:
– Das ist in unserer Arbeitszeit nicht zu schaffen.
– Das bedeutet Mehrbelastung für die MitarbeiterInnen.
– Das ist „wieder einmal etwas Neues."
– Das gehört nicht zur pädagogischen Arbeit.
– Das führt MitarbeiterInnen „von der Arbeit am Kind" weg.
– Das können andere, professionelle Fachkräfte besser.
– Das würde unangenehme Interna nach außen bringen.
– Ein Werbeeffekt ist nicht zu verantworten.
– Das ist keine Aufgabe für „Non-profit-Arbeitsbereiche".
– Das ist ethisch nicht sinnvoll.

Bei diesen – aus subjektiver Sicht der ErzieherInnen sicherlich verständlichen – persönlichen Meinungen ist es daher angebracht, sich noch einmal inhaltlich der Öffentlichkeitsarbeit zuzuwenden mit der besonderen Frage, wem sie letztlich dienlich ist. Eine Antwort wird sich daher im folgenden Teil auf unterschiedliche Bereiche erstrecken.

3.1 Öffentlichkeitsarbeit dient den pädagogischen MitarbeiterInnen

Grundlage für einen verantwortungsvollen Umgang mit sich selbst ist der Prozeß einer ständigen Auseinandersetzung mit den eigenen Stärken und Schwächen, den Kraftreserven und Kraftgrenzen, den Hoffnungen und Enttäuschungen, Perspektiven und eingrenzenden Realitäten, dem Wollen und Können, Wünschen und Bangen. Dabei steht die Frage im Vordergrund, was jemand will und kann, welche Ziele er verfolgt und was er für sich (und die Arbeit) ablehnt. Der Umgang mit sich geschieht immer in einem Spannungsfeld von zwei sich gegenüberstehenden Kräften, die uns Menschen dazu auffordern, einen persönlichen Weg zu finden. Wenn Öffentlichkeitsarbeit besondere Persönlichkeitsmomente, wie etwa Mut, Risikofähigkeit, Darstellung, Beziehung von Stellungnahmen oder Klarheit, Kompetenz und Professionalität erforderlich macht, bleibt es nicht aus, daß persönliche Auseinandersetzungen geführt werden müssen, um genau diese Merkmale in die eigene Person zu integrieren. Öffentlichkeitsarbeit erfordert eine stabile Identität der Personen, die in die Öffentlichkeit treten, um bestimmte Ziele zu erreichen. Schauen wir uns diese Merkmale einmal genauer an:

Persönliche Merkmale

– Wahrnehmung von Realitäten:
   setzt bei pädagogischen Fachkräften die Wahrnehmungsfähigkeit der eigenen Möglichkeiten und Grenzen voraus;
– Aufbringen von Mut:
   setzt bei pädagogischen Fachkräften ein gutes Maß an Selbstwertgefühl voraus;
– Eingehen von Risiken:
   setzt bei pädagogischen Fachkräften ein gutes Maß an Belastbarkeit voraus;
– Stellung beziehen:
   setzt bei pädagogischen Fachkräften ein klares Denken voraus;
– klare Aussagen treffen:
   setzt bei pädagogischen Fachkräften ein strukturiertes Denken voraus;
– strukturierte Weitergabe von Inhalten und Fakten:
   setzt bei pädagogischen Fachkräften logisches Denken, Fach- und Sachkompetenz voraus;
– professionelles Auftreten:

setzt bei pädagogischen Fachkräften ein hohes Wissen und Können voraus;
- kompetente Gesprächsführung:
setzt bei pädagogischen Fachkräften sowohl ein Kennenlernen des eigenen Sprach- und Sprechverhaltens sowie die Beherrschung rhetorischer Grundlagen voraus;
- Auseinandersetzung mit Widersprüchen:
setzt bei pädagogischen Fachkräften eine emotionale Stabilität voraus;
- Auseinandersetzung mit Konfrontationen:
setzt bei pädagogischen Fachkräften voraus, eigene Belastungen erkannt und verarbeitet zu haben;
- Interesse zeigen:
setzt bei pädagogischen Fachkräften eine grundsätzliche Neugierde voraus, Sinnzusammenhänge zu erkennen;
- einen eigenen Standpunkt vertreten:
setzt bei pädagogischen Fachkräften voraus, einen zu vertretenden Standpunkt gefunden, erörtert und begründet zu haben;
- sachliche Diskussionen führen:
setzt bei pädagogischen Fachkräften voraus, das „Beziehungsohr" zurückzustellen und Inhalte auf dem „Sachohr" zu hören;
- Übernahme von Aufgaben:
setzt bei pädagogischen Fachkräften ein gutes Maß an Zuverlässigkeit und Kontinuität voraus;
- Öffnung gegenüber Personen und Inhalten:
setzt bei pädagogischen Fachkräften die Fähigkeit voraus, sich motiviert mit Unbekannten auseinandersetzen zu wollen;
- Entscheidungen treffen:
setzt bei pädagogischen Fachkräften voraus, eigene Entscheidungen überdacht zu haben, Argumente abzuwägen und sich mit Entscheidungskonsequenzen perspektivisch auseinanderzusetzen;
- anderen Menschen zuhören:
setzt bei pädagogischen Fachkräften ein inneres Maß an Ruhe und Zufriedenheit voraus;
- eine fachlich klare Einschätzung vertreten:
setzt bei pädagogischen Fachkräften die Fähigkeit voraus, sehr genau zu wissen, was fachlich notwendig und richtig ist;
- Personen mit anderen Meinungen annehmen:
setzt bei pädagogischen Fachkräften voraus, sich selbst mit Widersprüchen auseinanderzusetzen;

- Kritik äußern:
  setzt bei pädagogischen Fachkräften den Mut voraus, das zu sagen, was notwendig erscheint;
- Kritik annehmen:
  setzt bei pädagogischen Fachkräften die Bereitschaft voraus, aus Fehlern lernen zu wollen;
- Bereitschaft, sich unbeliebt zu machen:
  setzt bei pädagogischen Fachkräften die Entscheidung voraus, nicht von allen „geliebt" werden zu wollen;
- Realitäten auf den Punkt bringen:
  setzt bei pädagogischen Fachkräften voraus, Vermutungen und Vorurteile als solche erkannt und sich weitestgehend davon getrennt zu haben;
- Öffentlichkeit zu suchen:
  setzt bei pädagogischen Fachkräften die Fähigkeit voraus, über die eigene Neugierde an sich die Öffentlichkeit neugierig zu machen;
- Aktivität zeigen:
  setzt bei pädagogischen Fachkräften die Motivation voraus, sich etwas zuzutrauen und eigene Handlungsmöglichkeiten umsetzen zu wollen;
- Verantwortung übernehmen:
  setzt bei pädagogischen Fachkräften die Fähigkeit voraus, verantwortungsvoll mit sich selbst umzugehen;
- im Rampenlicht der Öffentlichkeit stehen:
  setzt bei pädagogischen Fachkräften emotionale Sicherheit und ein gewisses Maß an Selbstdarstellungsfreude voraus;
- Erkennen eigener Grenzen:
  setzt bei pädagogischen Fachkräften den Impuls voraus, sich immer wieder mit eigenen Grenzen zu konfrontieren, um eine Erweiterung von Handlungskompetenzen auf- und auszubauen;
- zielorientiertes Vorgehen:
  setzt bei pädagogischen Fachkräften die Fähigkeit voraus, zielorientiert zu denken und zu handeln;
- Überprüfung und Strukturierung von Vorhaben:
  setzt bei pädagogischen Fachkräften die Motivation voraus, nicht starr an einmal gefundenen Wahrheiten festhalten zu wollen;
- Bereitschaft zur Weitergabe von Informationen:
  setzt bei pädagogischen Fachkräften voraus, andere nicht überzeugen (!), sondern inhaltlich informieren zu wollen;

- Forderungen stellen:
  setzt bei pädagogischen Fachkräften den eigenen Wunsch voraus, zunächst sich selbst mit einem persönlichen Anforderungsprofil auseinanderzusetzen;
- Prozesse zur Weiterentwicklung initiieren:
  setzt bei pädagogischen Fachkräften die Motivation voraus, das eigene, persönliche und berufliche Leben als einen wirklichen Lernprozeß zu verstehen und Auseinandersetzungen zu suchen, die eine eigene Weiterentwicklung mit sich bringen.

Öffentlichkeitsarbeit gründet sich daher auf der Tatsache, daß sie die Menschen fordert, sich mit sich und den eigenen (In)Kompetenzen auseinanderzusetzen, getreu dem Motto:

Wer etwas öffentlich erreichen möchte,
muß zunächst sich selbst erreichen.
Wer der Öffentlichkeit nahe sein will,
muß sich selbst nahe sein.
Wer von der Öffentlichkeit etwas verlangt,
muß sich selbst Arbeit abverlangen.
Wer von der Öffentlichkeit etwas erwartet,
muß zunächst Erwartungen an sich selbst stellen.
Wer Öffentlichkeit informieren will,
muß selbst sehr viele Informationen besitzen.
Wer Verantwortung für „die gute Sache" delegiert,
muß eigene Verantwortung übernehmen.
Und wer Öffentlichkeit für etwas motivieren will,
muß selbst viel Motivation in sich tragen.

3.2 Öffentlichkeitsarbeit dient dem Berufsbild

Im Verhältnis zu vielen anderen Berufsfeldern im Bereich der psychosozialen Versorgung haben ErzieherInnen in Kindergärten und Tagesstätten einen weniger wertgeschätzten Beruf, verglichen etwa mit LehrerInnen, TherapeutInnen, MotopädInnen, ErgotherapeutInnen, LogopädInnen, Diplom-SozialpädagogInnen, HeilpädagogInnen etc. Zunächst mag man annehmen, daß es vielleicht – oder vor allem (?) – daran liegen könnte, daß die jeweiligen Berufsausbildungen auf unterschiedlichen Ausbildungsebenen absolviert wurden. Das scheint aber bei genauerem Hinsehen nicht der wesentliche Unterschied zu sein, zumal MotopädInnen oder ErgotherapeutInnen, LogopädInnen oder HeilpädagogInnen auch auf einer Fachschule ihre Ausbildungen abgeschlossen haben, gleich denen der ErzieherInnen.

Klischeevorstellung von einer Erzieherin

Wahrscheinlich ist der Hauptgrund darin zu finden, daß der Beruf der Erzieherin eng mit dem Merkmal von „Frau und Mütterlichkeit" verbunden war und ist, verknüpft mit den Attributen hilfsbereit, aufopferungsbereit, duldend und warmherzig.

An dieser Stelle sollen daher einmal vier Belege dokumentiert werden.

Im Jahre 1893 schreibt Eugen Papenheim über die Eingangsvoraussetzungen für Kindergärtnerinnen folgendes:

„Aber so deutlich mir nun auch der Kindergarten der Frau zuzugehören scheint, so mein' ich darum noch nicht, es gehöre all und jede Frau als Kinderführerin in den Kindergarten ... Eine Frau also, welche Kindergärtnerin werden will, frage sich zuerst, ob sie einen kräftigen Körper, nicht zu schwache Nerven und eine gesunde Lunge habe ... Religiöses Gemüt, Geduld, Sanftmut, kindlicher Sinn sind meines Erachtens diejenigen, welche Fröbel bestimmten, den Kindergarten vorzugsweise in weibliche Hand zu legen. Allerdings, sie sind dem weiblichen Geschlechte mehr eigen als dem männlichen ... – wer auch nur halbwüchsige Mädchen in einem Kreise von jüngeren Kindern beobachtet hat, der weiß, woran das Mädchengemüt schon in dieser Zeit Interesse, Freude und Befriedigung findet, nämlich am Umgang mit Kindern und an der Fürsorge für sie ..." (zitiert nach: Adolph, Petra: Kennzeichen Mütterlichkeit oder: Kann Erziehung ein Beruf sein? In: KiTa aktuell, BW, Heft 5/1996, S. 110).

Ca. 70 Jahre später heißt es 1964 im Rahmenplan zur Ausbildung von KindergärtnerInnen und HortnerInnen des Landes Baden-Württemberg:

„Besonderes Erziehungsziel ist die Kindergärtnerin und Hortnerin als mütterliche Frau, die als echte Erzieherpersönlichkeit den ihr anvertrauten Kindern ein Gefühl der Geborgenheit vermitteln und Vorbild sein kann. Güte und Herzensbildung, Frohsinn und freudige Pflichterfüllung, Anstand und Sauberkeit sollen sie besonders auszeichnen."

Ca. 30 Jahre später erscheint in der Frauenzeitschrift „freundin" im „Berufsspecial" unter Überschrift: Gute Perspektiven – Jobs rund ums Kind:

„Der Babyboom ist ungebrochen – und damit der Bedarf an Fachkräften für Kinder gestiegen. Wer Einfühlungsvermögen, Phantasie und starke Nerven mitbringt, hat beste Chancen." Nun folgt die Vorstellung des Berufsbildes der „Kindergärtnerin: Aufgaben: Die eigentliche Berufsbezeichnung, wie sie z. B. auch beim Arbeitsamt verwendet wird, lautet Erzieherin. Im Kindergarten betreut sie meist vormittags Kinder von drei bis sechs Jahren. Sie macht mit ihnen Gruppenspiele, Ausflüge, kleine Lernprogramme wie Lesen, Uhrzeit üben, aber auch Basteln gehört zu ihren Beschäftigungen." (freundin, Heft 11/1995 vom 10.05.1995).

Nicht nur, daß hier charakteristische Persönlichkeitsmerkmale aufgeführt sind, wie sie Eugen Papenheim schon 102 Jahre vor dem Erscheinen dieses Artikels benannte, vielmehr wird in einem ausdrücklichen „Berufsspecial" von der „Kindergärtnerin" gesprochen, und ganze drei Sätze werden zur Tätigkeitsbeschreibung genutzt. Wenn es nicht so traurig wäre, was hier zu einem professionellen Beruf ausgedrückt wird, könnten die Aussagen vielleicht zum Schmunzeln verführen:
– Das Arbeitsamt verwendet die Berufsbezeichnung „Erzieherin" – und warum ist dann die Berufsbezeichnung „Kindergärtnerin" als Überschrift gewählt worden? Ist es tatsächlich das Arbeitsamt, das z. B. die Berufsbezeichnung „Erzieherin" nutzt? Gibt es nicht schon seit Jahren diese allgemeingültige Berufsbezeichnung?
– Die Erzieherin „betreut" (!) ... Kinder.
Ist mit dem Begriff der „Betreuung" nicht automatisch eine unvollständige Tätigkeitsbeschreibung gewählt? Hat der Kindergarten nicht vielmehr einen sehr anspruchsvollen, differenzierten Erziehungs-, Bildungs- und Betreuungsauftrag?
– „Sie macht mit ihnen Gruppenspiele, Ausflüge, kleine Lernprogramme wie Lesen, Uhrzeitüben, aber auch Basteln gehört zu den Beschäftigungen." Ist so der Ablauf einer professionellen

Pädagogik charakterisiert? Ist es tatsächlich so, daß Angebote und vorgezogenes, vorschulisches Training die Hauptaufgabe von ErzieherInnen ausmachen? Ist es erwähnenswert, daß auch Basteln zu ihren Kinderbeschäftigungen gehört?

Fragezeichen über Fragezeichen reihen sich an eine solche Vorgabe an, die in der Öffentlichkeit ein Bild der Kindergartenpädagogik prägt, als sei alles eine kleine, heile Welt und als seien ErzieherInnen im Grunde genommen doch „mütterliche Basteltanten". Vielleicht mögen Leserinnen und Leser jetzt in Rage geraten über den letzten Begriff. Auch der stammt nicht vom Autor, sondern aus dem Munde eines Politikers. Selbst ErzieherInnen berichten des öfteren, daß Eltern eine solche Begrifflichkeit nicht fremd ist.

Aus dem Verständnis dieser drei kleinen Dokumentationen heraus ist es nicht verwunderlich, wenn in einer Tageszeitung folgende Anzeige veröffentlicht wurde:

Aushilfskräfte für den Kindergarten

Die Gemeinde .... sucht wegen Krankheitsvertretung für den Gemeindekindergarten ...... bis voraussichtlich zu den Sommerferien 1996 folgende Personen:

1. (......)

2. Eine **Zweitkraft** ab 18. März 1996 ganztags. Die Stelle kann eventuell auch mit einer erfahrenen Mutter besetzt werden.

Kurzbewerbungen richten Sie bitte an das Bürgermeisteramt ..., z.H. Herrn Bürgermeister ......, der Ihnen auch bei eventuellen Fragen zur Verfügung steht.

Berufsbild „Erzieherin"

Das Berufsbild der „Erzieherin" war in der Vergangenheit und ist noch bis heute in der Gegenwart mit dem Mythos Mütterlichkeit verknüpft, getreu dem Ausspruch Friedrich von Schillers: „Der Mann muß hinaus ins feindliche Leben ... und drinnen waltet die züchtige Hausfrau." Wesensunterschiede wurden damit begründet, daß Frauen „von Natur aus" selbstlos, aufopferungsbereit, sanft, belastbar, hilfsbereit und innerlich und damit prädestiniert für den

Umgang mit Kindern seien. Frauen wurde und wird eine „natürliche Begabung für die Erziehung kleiner(er) Kinder" zugesprochen, womit die automatische Eignung für den ErzieherInnenberuf hergestellt ist. Wenn daher „Mütterlichkeit" a priori als ein wesentliches Qualitätsmerkmal für die Ausübung des Berufs der Erzieherin besteht, ist es verständlich, daß dieser Berufsgruppe eine Professionalisierung nur schwer zugestanden wird. Das würde zusätzlich noch dadurch unterstützt werden, wenn ErzieherInnen Verhaltensweisen zeigten, die einer deutlichen Professionalität entgegenstünden. Das Berufsbild der ErzieherInnen braucht daher – ohne Frage – eine deutliche gesellschaftliche und politische Anerkennung, die es ermöglicht, ihre Professionalität zu zeigen. Männern wird sie weitaus eher zugestanden, weil sie gesellschaftlich eine andere Rollenachtung erfahren. So wundert es auch nicht, wenn männliche Erzieher in der Öffentlichkeit teilweise belächelt oder aber ernster genommen werden als weibliche Kolleginnen.

Die Geringschätzung des ErzieherInnenberufs ist kulturell bedingt und hat eine lange Geschichte. Und dennoch darf es für niemanden ein Alibi sein, sich darauf zu berufen oder Entschuldigungen zu finden.

Profilierung des Berufsbildes

Wenn in der Öffentlichkeit das Meinungsbild vorherrscht: „Erziehen kann doch jede(r)", dann ist es eine wesentliche Aufgabe der Öffentlichkeitsarbeit, dieses tradierte Rollenbild zu verändern.

Wenn in der Öffentlichkeit das Bild besteht, so schön möge „man" es auch haben, den ganzen Tag mit Kindern zu spielen und dafür auch noch Geld zu bekommen, dann kann Öffentlichkeitsarbeit durch die Transparenz von Tagesabläufen und einer professionell gestalteten Pädagogik dazu beitragen, daß das Berufsbild durch kompetente Informationen verändert wird.

Wenn in der Öffentlichkeit die Ansicht lebt, daß Erziehen etwas ist, was „aus dem Bauch kommt und nicht gelernt werden kann", dann hat Öffentlichkeitsarbeit dafür zu sorgen, daß die Profession „Pädagogik" als ein eigenständiger Wirtschaftszweig anerkannt wird. (Anmerkung: Selbstverständlich müssen Fachschulen und -akademien dann allerdings auch dafür Sorge tragen, daß aktuelle Themen in den Unterrichtsfächern berücksichtigt werden und die Ausbildungsschulen gleichsam ein Modell für Professionalität sind.)

Wenn in der Öffentlichkeit Menschen mit besonderen Problemen in zunehmendem Maße „ausgesondert" (= etikettiert) werden, dann haben ErzieherInnen durch ihr professionelles und gleichzeitig humanes Verhalten dafür zu sorgen, daß dies nicht in ihren eigenen Reihen geschieht; Öffentlichkeitsarbeit zeigt sich daher auch durch ein integratives Verhalten und sorgt dafür, Modell für eine öffentliche Professionalität zu sein.

Öffentlichkeitsarbeit geschieht auch, indem durch die selbstverständliche Akzeptanz von Menschen mit bestimmten körperlichen Handicaps ein normales Beispiel für Integration öffentlich werden kann. Was würde es da nützen, Kinder mit besonderen Problemen in einer Kindertagesstätte, einem Kindergarten aufzunehmen, wenn gleichzeitig eigene MitarbeiterInnen segregiert, d. h. als eine besondere Gruppe ausgesondert werden würden.

> Öffentlichkeitsarbeit dient der Qualifizierung eines Berufsbildes, das sich auf die drei Qualitätsbereiche Selbst-, Sach- und Sozialkompetenzen bezieht.

Wenn diese realisiert werden, spielen körperliche Handicaps selbstverständlich überhaupt keine Rolle.

Durch eine Öffentlichkeitsarbeit, die sich durch Qualität auszeichnet, wird das Berufsbild der ErzieherInnen deutlicher, ist damit in seiner Aussagekraft stärker zu erfahren und schafft es sicherlich, die Merkmale „Mütterlichkeit und Versorgerin" durch andere Qualitätsstandards zu ersetzen. Wenn dagegen diese Chance – durch unterlassene oder eine die o.g. Merkmale unterstützende Öffentlichkeitsarbeit – nicht aufgegriffen wird, dann trifft es zu, was Aline Weiss schon vor 15 Jahren geschrieben hat:

„Ketzerische Gedanken zum weiblichsten aller Berufe. Der Beruf der Erzieherin hat viele Gemeinsamkeiten mit dem der Hausfrau: sie kümmert sich um die Kinder; sie regelt den materiellen Tagesablauf anderer (Ernährung, Ordnung); sie gestaltet die Atmosphäre: Dekoration der Räume, jahreszeitliche Traditionen, Feste; sie arbeitet in von der Außenwelt abgeschlossenen Räumen. So empfinden wir unsere Arbeit oft gar nicht als Beruf: Wir tun ja nur, was Frauen schon immer getan haben. Die Abgeschiedenheit von der Außenwelt kommt unseren Ängsten, uns draußen behaupten zu müssen, entgegen. Und wir finden uns mit einem Gehalt ab, das weder den geistigen, seelischen und körperlichen Anforderungen dieser Tätigkeit, noch ihrer gesellschaftlichen Bedeutung ent-

spricht. Es drückt lediglich die Geringschätzung der traditionellen Aufgabe von Frauen aus. (...) Aber nicht nur die äußeren Bedingungen, auch die Fähigkeiten, die der Beruf zu erfordern scheint, sind ‚typisch weiblich': die Fähigkeit, die Bedürfnisse anderer wahrzunehmen und für sie Sorge zu tragen: verstehen und helfen; die Bereitschaft, sich ständig ablenken zu lassen und eigene Bedürfnisse zurückzustellen: sich aufopfern; ‚Schneewittchen-Spiegel' zu sein: dem anderen ein positives Selbstbild reflektieren und auf Selbstdarstellung verzichten."
(In: TPS, Heft 1/1982, S. 17)

Bei diesen Ausführungen können im übrigen deutliche Parallelen zum „Programm für die Bildungs- und Erziehungsarbeit im Kindergarten", herausgegeben vom Minister für Volksbildung (M. Honecker), gezogen werden, das im November 1984 veröffentlicht, am 1. September 1985 in der ehemaligen DDR in Kraft getreten ist und bis zur Wende von ErzieherInnen beachtet wurde. Dort heißt es u. a.: Die Erzieherin

- „sorgt während des ganzen Tages für eine anregende und harmonische Atmosphäre in der Gruppe ..." (S. 17);
- „organisiert im Laufe des Tages verschiedene Spiele, Spaziergänge, musisch-künstlerische und sportliche Tätigkeiten ..." (S. 18);
- „ist liebevoll und aufmerksam gegenüber allen Kindern ..." (S. 18);
- „schafft den Kindern durch das Beispiel vorbildlich handelnder Menschen im Alltag (...) Vorbilder für freundschaftliches, ehrliches und bescheidenes Verhalten und stimuliert sie, ihnen nachzueifern ..." (S. 19);
- „stellt einen Tagesablaufplan unter Berücksichtigung nachstehender Richtwerte auf und hält die festgelegten Zeiten konsequent ein: 3 Mahlzeiten mit einem zeitlichen Abstand von 3 ½ Stunden, 2 Stunden Mittagsschlaf, mehrmalige Körperpflege und mehrmalige Körperübungen (...), bei den Mahlzeiten gewöhnt sie Kinder daran, gewaschen und gekämmt am Tisch Platz zu nehmen; bei Tisch eine gute Haltung einzunehmen (...) (und) beim Austeilen von Geschirr, Besteck und Essen ‚bitte' und ‚danke' zu sagen ..." (S. 19ff.);
- „hält die Kinder zum zügigen Essen an" (S. 22);
- „lehrt die Kinder, Aufgaben zu lösen, indem sie ihnen einen Lösungsweg in kurzen Schritten demonstriert und erläutert, und fordert von den Kindern, in gleicher Weise vorzugehen" (S. 34);
- „fördert (...) folgende Verhaltensgewohnheiten:

... das Material erst dann benutzen, wenn die Erzieherin dazu auffordert, und sorgsam damit umgehen; still sein, anderen Kindern zuhören ..." (S. 35);
- „gewöhnt die Kinder daran, ... mit Wasser und Seife richtig umzugehen, die Wasserhähne zu schließen und darauf zu achten, daß die Seife trockenliegt; sich zu kämmen, ihr Äußeres vor dem Spiegel zu kontrollieren und zu korrigieren, um sauber und gepflegt auszusehen (...), kein Wasser auf den Boden zu spritzen (...), zügig (...) die Speisen gut und bei geschlossenem Mund zu kauen, Tischgespräche leise zu führen und nicht mit vollem Mund zu sprechen." (S. 90f.)

Qualifizierung des Berufsbildes

Öffentlichkeitsarbeit wird nicht zuletzt zur Qualifizierung des Berufsbildes dadurch beitragen, daß das Berufsbild, das beispielhaft vom „Bundesverband Evangelischer ErzieherInnen und SozialpädagogInnen e.V." erstellt wurde, anhand des professionellen Handelns öffentlich demonstriert wird. So heißt es:

„Die Erzieherin/der Erzieher erwirbt die Qualifikation zum erzieherischen Handeln durch ihre/seine Berufsausbildung.
- In diese Qualifikation gehen auch persönliche Neigungen, eigene Kindheitserfahrungen und Erwartungen an den Beruf ein.
- Der Erzieher(innen)beruf ist für Frauen und Männer gleichermaßen geeignet.
- Das pädagogische Handeln der Erzieherin/des Erziehers geschieht im Spannungsfeld vielfältiger, oft widersprüchlicher Erwartungen, die von Kindern, Eltern, Trägern und der Allgemeinheit an die Erzieherin/den Erzieher herangetragen werden.
- Die Erzieherin/der Erzieher versteht sich in erster Linie als Partner(in) des Kindes und Jugendlichen und Anwält(in) ihrer Interessen.
- Sie/er tritt insbesondere für die Erhaltung und Verbesserung der Lebensbedingungen von Kindern und Jugendlichen aller Schichten, Nationen und Religionen ein.
- Von diesem Standpunkt aus muß sie/er ständig neu die Berechtigung der Ansprüche prüfen, die an sie/ihn gestellt werden.
- Sie/er trifft die Entscheidungen für ihr/sein erzieherisches Handeln auf der Grundlage einer kritischen Auseinandersetzung sowohl mit den pädagogischen Traditionen als auch mit neuen wissenschaftlichen Erkenntnissen und bildungspolitischen Strömungen.

- Das pädagogische Handeln der Erzieherin/des Erziehers hat die Förderung der Gesamtpersönlichkeit des Kindes/des Jugendlichen zum Ziel und geht damit über eine bloße Bewahrung oder die Schulung einzelner Fähigkeiten und Fertigkeiten hinaus.
- Es berücksichtigt die Bedürfnisse der Kinder und Jugendlichen, ihre Lebenssituation und die Entwicklungsaufgaben der jeweiligen Altersstufe."
(Berufsbild Erzieher(in), Lübeck 1985)

Unter dem Aspekt, daß dieses Berufsbild in seiner Klarheit, seinen eindeutigen Aussagen und seinen Forderungen nach Professionalität nicht besser formuliert werden könnte, und in Anbetracht der Tatsache, daß weite Teile der Öffentlichkeit die sich für eine Pädagogik ergebenden Konsequenzen möglicherweise noch nicht erfassen konnten, fordert das Berufsbild geradezu eine aktive, qualifizierte Öffentlichkeitsarbeit. Nicht zuletzt aus dem Grunde, dem Berufsbild zu entsprechen.

Im Berufsbild ist von einem Spannungsfeld vielfältiger, oft widersprüchlicher Erwartungen die Rede – Öffentlichkeitsarbeit verlangt Klärung und Transparenz der Entscheidungen.

Im Berufsbild heißt es, daß sich ErzieherInnen in erster Linie als PartnerInnen und AnwältInnen des Kindes oder Jugendlichen und ihrer Interessen verstehen. Öffentlichkeitsarbeit bietet den Rahmen, diese Bündnispartnerschaft offenzulegen.

Im Berufsbild heißt es, daß ErzieherInnen für die Erhaltung und Verbesserung von Lebensbedingungen von Kindern und Jugendlichen eintreten. Öffentlichkeitsarbeit bietet dafür den notwendigen Raum. Im Berufsbild ist zu lesen, daß sich ErzieherInnen mit pädagogischen Traditionen, neuen wissenschaftlichen Erkenntnissen und bildungspolitischen Strömungen kritisch auseinandersetzen. Öffentlichkeitsarbeit stellt dafür den notwendigen Rahmen zur Verfügung.

Im Berufsbild heißt es, daß ErzieherInnen die Förderung der Gesamtpersönlichkeit von Kindern und Jugendlichen zum Ziel ihres pädagogischen Handelns erklären. Öffentlichkeitsarbeit vermag es, dieses Ziel auch institutionsübergreifend in Angriff zu nehmen.

Und schließlich heißt es im Berufsbild, daß das pädagogische Handeln die Bedürfnisse der Kinder und Jugendlichen sowie ihre Lebenssituationen und die Entwicklungsaufgaben der jeweiligen Altersstufe berücksichtigt. Öffentlichkeitsarbeit macht diese transparent und erreicht es damit, gesellschaftliche und politische Notwendigkeiten aufzuzeigen.

3.3 Öffentlichkeitsarbeit dient den Kindern

Kinder sind in der heutigen Zeit zunehmend mit Problemen konfrontiert, die es in dieser Form früher nicht gab: verplante Wochenabläufe, Streßsymptome, Konsumzwänge usw.

Hinweis auf heutige Probleme von Kindern

Öffentlichkeitsarbeit kann dazu beitragen, daß auf die
- Zerrissenheit der Kinderleben,
- Zerteilung der Kinderzeiten und die
- Einengung der Kinderwelten

deutlich hingewiesen wird, um zu erreichen, daß Kinder zu ihren Entwicklungsrechten kommen.

Prof. Rita Süßmuth hat es in der Zeitschrift „Kinderzeit" so formuliert:

„Familien wandeln sich. Es finden äußere und innere Umstrukturierungen bei zunehmender Pluralisierung und Individualisierung statt. Es besteht die Gefahr, daß in diesem Prozeß die Bedürfnisse und Interessen von Kindern nicht mehr gesehen werden. Eine Gesellschaft, die ihre Kinder nicht mehr versteht und schätzt, wird sie in Zukunft verlieren, denn in einer kinderfeindlichen Umwelt werden Erwachsene Lebensentwürfe ohne Kinder vorziehen. Ziel einer verantwortungsvollen Politik muß daher sein, die Bedeutung von Kindern für gegenwärtiges und zukünftiges Leben bewußt zu machen und Fürsprecher für Kinder zu gewinnen. (...) Gefragt ist (...) eine Politik für das Kind und seine Bedürfnisse (...). Im Rahmen einer solchen Politik für Kinder können Erzieherinnen einen wichtigen Beitrag leisten. Sie sind es, die neben den Eltern die Kinder und ihre Lebenssituationen am besten kennen und von daher Bedingungen anmahnen müssen, die Kinder für eine gedeihliche Entwicklung brachen. Es bedarf ihrer kritischen Wachsamkeit, ihrer Einschätzung und Beurteilung von Entwicklungen und die Fähigkeit, den fruchtbaren Moment für eigenes Handeln im Umgang mit Kindern im pädagogischen Innenbereich – also im Kindergarten – wie im Außenbereich – also im Umgang mit Vertreten des sozialen Umfeldes wie Eltern, Trägern und Politikern – zu erkennen. Dies ist ein Beitrag für das Schaffen von Brücken zwischen zerteilten Welten und geteilten Zeiten." (1988/89, S. 9)

Öffentlichkeitsarbeit im Kindergarten kann es schaffen, den Kindern das Recht auf ihre Gegenwart, auf Sicherheit und Entwicklungschancen zu geben.

Darstellen der Kinderrechte

Durch Öffentlichkeitsarbeit kann eine kindorientierte Pädagogik des Kindergartens, der Kindertagesstätte und der Grundschulen unterstützt werden, indem auf wesentliche Kinderrechte verwiesen wird.[1]

Tagtäglich belegen Beispiele eine Verletzung dieser Kinderrechte. Es sind nicht die großen, auf den ersten Blick ins Auge fallenden Verletzungen, sondern die vielen kleinen Mißachtungen von Respekt, Achtung und Wertschätzung.
- Wenn Gruppengrößen in Kindergärten aufgrund finanzieller Engpässe und in Konsequenz zum vielgeforderten „Anspruch auf einen Kindergartenplatz" radikal hochgesetzt werden – wo bleibt da das Recht der Kinder auf Ruhe?
- Wenn Kinder nur dann zu Wort kommen dürfen, wenn ihnen dazu die Erlaubnis erteilt wird – wo bleibt da das Recht auf freie Meinungsäußerung in allen Angelegenheiten, die das Kind betreffen?
- Wenn Tagesabläufe von ErzieherInnen vorgegeben werden und erwartet wird, daß Kinder an für sie geplanten Aktivitäten teilnehmen – wo bleibt für Kinder da das Recht auf Ruhe und Berücksichtigung der Meinung, etwa des anderen Wunsches, des Kindes?
- Wenn von Erwachsenen vorgegeben wird, wo und mit wievielen Kindern sie sich aufhalten „dürfen" – wo bleibt da das Recht der Kinder auf freien Zusammenschluß und ein friedliches „Versammlungsrecht"?
- Wenn Kinder mit Zusatzangeboten neben der Kindergarten-, Kindertagesstätten- oder Grundschulzeit belegt werden und kaum noch Zeit zum Spielen haben – wo bleibt ihr Recht auf Ruhe, Freizeit, Spiel und altersgemäße Erholung?
- Wenn Kinder (sexuell) mißhandelt, vor anderen bloßgestellt oder lächerlich gemacht werden – wo bleibt ihr Recht auf Schutz vor solch grausamen, unmenschlichen und erniedrigenden Behandlungen?

---

[1] Kinderrechte, die in dem „Übereinkommen über die Rechte des Kindes" (UNO-Convention on the rights of the child) auch von der Bundesrepublik Deutschland unterschrieben wurden und damit gesetzlich verbrieft worden sind.

Diese und viele weitere Fragen können Kindergärten und andere Einrichtungen öffentlich zur Sprache bringen. Damit würde ein deutlich kindorientierter Beitrag zur Öffentlichkeitsarbeit im Interesse von Kindern geleistet werden.

3.4 Öffentlichkeitsarbeit dient der Einrichtung

Die Kindergärten und Kindertagesstätten haben sich in der Vergangenheit oftmals den Forderungen und Erwartungen der Allgemeinheit (was Eltern wünschen), der Politik, des Trägers und bestimmter bildungspolitischer Strömungen angepaßt.

So vielfältig die Erwartungen der Öffentlichkeit waren, so vielfältig war die Praxis auch zeitgebunden gestaltet. Kurzum: „Die Fahnen richteten sich nach dem Wind!" Auf der anderen Seite gab und gibt es sozial-pädagogische Institutionen, die auch heute immer noch so arbeiten, wie es schon „immer" der Fall gewesen ist. Bewegung ist nicht vorhanden, und stattdessen wird eine traditionelle Pädagogik – ungeprüft und unreflektiert – fortgesetzt. Was in den einen Einrichtungen zuviel an Bewegung geschieht – auch durch Personal- und Leitungswechsel –, passiert in den anderen Einrichtungen zuwenig.

Kindergärten und -tagesstätten stecken in einer Erwartungsvielfalt, die sich teilweise ergänzt, teilweise allerdings auch gravierend widerspricht.

Erwartungen der Eltern

So wünschen die einen Eltern, daß der Kindergarten auf die Schule vorbereiten soll, andere Eltern erhoffen sich, daß der Kindergarten bewußt darauf verzichtet und Kinder noch Kinder sein läßt.

So wünschen die einen Eltern, daß sich die Kinder im Kindergarten vor allem wohlfühlen, andere Eltern erwarten, daß ihre Kinder gefordert werden.

Die einen Eltern erwarten, daß ihre Kinder möglichst immer etwas Gebasteltes aus dem Kindergarten mitbringen – als Qualitätsbeweis dafür, daß noch was gemacht wird –, andere Eltern legen darauf keinen Wert und würden sich mehr freuen, wenn ihr Kind mehr im Freispiel dabei wäre.

So wünschen die einen Eltern mehr Mitsprache- und Mitbestimmungsmöglichkeiten in den Einrichtungen, andere Eltern fühlen sich durch erwünschte, aktive Mitarbeit zu sehr gefordert.

Auf der einen Seite erhoffen sich viele Eltern, daß bestimmte Regeln in den Einrichtungen „trainiert" werden, auf der anderen Seite verbieten sich manche Eltern eine Regelübernahme als einen „unerlaubten Eingriff in ihre Familienerziehung".

Manche Eltern wünschen sich eine starke bzw. stärkere Berücksichtigung christlicher Glaubensvermittlung, auf der anderen Seite gibt es Eltern, die das bewußt ablehnen.

Es gibt Eltern, die großen Wert auf die Selbständigkeitsentwicklung ihrer Kinder legen und darum bitten, daß Kinder möglichst viele Eigenerfahrungen machen können, dann gibt es wiederum Eltern, die sich vor allem wünschen, daß ErzieherInnen möglichst viel (alles) für Kinder regeln, damit kein Unglück oder Unfall und keine Überforderung eintreten.

Schließlich gibt es Eltern, die eine starke Elternarbeit erwarten, andere Eltern sind damit zufrieden, ihr Kind gut aufgehoben zu wissen.

Erwartungen des Trägers

Der Träger erwartet schließlich, daß die Einrichtung „gut läuft", so daß er bei kritischen, aktiven ErzieherInnen öfter in eine Auseinandersetzung mithineingezogen würde, als ihm lieb ist.

Er erwartet, daß die Eltern möglichst keinen Grund für Beschwerden haben, gleichzeitig erwarten viele ErzieherInnen von sich selbst, Widersprüche auf den Punkt zu bringen und öffentlich anzusprechen.

Erwartet der Träger, daß durch die finanziellen Haushaltsengpässe möglichst immer stärker bestimmte Einsparungen vorgenommen und ausgebaut werden können, erwarten die MitarbeiterInnen zu Recht, daß eine qualitative Pädagogik auch ihren Preis hat und haben muß.

Darüberhinaus erwarten viele konfessionelle Träger (zu Recht!), daß sich die ErzieherInnen verstärkt mit ihrer Arbeit im Gemeindeleben einbringen, daß MitarbeiterInnen grundsätzlich für Trägerwünsche offen sind und auf Trägerbedürfnisse eingehen. Demgegenüber haben MitarbeiterInnen auch eine eigene, persönlich-fachliche Vorstellung von Loyalität, einrichtungsübergreifender Aktivität und Arbeitsgestaltung.

Erwartungen des Kindes

ErzieherInnen spüren die Erwartungen der Kinder, die gerne spielen, kuscheln und schmusen, werken und Quatsch machen möchten, die eigenen Interessen nachgehen und mitsprechen wollen, die es lieben, sich auszutoben oder zurückzuziehen, Freiraum zum ungestörten Alleinsein suchen, die sich ausprobieren möchten, das Gefühl des Angenommen-Seins erfahren wollen, die Fragen stellen und Antworten bekommen möchten, die selbstgewählte Freundschaften schließen und genießen möchten sowie den Wunsch haben, großartige Erlebnisse zu erfahren. Und schließlich haben ErzieherInnen selbst Erwartungen an sich: Sie möchten selber und mit Kindern Spaß erleben, zu allen Kindern eine gute, tragfähige Beziehung aufbauen, die Berechtigung und Freiheit für nichtproduktorientierte Aktionen haben; sie haben den Wunsch, sich nicht ständig für das, was sie pädagogisch getan haben oder tun, rechtfertigen zu müssen; sie wünschen sich, den Mut zu besitzen, klare und deutliche Worte auszusprechen, Grenzen zwischen dem privaten und beruflichen Arbeitsbereich zu ziehen, KollegInnen als Vertrauenspersonen zu erleben und Wertschätzung ihres Berufs durch die Öffentlichkeit zu erfahren; sie wünschen sich des öfteren eine positive Rückmeldung für ihr Tun von Eltern- und Trägerseite und haben den Anspruch, Kinder und Eltern in besonderen Problemlagen zu unterstützen; sie möchten häufig ihre Pädagogik selbstbestimmter gestalten und ihr Handeln in Sinnzusammenhängen betrachten. Sie haben die Erwartung an sich, durch qualifizierte Fortbildungen ihre Arbeit zu verbessern, und setzen dabei auf die Möglichkeit, den Kindergarten auch einmal für eine Woche wegen teaminterner Fortbildung zu schließen.

Erwartungs-karussell

ErzieherInnen stecken in einem großen Geflecht von Erwartungen und machen dabei die Erfahrung, daß sie nicht allem gerecht werden können und wollen. Doch das Erwartungskarussell dreht sich noch weiter. Die Wissenschaft der Elementarpädagogik erwartet, daß ErzieherInnen und andere pädagogische Fachkräfte sich mit den vergangenen und aktuellen elementarpädagogischen Arbeitsansätzen beschäftigen, regelmäßig Fachzeitschriften und Fachbücher durcharbeiten und ihre Pädagogik in einem sicherlich anstrengenden Prozeß der Entwicklung fortschreiben und innovieren. Und schließlich kommen Fachschulen und PraktikantInnen mit ihren besonderen Erwartungen auf den Kindergarten zu, Supervisionssitzungen verlangen Offenheit und Ehrlichkeit, und auch die Teamarbeit will zu ihrem Recht kommen, damit es flüssig und einheitlich in Arbeitsabläufen klappt.

Umgang mit den Erwartungen

Öffentlichkeitsarbeit trägt all dem Rechnung:
- Durch Entscheidungen, welche Erwartungen berechtigt bzw. unberechtigt, zu erfüllen oder zu vernachlässigen, aufzugreifen oder fachkompetent abzuwehren sind, gelangt eine Einrichtung zu ihrem besonderen Profil.
- Durch die Auseinandersetzung mit den Ansprüchen des Trägers finden Kindergärten, Kindertagesstätten oder andere sozial-pädagogische Institutionen zu ihrem (!) individuellen Stellenwert.
- Durch die intensive Beschäftigung mit den Wünschen und Erwartungen der Eltern schafft es die Einrichtung, ihr gefundenes Profil zu verdeutlichen und verständlich zu erläutern.
- Durch die besonderen Eckwerte ihres pädagogischen Ansatzes hat der Kindergarten bzw. die Kindertagesstätte die Chance, fachkompetent und klar mit Fachschulen und -akademien umzugehen, um eigene und fremde Erwartungen abzugleichen und Konsequenzen zu ziehen.
- Schließlich werden alle Innenentscheidungen dazu beitragen, daß eine MitarbeiterInnengruppe zu einem Team zusammenwächst, das mit Interesse und Neugierde eine aktive Öffentlichkeitsarbeit betreibt.

Identität einer Einrichtung

Durch das gefundene Profil und die vorgenommenen Entscheidungen ist eine Einrichtung „faßbar", „überprüfbar" und identisch! Dabei kann es geschehen, daß es zu Auseinandersetzungen kommt. So können Eltern beispielsweise mit der besonderen Pädagogik zufrieden sein oder diese ablehnen, mit der möglichen Konsequenz, ihr Kind abzumelden. Genauso kann es passieren, daß andere Eltern ganz begeistert von dem bestimmten Arbeitsansatz sind und unbedingt einen Platz für ihr Kind gerade in *diesem* Kindergarten haben wollen.

Nichts ist dagegen konfliktbeladener und für alle Seiten unbefriedigender, als wenn Eltern, Fachschulen, der Träger oder externe Fachkräfte, die mit der Einrichtung zusammenarbeiten (wollen), nichts oder sehr widersprüchliche Erfahrungen einzelner hören und gezwungen sind, eigene Vermutungen zu möglichen Wahrheiten zu machen.

Auswirkungen mangelnder Öffentlichkeitsarbeit	Fehlende Öffentlichkeitsarbeit sorgt für: – Unruhe, – Irritationen, – Konflikte, – Unmut, – Widersprüche, – Machtkämpfe, – Wut und Ärger, – Ohnmacht, – Unlust, – Beziehungsstörungen, – Abwehr und – Berührungsängste.
Auswirkungen gelingender Öffentlichkeitsarbeit	Eine aktive, qualifizierte und fachkompetent gestaltete Öffentlichkeitsarbeit schafft dagegen einen weiten, angenehmen Raum für: – lebendige, konstruktive Spannung, – inhaltsorientierte Auseinandersetzungen, – die Aufdeckung und Lösung von Konflikten, – Neugierde und Interesse auf allen Seiten, – Wagnisse und mutige Entscheidungsschritte, – eine identische, faßbare Pädagogik, – Klarheit und nachvollziehbare Entscheidungen, – Lust und Freude bei umzusetzenden Vorhaben, – Offenheit bei erlebten Widersprüchen und – eine Qualifizierung des gesamten Bereichs der „Elementar- und Primärpädagogik".

3.5 Öffentlichkeitsarbeit dient den Eltern

Mit dem Älterwerden der Kinder treffen Eltern eine wesentliche Entscheidung, ob ihre Kinder in die Institution Kindergarten bzw. Kindertagesstätte gehen sollen oder ob es möglich oder wünschenswert ist, daß Kinder zwischen dem dritten und sechsten Lebensjahr lieber zu Hause bleiben können.

Frage der Fremdbetreuung	Die Entscheidung der Eltern ist dabei von sehr unterschiedlichen Hintergründen geprägt:

1. Ökonomische Bedingungen (steigender Mietzins, steigende Lebenshaltungskosten, Arbeitslosigkeit eines Partners, eigene Arbeit ...) zwingen viele Eltern(teile) dazu, ihre Berufstätigkeit aufrechtzuerhalten bzw. eine Berufstätigkeit zu beginnen. Dadurch ist die Notwendigkeit vorprogrammiert, für die Kinder einen Kindergartenplatz zu bekommen.
2. Persönliche Entscheidungen (z. B. der Wunsch vieler Mütter, einer Berufstätigkeit nachzugehen) führen dazu, eine zeitliche Fremdunterbringung für die Kinder in Anspruch zu nehmen.
3. Der Wunsch mancher Eltern(teile), ihre Zeit auch einmal ohne Kinder zu verbringen, um sich zu entspannen oder in anderer Form für sich zu sorgen, läßt sie die Entscheidung treffen, ihre Kinder im Kindergarten unterzubringen.
4. Die Vorstellung und Hoffnung vieler Eltern(teile), daß die Kinder im Kindergarten Dinge lernen, die sie zu Hause nicht erfahren können – z. B. Sozialerfahrungen –, gibt Eltern den Impuls, ihre Kinder im Kindergarten anzumelden.

Diese und sicherlich viele andere, persönliche Gründe tragen dazu bei, daß Kindergartenplätze sehr gefragt sind. Trotz eines Rechtsanspruchs, der gesetzlich verankert ist, ist in manchen Bereichen Deutschlands der Bedarf immer noch größer als das Angebot.

Der Eintritt in den Kindergarten

Der Besuch einer Einrichtung ist für Eltern und Kinder gleichermaßen ein bedeutsamer Einschnitt. Auf der einen Seite geben Eltern zum ersten Mal ihre Kinder „in fremde Hände", auf der anderen Seite sind Kinder zum ersten Mal damit konfrontiert, sich mit vielen anderen Kindern an einem Ort aufzuhalten, der ihnen zunächst fremd und unübersichtlich erscheint. Kinder verlassen – in der Regel – einen geschützten Platz (ihr Zuhause) und müssen nun neue Kontakte aufnehmen, andere Personen kennenlernen und sich absprechen, neue Regeln erfahren und gefundene Sicherheiten gegen Unsicherheiten austauschen. Wer kennt nicht die Situationen, bei denen Kinder sich an ihren Eltern festhalten, wenn Mutter oder Vater sich nach dem Bringen des Kindes verabschieden wollen und müssen. Wer kennt nicht die sorgenvollen Blicke aus dem Kindergarten- bzw. Gruppenfenster, ob die Eltern auch wirklich zum Abholen wiederkommen. Wer kennt nicht die Fragen mancher Kinder, wie spät es denn sei und wann die Eltern endlich wiederkämen. Kinder sind irritiert und gezwungen, Stück für Stück eine neue Sicherheit aufzubauen.

Informationswunsch der Eltern

Eltern suchen (mehr oder weniger) vielfältige Möglichkeiten, immer wieder etwas über ihr Kind, Entwicklungsfort- und -rückschritte, die Pädagogik oder die Einrichtung selbst zu erfahren – sei es bei Tür- und Angelgesprächen, speziellen Sprechzeiten, Elternabenden, besonderen Aktivitäten, Beratungsangeboten oder bei Anrufen zwischendurch.

Eltern sind zeitweilig über ihre Kinder und deren Entwicklungen besorgt, irritiert, überrascht; sie sind verunsichert und haben den Wunsch, Antworten auf ihre Fragen zu bekommen. Sie machen sich vielleicht Gedanken darüber, ob es richtig war, ihr Kinder überhaupt im Kindergarten anzumelden bzw. in *diesem* Kindergarten unterzubringen. Sie hören vielleicht von anderen Eltern, wie es mit deren Kindern in Nachbareinrichtungen läuft. Sie unterhalten sich über das, was ihnen in „ihrem" Kindergarten gefällt oder was sie ablehnen.

Öffentlichkeitsarbeit schafft bei diesen vielen Fragen und Unsicherheiten Vertrauen!

Durch Gespräche und andere Kontaktpflege können Eltern in die Lage versetzt werden, sich mehr und mehr mit der besonderen Gestaltung der Pädagogik auseinanderzusetzen.

Sozial-pädagogische Einrichtungen gestalten ihre Öffentlichkeitsarbeit dabei auf drei Ebenen:

```
                    Elternbildung
                   ↗            ↖
                  ↙              ↘
        Elternberatung  ←——→  Elternmitarbeit
```

Elternbildung

Elternbildung dient dem Ziel, daß Eltern bedeutsame Informationen zur Psychologie und Pädagogik der Entwicklung von Kindern erhalten, um ihr Erziehungspotential möglichst kompetent auf- und auszubauen. Das geschieht beispielsweise durch Elternabende, Seminare und Vorträge, durch Fachzeitschriften und verständliche Fachbücher, durch die Teilnahme an Fachforen oder Fachdiskussionen.

Öffentlichkeitsarbeit dient den Eltern

Elternberatung Elternberatung vermag es, Eltern bei ganz individuellen Fragen und Problemen zur familiären Situation, bei besonderen Fragen zur Entwicklung des Kindes oder zu aktuellen „Erziehungsnöten" beratend zur Seite zu stehen. Dadurch schaffen ErzieherInnen/ GrundschullehrerInnen eine tragfähige Grundlage für neue Orientierungsmöglichkeiten, wenn es etwa um die Bewertung spezifischer Vorkommnisse geht. Sie helfen Eltern dabei, eigene Potentiale zu entdecken, unterstützen sie in ihren Planungsschritten und erörtern mit ihnen die Vor- und Nachteile bestimmter Entscheidungsschritte.

Elternmitarbeit Elternmitarbeit umfaßt die vielfältigen Chancen, daß Eltern sich im Kindergarten engagieren können – ob es um bestimmte Funktionen im Eltern(bei)rat geht, ob es sich um die Mithilfe bei bestimmten Vorhaben handelt (etwa den gemeinsamen Bau von „zweiten Raumebenen", die Umgestaltung des Kindergartenaußengeländes) oder um die Vorbereitung öffentlicher Aktionen, die Mitgestaltung der Kindergartenzeitung oder die Mithilfe bei gemeinsamen Ausflügen.

Öffentlichkeitsarbeit ist Elternarbeit Öffentlichkeitsarbeit läßt Eltern am Kindergarten-, Kindertagesstätten- bzw. Schulleben teilhaben, ganz selbstverständlich und nicht „künstlich" oder „aufgesetzt", nicht nur punktuell, sondern kontinuierlich. Insoweit trägt die Zusammenarbeit mit Eltern zu einem fortwährenden Prozeß der
– pädagogischen Glaubwürdigkeit,
– aktiven Beteiligung und Mitsprache,
– erforderlichen pädagogischen Transparenz,
– Kontaktaufnahme und Beziehungspflege,
– Verständigung in bedeutsamen Fragen,
– aktiven Hilfestellung
bei und läßt die Eltern das tatsächliche Geschehen in der entsprechenden Einrichtung miterleben. Damit trägt dieser Arbeitsschwerpunkt auch dem Kinder- und Jugendhilfegesetz Rechnung.
In § 1, Abs. 3 heißt es: „Kinder und Jugendliche sollen in ihrer Entwicklung umfassend und vor allem unter Einbeziehung der Familie und des sozialen Umfeldes gefördert werden."
Wenn die Öffentlichkeitsarbeit den Eltern dienlich sein soll, dann verlangt sie nach deutlichen Konsequenzen im Umgang mit Eltern: Eine qualifizierte Öffentlichkeitsarbeit
– trägt dazu bei, daß sich Eltern auch als Gäste fühlen;

- verzichtet auf eine Gesprächsführung, die etwa durch Besserwisserei oder Bevormundung charakterisiert wäre;
- schafft den Eltern Raum und Platz, eigene Ideen einzubringen;
- würdigt die Bereitschaft der Eltern, Mehrarbeit auf sich zu nehmen;
- akzeptiert zunächst andere Meinungen und Einschätzungen und versucht, in einem klärenden Gespräch neue Gedankenimpulse inhaltlich zu diskutieren;
- orientiert sich an den wirklichen Fragen und Sorgen der Eltern und stellt eigene, überhöhte Ansprüche zurück, um eine gemeinsame Sprache und Basis zu finden;
- stellt zwischen unterschiedlichen Problemen und vielfältigen Beobachtungen eine Sinnverbindung her, um aus bestimmten Verknüpfungen eine ganzheitliche Sichtbetrachtung zu gewährleisten;
- schließt (häufig erlebte) Bewertungen von Eltern aus.

Öffentlichkeitsarbeit beugt damit einem Desinteresse von seiten der Eltern an der pädagogischen Arbeit vor. Sie
- läßt Schuldzuweisungen oder Pauschalverurteilungen überflüssig werden;
- relativiert in vielen Fällen eine überhöhte, leistungsorientierte Erwartungshaltung („Der Kindergarten als Leistungsschmiede");
- läßt Beteiligungen der Eltern an einrichtungsinternen Aktivitäten stärker werden und
- trägt nicht zuletzt dazu bei, daß kein Grund dafür besteht, MitarbeiterInnen eines Teams gegeneinander auszuspielen.

3.6 Öffentlichkeitsarbeit dient dem Träger

Zusammenarbeit zwischen Träger und Einrichtung

Eine Befragung von MitarbeiterInnen in Kindergärten und Kindertagesstätten, die unterschiedliche Träger hatten, zu dem Thema, wie denn die Zusammenarbeit mit ihrem Träger charakterisiert werden könnte, brachte u. a. folgende Aussagen zu Tage:
- „Wir sind eigentlich mit unserem Träger ganz zufrieden. Er kümmert sich nicht groß um unsere Arbeit, redet uns nicht rein und läßt uns weitestgehend in Ruhe."
- „Wir können im Prinzip nicht klagen. Eigentlich können wir hier machen, was wir wollen. Solange alles gut läuft und nichts

Aufregendes geschieht, hören wir nichts von unserem Träger. Also sorgen wir dafür, daß unser Träger auch möglichst keinen Grund sieht, uns dazwischenzufunken."
- „Der Kreisverband ist weit weg von uns. Ab und zu kommen mal irgendwelche formalen Rundschreiben, die wir zwar zur Kenntnis nehmen, im großen und ganzen aber nicht allzu ernst nehmen. Ist klar: Was gemacht werden soll und muß, das tun wir auch. Ansonsten können wir schalten und walten, wie es unserer Auffassung nach richtig ist."

Unterschiedliche Merkmale fallen bei diesen Aussagen auf:
1. Offensichtlich sind viele MitarbeiterInnen froh darüber, daß der Träger sich nicht in ihre Arbeit einmischt.
2. Zufriedenheit scheint sich aus der Tatsache abzuleiten, daß nur wenig vom Träger gefordert wird.
3. Die Zufriedenheit des Trägers scheint mit dem Umstand zu korrelieren, daß MitarbeiterInnen dafür Sorge tragen, daß nichts Ungewöhnliches passiert, durch das der Träger wiederum gezwungen wäre, Einfluß auf die Einrichtung bzw. die Arbeit zu nehmen.

Dann gab es bei der Befragung eine weitere Antwortenkategorie:
- „Wir müssen unserem Träger genau Rechenschaft über unsere Arbeit ablegen. Er will alles wissen und steht ständig auf der Matte. Das nervt."
- „Unser Träger mischt sich in unsere Arbeit voll ein. Gerade jetzt, wo es um bestimmte neue Arbeitsansätze geht, schreibt er uns vor, was und wie wir zu arbeiten haben. Unsere fachliche Qualifikation interessiert ihn überhaupt nicht. Er spricht uns unsere Ausbildung und Fachkompetenz einfach ab und erwartet, daß wir so arbeiten, wie er es für richtig hält. Lange lassen wir uns das nicht mehr gefallen."
- „Das Wort ‚Träger' können wir im Team nicht mehr hören. Mindestens einmal in der Woche kommt Herr ... in unsere Einrichtung und will genau wissen, was wir machen. Sind zufällig Eltern in der Nähe, spricht er sie an und fragt, wie zufrieden sie mit unserer Arbeit sind, ob sie sich etwas anderes wünschen und wie wir als MitarbeiterInnen mit den Eltern umgehen. Das schafft uns. Unsere deutlichen Bitten, damit aufzuhören, schlägt er in den Wind und meint nur, schließlich habe er eine Fürsorge-

pflicht – auch den Eltern gegenüber – und daher sei es sein Recht, sich so zu verhalten."

Bei diesen Aussagen treten folgende Merkmale in den Vordergrund:
1. Ein Interesse des Trägers an der Arbeit wird als eine „unerwünschte Einmischung" verstanden.
2. Das Interesse des Trägers wird als störend erlebt und scheint das allgemeine „interne Betriebsklima" zu belasten.
3. Die beiden Interessengruppen „MitarbeiterInnen" und „Trägerseite" scheinen wie im großen Stil aus zwei Blöcken zu bestehen: Auf der einen Seite gibt es Arbeitnehmer – das sind die Guten, Interessierten, Fleißigen und Engagierten. Auf der anderen Seite gibt es den Arbeitgeber – das ist der Böse, Besserwisser, Aufruhrstifter und Irritator!

Defizite im Verhältnis von Träger und Einrichtung

Unabhängig davon, daß es sicherlich fleißige und faule, kluge und unwissende, engagierte und desinteressierte MitarbeiterInnen, hilfreiche und destruktive, neugierige und zurückhaltende, pädagogisch interessierte und pädagogisch völlig desinteressierte, gutwillige und bösartige VertreterInnen der Trägerseite gibt, wird durch diese beispielhaften Aussagen doch einiges deutlich:

In der Elementar- und Primarpädagogik stimmt es in sehr vielen Fällen nicht im Verhältnis zwischen MitarbeiterInnen und Trägern.

Die Trägerseite wird von MitarbeiterInnen sehr schnell mit den bestimmten Personen und ihren Persönlichkeitsmerkmalen verbunden, so daß Beurteilungen zum Verhalten „des Trägers" beziehungsorientiert sind.

Kaum eine MitarbeiterInnengruppe – und das innerhalb einer Befragung von fast 250 „Teams" (!) – äußerte sich uneingeschränkt positiv über ihren Träger.

Zusammenfassend kann gesagt werden, daß es nahezu immer die Trägerseite war, die aktiv werden mußte, wenn sie etwas über die Einrichtung, die Pädagogik, die MitarbeiterInnen und Eltern erfahren wollte. Das deutet auf einen starken Informationsmangel hin, dem der Träger ausgesetzt war und ist.

Kaum eine Einrichtung hat bei der Befragung von sich aus deutlich gemacht, was sie unternommen hat bzw. unternimmt, den Träger regelmäßig zu informieren.

Eingriffe seitens des Trägers

Es ist daher mehr als verständlich, wenn ein Träger in die Pädagogik insistierend einzugreifen versucht, wenn
- keine Informationen aus den Einrichtungen fließen;
- er nur dann für MitarbeiterInnen „interessant" wird, wenn es um irgendwelche Forderungen (Gehaltserhöhungen, Aufstokkung von Etatmitteln, Reparaturzahlungen ...) geht;
- besondere Vorkommnisse ein Einschalten des Trägers erforderlich machen;
- ihm etwas zu Ohren kommt, was Unruhe stiftet, und er sich daher folgerichtig veranlaßt sieht, aktiv werden zu müssen.

Vorbehalte gegenüber dem Träger

Ebenso verständlich ist es von seiten der MitarbeiterInnen, wenn sie sich darüber beklagen, daß der Träger
- zwar kein Interesse an einem pädagogisch-fachlichen Austausch zeigt, aber eine Kontrollfunktion ausübt;
- keine oder kaum Anstalten macht, gelungene pädagogische Aktionen zu würdigen;
- nur dann aktiv wird, wenn es um irgendwelche Einsparungen im Haushaltsetat geht;
- vermehrt seine öffentliche Repräsentanz demonstriert, diese aber nicht in den Fällen nutzt, in denen es etwa um die Durchsetzung pädagogischer Notwendigkeiten geht.

Beispiel: Viele Kindergärten und Tagesstätten wünschen sich, einmal im Jahr eine 5tägige, teaminterne Fortbildung durchzuführen. In dieser Zeit müßte die Einrichtung geschlossen werden. Viele Träger wehren diese Bitte bzw. Forderung der MitarbeiterInnen von Anfang an mit der Begründung ab, dies könne Eltern nicht zugemutet werden. Statt eines Abblockens würde es sich anbieten, Vor- und Nachteile auf einer Fachebene abzuwägen und nach Möglichkeiten zu suchen, diese Notwendigkeit realisieren zu können. In vielen Kindergärten und Kindertagesstätten in Schleswig-Holstein ist dies seit Jahren möglich!

Mangelnde Kommunikation zwischen Träger und Einrichtung

Auf den Punkt gebracht, bedeutet eine Analyse dieser Merkmale nichts anderes, als daß MitarbeiterInnen und Träger viel zu wenig miteinander sprechen, kaum einen Austausch pflegen und daher teilweise in gegenseitigen Vorurteilen verstrickt und gefangen sind. Die Folge sind Machtkämpfe auf der Beziehungsebene, Abwehr und Schuldzuweisungen.

Öffentlichkeitsarbeit – und wem sie dient

Ausbau der Zusammenarbeit

Gerade die Öffentlichkeitsarbeit kann und soll dabei helfen, daß eine Zusammenarbeit aufgenommen, vertieft und kontinuierlich ausgebaut wird.

So ist es für einige (insgesamt betrachtet leider nur wenige) Kindergärten bzw. Kindertagesstätten selbstverständlich, Träger an ihrer täglichen Arbeit teilhaben zu lassen, etwa durch:
- Einladungen zu Vorträgen und Elternabenden,
- Einladungen zu Festen,
- die regelmäßige Information zu Teamsitzungen (Weitergabe einer Kopie des Teamprotokolls),
- schriftliche Kurzberichte über besuchte Fort- und Weiterbildungsmaßnahmen,
- periodische Treffen und einen Gedankenaustausch (z. B. 1x pro Viertel- oder Halbjahr),
- kurze, schriftliche Protokolle von Arbeitskreistreffen,
- Berichte in der Presse über laufende oder abgeschlossene Projekte,
- (in)direkte Beteiligung an der Erarbeitung einer Konzeption,
- Rückmeldungen über Vorhaben, die durch eine Trägerfinanzierung möglich wurden,
- die Pflege einer wertschätzenden Umgangskultur.

Thesen für eine gelingende Zusammenarbeit

Manche MitarbeiterInnen phantasieren bei solchen Vorschlägen vielleicht, daß das sowieso nichts bringen werde, es zu aufwendig sei oder ohnehin kein Interesse auf seiten des Trägers bestehe. Wer so denkt, gibt sich, einer entwicklungsnotwendigen Pädagogik und dem Träger keine Chance, aktiv an der Arbeit teilzuhaben. Er oder sie schafft dadurch Fronten, die auf der anderen Seite wiederum beklagt werden.
- Träger haben ein Recht auf Information – ebenso wie MitarbeiterInnen.
- MitarbeiterInnen haben ein Recht auf Wertschätzung ihres Berufs – ebenso wie Träger ein Recht auf einen wertschätzenden Umgang haben.
- Träger haben das Recht, sich in die Pädagogik einzumischen – ebenso wie MitarbeiterInnen das Recht haben, ihren fachlichen Standpunkt zu verdeutlichen.
- MitarbeiterInnen haben ein Recht darauf, ernstgenommen zu werden – ebenso wie Träger.

Öffentlichkeitsarbeit stellt daher eine Brücke dar, die von beiden Seiten gebaut und anschließend begangen werden kann und muß. Und das speziell im Interesse von Kindern und Eltern, die ein Recht darauf haben, nicht in die Spannungs- und Abwehrkonflikte von MitarbeiterInnen oder Trägern hineingezogen zu werden. Wenn Öffentlichkeitsarbeit für ein besseres Klima, eine bessere „Chemie" sorgt, dann hat das Ganze auch eine direkte Folge auf ein persönlich-fachliches Wohlfühlen. So soll an dieser Stelle die Behauptung gewagt werden, daß damit *auch* die teilweise hohen Krankheitsraten bei MitarbeiterInnen verringert würden und der in manchen Einrichtungen erschreckend hohe Personalwechsel gesenkt werden könnte. Eine Utopie? Probieren Sie es aus!

3.7 Öffentlichkeitsarbeit dient einrichtungsfernen Ziel- und Interessengruppen

Kindergärten, Kindertagesstätten und Schulen betreiben ihre Arbeit nicht in einem luftleeren Raum. Sie haben ihre Häuser nicht hinter einer hohen, dicken Hecke oder hinter einem gesicherten Stacheldrahtzaun. Sie sind vielmehr Teil einer Gemeinde und stehen für eine bestimmte Aufgabenstellung Pate.

Mit den Begriffen „Kindergarten", „Kindertagesstätten" oder „Schule" verbindet jeder Erwachsene eine ganz bestimmte Vorstellung. Schon alleine dadurch, daß viele Menschen in ihrer Kinderzeit einen Kindergarten oder eine Kindertagesstätte besucht haben (besuchen mußten) und alle Erwachsenen in ihrer Kinder- und Jugendzeit mehr oder weniger freudvoll zur Schule gegangen sind.

Falsche Vorstellungen von der Arbeit einer Einrichtung

Obwohl wir alle mit den Worten dieser Institutionen durch eigene Erfahrungen sehr spezifische Gedanken und Gefühle verbinden, wissen wir im Grunde genommen von heutiger pädagogischer Arbeit in den Einrichtungen wenig. So passiert es, daß Erwachsene mehr oder weniger zutreffende Vorstellungen von sozial-pädagogischer Tätigkeit entwickeln.

- Wenn Erwachsene heute lärmende, aktive Kinder auf dem Gelände eines Kindergartens sehen, entschlüpft ihnen vielleicht die Aussage: „Ja, so gut möchte ich es noch mal haben. Spielen,

lachen, rumtoben und sich um nichts kümmern müssen. Das ist doch eine herrliche Sache."
- Wenn Erwachsene heute neugebaute, moderne Kindergärten sehen, denken und sagen sie vielleicht: „Wenn ich da an meine Kindergartenzeit denke, wo wir mit 30 und mehr Kindern in dunklen Räumen unseren Vormittag verbringen mußten, dann ist es heute doch anders. In diesem großen Eingangsbereich ist Platz – den hatten wir nicht. In den Gruppen ist jede Menge Spielzeug – bei uns gab es damals nur unvollständige Puzzles und eine Kindergärtnerin, die ständig aufpaßte, daß wir uns auch artig verhielten."
- Wenn Erwachsene heute in Kindergruppen gehen und erleben, wie wild und ungestüm Kinder sein dürfen, dann denken und sagen sie vielleicht: „Wir durften uns damals nicht soviel rausnehmen. Da hieß es, sich an die Hände fassen und im Morgenkreis ein Lied singen. Da durften wir nicht so schreien, sondern wurden schnell zur Ordnung gerufen."
- Wenn Erwachsene heute Kinder in Kindergärten oder Kindertagesstätten beobachten, wie sie für lange Zeit frei spielen können, dann sagen oder denken sie vielleicht: „Diese Freiheit hatten wir als Kinder nicht. Da war alles genau vorgegeben, wann wir uns mit was zu beschäftigen hatten. Heute ist eben alles freier. Aber geschadet hat uns das alles auch nicht."
- Wenn Erwachsene heute in manchen Kindergärten anrufen und erleben, daß eine Kinderstimme am anderen Ende der Leitung ist und wie selbstverständlich nach der Erzieherin oder Leiterin ruft, dann denken sie vielleicht: „Das hat es zu meiner Zeit nicht gegeben, daß wir ans Telefon des Kindergartens gehen konnten. Da hätten wir aber was zu hören bekommen. Kinder sind heutzutage viel selbständiger und freier. Aber vielleicht hat es auch Nachteile für die Entwicklung von Kindern."
- Wenn Erwachsene heute sehen, mit welcher Selbstverständlichkeit viele Kinder für ihre Rechte sorgen, dann denken oder sagen sie vielleicht: „Kinder brauchen heute immer weniger auf das zu hören, was Erwachsene sagen. Sie nehmen sich Rechte heraus, die wir uns als Kinder nie herausgenommen hätten. Da hätte es was hinter die Ohren gegeben, und wir hätten pariert. Aber das ist wohl jetzt die Folge von dieser Laissez-faire-Erziehung, von der antiautoritären Welle, auf der viele Eltern und Kindergärtnerinnen schwimmen."

Öffentlichkeitsarbeit dient einrichtungsfernen Ziel- und Interessengruppen

Der Kindergarten, die Kindertagesstätten und Schulen sind in der Öffentlichkeit im Gespräch, auch wenn es nur am Rande um bestimmte Bewertungen einzelner Beobachtungen geht.

Spätestens mit der Schulzeit denken vielleicht manche Eltern und andere Erwachsene, wenn sie ihre Kinder von der Schule abholen, mit den LehrerInnen sprechen oder auf die Schulhöfe schauen, um das bunte Treiben zu beobachten, daß heute vieles eben anders ist als früher.

So erzählte ein Vater z. B.: „Als ich zu einem Lehrergespräch zur Schule ging, war ich ganz geschockt über das, was ich auf dem Schulhof gesehen habe. Da kämpften zwei Jungen miteinander, traten und boxten sich, und ein Lehrer stand in der Nähe und schaffte es nicht, für Ordnung zu sorgen."

Eine Mutter erzählte: „Als ich an der Schule mit dem Fahrrad vorbeigefahren bin, sah ich doch tatsächlich drei Jungen hinter den Bäumen des Schulhofs stehen und rauchen. Die waren erst ca. 9 Jahre alt. Ich schätze, die besuchten mal gerade die 3. Klasse."

Eine pensionierte Lehrerin sprach das aus, was vielleicht viele Erwachsene denken: „Zu meiner Zeit stellten sich die Kinder in der Grundschule noch zu zweit in eine Reihe, um geordnet das Schulgebäude zu betreten. Heute stürmen alle wie die Wilden in die Klassenzimmer. Sicherlich hat sich die Zeit verändert. Ist es aber nicht gerade da besonders wichtig, auf Regeln und Struktur zu achten, brauchen Kinder nicht gerade in dieser unübersichtlichen Zeit eine feste Hand?"

Und ein älterer Grundschullehrer beklagte sich bitterlich: „Wenn wir die Kinder in die ersten Klassen aufnehmen, merken wir genau, welche Kinder aus welchem Kindergarten kommen. Die einen halten sich an Regeln, zeigen wenigstens noch einen Rest von Höflichkeit und Aufmerksamkeit, die anderen kennen keine Grenzen und bringen alles durcheinander. Kindergärtnerinnen werden doch auch für ihre Arbeit bezahlt. Dann sollen sie auch dafür sorgen, daß Kinder zumindest die Grundregeln von Anstand und Sitte beherrschen."

Eine Erzieherin erboste sich über folgenden Vorfall: „Stellen Sie sich vor, was letzte Woche passiert ist. Ich sitze mit den Kindern im Gruppenraum, weil wir gerade eine Kinderkonferenz abhielten, da stürmt eine Frau herein, stellt sich mir kurz als die Großmutter von ... vor und meint, jetzt wolle sie mal hier mit Kindern basteln. Langsam habe sie die Nase voll. Ihre Tochter (also die Mutter des Kindergartenkindes) rege sich auch nur darüber auf, daß hier gar nichts mehr getan werde. In der Tüte habe sie genügend Bastelmaterial, und ich könne ja zuschauen, was sie nun mit den Kindern mache. Mir blieb ehrlich gesagt die Spucke weg. Mir verschlug es die Sprache!"

Mangelnde Öffnung nach außen

Lange Zeit haben vor allem Kindergärten und Kindertagesstätten ihre Arbeit so ausgerichtet, daß nur Eltern und Kinder (auch in dieser Reihenfolge!) im Mittelpunkt der Arbeit standen. Zwar gab es selbstverständlich keinen Stacheldraht um das Einrichtungsgelände, aber eine Öffnung nach außen fand kaum oder gar nicht statt. Wenn, dann vielleicht nur zu besonderen Anlässen, etwa
- zur Aufführung eines Weihnachtsstücks in der Kirche;
- zum Gratulieren im Altersheim, wenn eine Bewohnerin oder ein Bewohner Geburtstag hatte;
- zur Kontaktaufnahme mit der Grundschule, wenn alle „Schulkinder" einen Schulbesuch unternahmen;
- bei den Vorhaben, eine Bäckerei, eine Polizeistation oder die Feuerwehr zu besuchen;
- bei den Besuchen eines Zahnarztes, wenn es um die Zahnpflege ging.

Diese Konzentration führte zu einer deutlichen Vernachlässigung der Öffentlichkeitsarbeit. Es versteht sich von selbst, daß solche „besonderen Höhepunkte" nicht dazu geeignet sind, sich als Einrichtung öffentlich zu präsentieren.

Gleichzeitig erfuhr und erfährt die Öffentlichkeit „nur am Rande" etwas von der Kindergartenarbeit, wenn beispielsweise bestimmte Nachrichten in der Ortspresse erscheinen:

Text 1:

Schlaffest im Kindergarten

Wie jedes Jahr, so führten auch dieses Mal die Erzieherinnen des Kindergartens ... ein Schlaffest durch. Dazu waren alle Kinder eingeladen, die in einem Monat zur Schule gehen. Die große Turnhalle glich einem Räuberlager, denn Schlafsäcke, Matratzen und jede Menge Kopfkissen dienten den Kindern dazu, eine Abschiedsnacht in ihrem Kindergarten zu verbringen. Dazu die Erzieherin Heike: „Das war schon toll. Bis spät in die Nacht haben sich Kinder unterhalten, geärgert und auch gesungen. Da konnte kaum einer von uns die Augen zumachen. Das ist aber nicht schlimm. Schließlich war es für die Kinder etwas ganz Besonderes. Und für uns auch." Nun beginnt bald für die Schulkinder der Ernst des Lebens. Da heißt es Abschied nehmen von Freunden und den ErzieherInnen. Aber bestimmt wird dieses gelungene Schlaffest für Kinder in guter Erinnerung bleiben.

Kommentar	Wie stellt sich der Kindergarten hier im einzelnen dar?

- „Wie jedes Jahr ..." Es wiederholt sich ein bestimmtes Ritual.
- Die Erzieherin kommt zu Wort: Wenn es ein Fest der Kinder sein sollte, wäre es sicherlich besser gewesen, Kinderaussagen zu sammeln und wiederzugeben. Hier entsteht der Eindruck, daß die „Großen" das Sagen haben.
- „Nun beginnt der Ernst des Lebens": Es muß unwillkürlich der Eindruck entstehen, daß die Zeit der Kinder bisher nicht mit Ernst geführt wurde.
- „... in guter Erinnerung bleiben": Viele Kinder haben diesen Kindergarten drei Jahre lang besucht. Wenn lediglich dieser Höhepunkt in Erinnerung bleibt – was mußten Kinder dann in der Zeit vorher an „Höhepunkten" vermissen?

Text 2:

Laternenlaufen bringt Licht in die herbstliche Dunkelheit

Die Kinder des Kindergartens ... haben sich schon lange darauf gefreut. Endlich ist es soweit. Zusammen mit ihren Eltern und den Erzieherinnen des Kindergartens zogen sie am vergangenen Dienstag durch den Ort. Ihre Laternen hielten sie fest in den Händen, denn der Wind blies kräftig. So manche Laterne schaukelte bedrohlich an den Haltestöcken, und wenn einmal das Licht erlosch, dann waren schnell die Erwachsenen zur Stelle, das kleine Malheur zu beheben. Am Denkmal der alten Schule endete der Weg. Hier erzählte die Erzieherin allen Anwesenden eine kleine Geschichte vom „Herbstkönig und seinen wilden Gesellen". Mit roten Nasen und klammen Fingern ging es dann nach Hause.

Kommentar	Wie stellt sich der Kindergarten hier im einzelnen dar?

- „... schon lange Zeit darauf gefreut": Obgleich es sicherlich für viele Kinder im alltäglichen Zusammensein eine Reihe an freudigen Ereignissen gibt, wird auch hier der Eindruck vermittelt, dies sei ein besonderer Höhepunkt. Dadurch werden andere, bedeutsame Erlebnisse – wenn auch ungewollt – geringgeschätzt.
- „Ihre Laternen hielten sie fest in den Händen ..."; erloschene Lichter wurden von Erwachsenen wieder angezündet; „mit ro-

ten Nasen und klammen Fingern ...": Kinder werden in ihrem „Klein-Sein", ihrer „kindlichen Naivität" betrachtet, wobei die Erwachsenen helfen, ein Malheur zu verändern – ob Kinder in ihrer Selbständigkeit das nicht auch beheben können?

Text 3:

> ## Hänsel und Gretel – Besuch des Weihnachtsmärchens
>
> Wer kann sich noch an das gute, alte Märchen von Hänsel und Gretel erinnern? Damit Kinder einen Eindruck bekommen, daß Märchen nicht nur erzählt und vorgelesen werden können, besuchten Erzieherinnen und Kinder des Kindergartens ... die Aufführung des Weihnachtsmärchens in der festlich dekorierten Turnhalle der Grundschule. Schauspieler des Kindertheaters ... kamen gerne der Anfrage nach, das Stück auch einmal außerhalb ihrer eigenen Bühne zu zeigen. Lang anhaltender Beifall brachte zum Ausdruck, daß alle voller Begeisterung waren. Es ist dem Engagement der Elternbeiratsvorsitzenden, Frau ..., zu verdanken, daß die Schauspieler den Weg nach ... gefunden haben. Sie stellte die Verbindung zum Kindertheater her. Viele Eltern sprachen Frau ... ihren besonderen Dank aus.

Kommentar Was kommt in diesem Artikel zunächst zum Ausdruck?

- „Damit Kinder einen Eindruck bekommen ...": Hier wird ein weiteres Angebot in einer medienüberlagerten Lebenswelt für Kinder gemacht;
- Die Aufführung war durch das Engagement eines Elternteils möglich geworden: Wessen Wunsch war es tatsächlich, diese Aufführung stattfinden zu lassen? War es der Wunsch von Erwachsenen oder der Kinder?
- „Viele Eltern sprachen Frau ... ihren besonderen Dank aus": Entsprach der Dank ihren eigenen Wünschen oder waren die Eltern *wirklich* FürsprecherInnen der Kinder?

Öffentlichkeitsarbeit dient einrichtungsfernen Ziel- und Interessengruppen

Text 4:

Johannes stand im Mittelpunkt
Grundsteinlegung für den Anbau des Kindergartens

Was lange währt, wird endlich gut! Endlich war es soweit, daß nach einjähriger Vorplanung der Grundstein für den Anbau des Kindergartens ... gelegt wurde. Nach einer kurzen Ansprache des Stadtabgeordneten ..., der den Bürgermeister vertrat, erhielt Johannes einen Hammer und durfte dreimal auf den Grundstein klopfen. Dabei sprach der Architekt für den Bau seine guten Wünsche aus. Trotz der finanziellen Anspannung im Haushalt gelang es Bürgermeister ..., den Anbau durchzusetzen. Das war nötig, denn immer noch ist die Nachfrage nach Kindergartenplätzen weitaus größer als das Angebot. Johannes und seine Spielkameraden wissen nicht, was die Stadt und das Land an Mitteln aufbringen müssen. Damit aber auch weitere Kinder so fröhlich schauen können wie er, ist nun Sorge getragen, daß andere Kinder auch in den Genuß eines Kindergartenplatzes kommen.

Kommentar Was kommt in diesem Artikel zum Ausdruck?

- Johannes durfte auf den Grundstein klopfen: Hier wurde ein Kind sehr eindeutig für ein pressewirksames Foto funktionalisiert.
- „Johannes stand im Mittelpunkt": Bei genauerer Betrachtung der Überschrift und einem Vergleich mit dem Text ist dies nicht deckungsgleich. Vielmehr standen Amtsträger – Stadtabgeordneter, Bürgermeister und Architekt – und die Kosten im Mittelpunkt.
- „Johannes und seine Spielkameraden wissen nicht ...": Fast entsteht der Eindruck, daß die Kinder bzw. der Umstand des Rechts auf einen Kindergartenplatz „Täter" für den finanziellen Aufwand seien und die Stadt als ausführendes Organ „Opfer". In der Öffentlichkeit kann damit die Meinung entstehen, daß wieder einmal sehr viel für Kinder gemacht werde und die Steuerlast nun noch mehr steige. Und „zahlen müssen es die Bürger"!

Öffentlichkeitsarbeit – und wem sie dient

Text 5: | **Kinder brachten alten Menschen Freude**

Völlig ungewohnt ging es am Donnerstag im Altenheim ... zu. Wo sonst Ruhe herrscht, sprangen fast 70 Kinder herum und brachten fröhliche Lebendigkeit mit. Viele Bewohnerinnen und Bewohner fühlten sich bestimmt an ihre eigene Kindheit erinnert. In wochenlanger Vorarbeit hatten die Erzieherinnen des Kindergartens ... mit den Kindern Tänze und Bewegungsspiele eingeübt, damit an diesem Tag alles klappte. Von der Kinderdisco bis zum Volkstanz, von Bewegungsspielen der Kinder bis zum „Mit-Mach-Spiel" – alles war vertreten. Der Heimleiter bedankte sich im Namen der Senioren für diese gute Idee. Er übergab der Kindergartenleiterin, Frau ..., einen großen Blumenstrauß und gab der Hoffnung Ausdruck, daß es nicht das letzte Mal gewesen sein sollte, daß Jung und Alt zusammenfinden.

(Auf dem Foto war der Augenblick festgehalten, bei dem der Heimleiter der Kindergartenleiterin den Blumenstrauß überreichte.)

Kommentar Was kommt in diesem Artikel zum Ausdruck?

- „Kinder brachten alten Menschen Freude": Hier wird nicht verraten, ob auch Kinder mit Freude dabei waren.
- „In wochenlanger Vorarbeit hatten die Erzieherinnen mit den Kindern Tänze und Bewegungsspiele eingeübt": Leserinnen und Leser vermissen auf der einen Seite Aussagen darüber, wie stark es dem Interesse der Kinder entsprach, „wochenlang etwas einzustudieren". Auf der anderen Seite darf und muß die Frage erlaubt sein, durch wen oder was das Interesse der Kinder geweckt wurde, eine solch zeitgebundene Aktivität mit diesem Übungsschwerpunkt einzugehen.
- „... damit an diesem Tag alles klappt": Das hört sich nach einem Anspruch auf Perfektionismus an. Wäre es so dramatisch gewesen, wenn irgend etwas mal nicht geklappt hätte?
- Der Heimleiter bedankte sich bei der Kindergartenleiterin: Gehört nicht an erster Stelle den Kindern der Dank?

Öffentlichkeitsarbeit dient einrichtungsfernen Ziel- und Interessengruppen

Text 6:

Da freuten sich alle:
Kindergarten erhielt eine Spende über 500 DM

Der Geschäftsführer des Autohauses ... übergab am Montag der Leiterin der Kindertagesstätte, Frau ..., einen Scheck in Höhe von 500 DM. Das ist das Ergebnis einer Sammelaktion, die vom Autohaus ... initiiert wurde. Drei Monate standen dort in den Verkaufsräumen Sammelbüchsen, die von vielen Kunden beachtet wurden. „Da ich selbst Vater eines Kindergartenkindes bin", so der Geschäftsführer des Autohauses, „weiß ich um die Notwendigkeit, den Kindergarten finanziell zu unterstützen." Die Kindertagesstättenleiterin bedankte sich wiederum auf ihre Weise. Die Kinder hatten ein großes Auto auf eine Tapetenrolle gemalt und mit viel Liebe gestaltet. „Vielleicht", so die Leiterin, „können wir mit diesem Bild dazu beitragen, daß in Ihrem Autohaus eine bleibende Erinnerung Sie erfreut."
Mit der Geldspende sollen Spiele angeschafft werden, auf die die Kinder schon sehnlichst warten.

(Auf dem Foto waren der Geschäftsführer und die Leiterin der Kindertagesstätte abgebildet. Zwischen den beiden wurde ein symbolischer Großscheck mit der entsprechenden Summe hochgehalten.)

Kommentar Was kommt in diesem Zeitungsartikel zum Ausdruck?

- „Der Geschäftsführer des Autohauses ...": 4x wurde das Autohaus in diesem kurzen Beitrag erwähnt. So wußte auch der letzte Leser, wer der großzügige Spender war.
- Übergabe eines Schecks in Höhe von 500 DM: Sicherlich ein gutes Ergebnis. Verglichen mit den Umsatzzahlen eines Betriebes dieser ersten Größenordnung mag aber der Eindruck entstehen, daß der Kindergarten auf Almosen angewiesen ist. Und wenn dem tatsächlich so sein sollte, dann ist es um eine Politik schlecht bestellt, die dafür sorgt, daß Institutionen mit einem eigenständigen Bildungs-, Betreuungs- und Erziehungsauftrag Spendengelder fest einrechnen muß, um notwendige Spiele zu kaufen.
- Zum Foto: Zwei strahlende Gesichter lächeln um die Wette! Von den Kindern, den Hauptpersonen dieser Aktion, war wieder einmal nichts zu sehen. Ging es dem Reporter primär um die Spende oder eher darum, ein Autohaus ins rechte Licht zu rücken?

– Zur Spende des Autohauses: Auf der einen Seite werden in Kindergärten bzw. Kindertagesstätten ökologische Grundprinzipien beachtet, auf der anderen Seite wird ein Autohaus beworben. Wie verträgt sich dieser Widerspruch?

Text 7:

Pädagogisches Neuland: Der spielzeugfreie Kindergarten

Lange Zeit gehörten der Kindergarten und das typische Kindergartenspielzeug zusammen. Nun wagte der Kindergarten ... ein Experiment. Dazu die Leiterin, Frau ...: „Immer mehr Kinder entwickeln schon in frühen Jahren ein Suchtverhalten. Dazu trägt das Überangebot an Spielzeug bei. Wir MitarbeiterInnen haben uns daher entschlossen, an einem Versuch der Kindergartenpädagogik teilzunehmen. 8 Wochen ohne Spielzeug!" Wie die Kinder auf die ausgeräumten Räume reagieren, wissen die Mitarbeiterinnen noch nicht. Sie werden allerdings in dieser Zeit die Kinder sehr genau beobachten und mittelfristig ihre Konsequenzen ziehen. Der Kindergarten ist nicht die einzige Einrichtung im Kreis, die dieses Experiment wagt. In einem ersten Schritt wurden die Eltern über das Vorhaben informiert. Es gab Zustimmung, aber auch Ablehnung. In einer Abstimmung unter den Eltern kam es zu einer knappen Entscheidung. Die Mitarbeiterinnen sind optimistisch, daß es klappt. Ausgangspunkt für diese Idee war eine Fortbildung, an der die Leiterin teilgenommen hatte.

(Auf dem Foto waren drei Kinder abgebildet, die auf einem Klettergerüst herumhangelten.)

Kommentar Was kommt in diesem Zeitungsartikel zum Ausdruck?

– Ein „Experiment" wird gewagt: Unterstützt ein solcher Begriff nicht das Vorurteil, daß Kinder viel zu stark bestimmten Experimenten ausgesetzt sind? Wirft ein solches Wort nicht die Frage auf, daß Kinder nicht für Experimente „genutzt" werden dürfen?
– Ein Programm zur Suchtprophylaxe, das sich über einen Zeitraum von 8 Wochen erstreckt: Kann denn wirklich angenommen werden, daß ein solch zeitlich befristetes Programm tatsächlich die Entstehung eines Suchtverhaltens verhindert? Wieso werden an dieser Stelle die unterschiedlichen Entste-

hungsbedingungen von Sucht weggelassen und die Aspekte nur ausschnitthaft auf einen Bereich reduziert?
- Sie werden die Kinder „genau beobachten": Ist „Beobachtung" nicht ein fester Bestandteil der gesamten Pädagogik? Besteht hier nicht die Gefahr, daß mit einer solchen Aussage ausgedrückt wird, daß Kinder außerhalb des Programms nicht beobachtet wurden?
- „In einer Abstimmung unter den Eltern kam es zu einer knappen Entscheidung": Was geschieht mit den Eltern, die dem Ganzen ablehnend gegenüberstanden? An welcher Stelle werden diese Eltern ernstgenommen?

Problematische Selbstdarstellung von Einrichtungen

Fassen wir die Grundmerkmale dieser und ähnlicher Presseberichte zusammen, dann ergibt sich in einem Pressespiegel vor allem folgendes Bild: Kindergärten und Kindertagesstätten
- transportieren Nachrichten, die sich periodisch wiederholen (vgl. Text 1).
Die Öffentlichkeit nimmt diese Tatsache zur Kenntnis und wird in ihrer Meinung bestätigt, daß der Kindergarten bzw. die Kindertagesstätte das ist, was sie immer schon war: eine starre Institution;
- werden durch Erwachsene vertreten und repräsentiert (vgl. Text 1, 3, 4, 5, 6, 7).
Die Öffentlichkeit wird dadurch in der Meinung bestätigt, daß Elementar- und Primarpädagogik von „oben nach unten" hierarchisch aufgebaut ist;
- sind ein Schonraum für Kinder (vgl. Text 1, 2, 4, 6).
Die Öffentlichkeit glaubt dadurch, daß es sich in der Pädagogik hauptsächlich um eine „Bewahrstätte" handelt;
- sind Orte für Kinder, in denen es immer wieder „kleine Höhepunkte gibt" (vgl. Text 1, 2, 3, 4, 5).
Der Öffentlichkeit wird dadurch das Bild vermittelt, daß Pädagogik darin besteht, solche „kindgerechten" Höhepunkte anzubieten (Stichwort: Unterstützung der Forderung nach einer Angebotspädagogik);
- richten sich in ihrer Pädagogik primär nach den besonderen Interessen von Erwachsenen (hier: Eltern) aus (vgl. Text 3, 5).
Eine solche Vermittlung unterstützt das Bild in der Öffentlichkeit, daß „Lernen" hauptsächlich durch Erwachsene geschieht;

- vermitteln ein „Bild vom Kind", das sich auf Niedlichkeit und einer „Verklärung von Kindheit" bezieht (vgl. Text 1, 2, 4, 5). **Der Öffentlichkeit wird dadurch ein Bild vermittelt, daß Kinder verfügbar sind, unwissend und klein;**
- demonstrieren eine finanzielle Hilflosigkeit (vgl. Text 6). **In der Öffentlichkeit entsteht dadurch das Bild von einer almosenempfangenden, dankbaren Institution;**
- gehen auch einmal „Experimente" mit Kindern ein (vgl. Text 7). **Die Öffentlichkeit kann durch solche Pressetexte in der Überzeugung gestützt werden, daß pädagogische Versuche auf dem Rücken von Kindern ausgetragen werden.**

Klischeevorstellung von der Elementarpädagogik

Bei allen Beispielen soll die subjektive Bedeutung der einzelnen Aktivitäten selbstverständlich nicht geschmälert werden. Darum geht es an dieser Stelle nicht. Vielmehr sollen die Beispiele zeigen, daß in keinem der Presseberichte etwas zur Qualifizierung der Pädagogik beigetragen wurde.
Elementarpädagogik zeigt sich in einem Bild folgender Merkmale:
- Kinder sind niedlich.
- Kinder haben es doch eigentlich gut.
- Kinder unternehmen Aktivitäten für andere.
- Der Kindergarten freut sich über Spendengelder.
- Der Kindergarten bleibt (mit einigen, radikal wirkenden Ausnahmen) in Traditionen verhaftet.
- Kinder müssen beschäftigt werden.
- Kinder brauchen Erziehung und Führung. Damit werden Kinder als schwach und unselbständig betrachtet.

Auf den Punkt gebracht heißt das:
- Die Öffentlichkeit erfährt nichts über Kinderrechte.
- Die Öffentlichkeit wird vor allem mit traditionellen Vorstellungen über Kinder versorgt.
- Zur Professionalität des eigenständigen Berufsbildes „Erzieherin" wird kaum oder nichts beigetragen.
- Elementarpädagogik präsentiert sich als eine „verwaltende" Kinderbeschäftigungsstelle.

Konsequenz: Die Darstellung der Elementarpädagogik entspricht weitestgehend den Erwartungen der breiten Öffentlichkeit.

Damit können einrichtungsferne Ziel- und Interessengruppen kaum oder gar nicht angesprochen bzw. neugierig gemacht werden.

Viele Kindergärten und -tagesstätten verspielen die große Chance, genau das zu tun: Interesse für eine Menschengruppe (Kinder) und eine Berufsgruppe (ErzieherInnen) sowie eine eigenständige Institution (Kindergarten, Kindertagesstätte) zu wecken, Aufmerksamkeiten zu focussieren, Neugierde an einer eigenständigen Einrichtung aufkommen zu lassen und zu verstärken.

Öffentlichkeitsarbeit ist spannend, lebendig und aufregend. Sie schafft Situationen, die mit einer interessierten Spannung wahrgenommen werden und dazu reizen, mehr in Erfahrung bringen zu wollen.

4. Thesen für eine qualifizierte Öffentlichkeitsarbeit

Kindergärten und andere sozial-pädagogische Einrichtungen, die ein Interesse daran haben,
- ihr fachliches Interesse, verbunden mit einer persönlichen Überzeugung zu verdeutlichen,
- ihr Berufsbild zu stärken,
- als InteressenvertreterInnen für Kinder zu wirken,
- ihrer Einrichtung zu einem (noch) deutlich(er)en Profil zu verhelfen,
- ihre Arbeit und Aufgaben, Schwerpunkte und Ziele transparent, öffentlich nachvollziehbar zu machen,
- ihre Zusammenarbeit mit anderen Personen und Institutionen zu verbessern und
- ihre Einrichtung konstruktiv in eine öffentliche Beachtung und Diskussion zu bringen,

wählen aktive Formen der Öffentlichkeitsarbeit.

Merkmale gelingender Öffentlichkeitsarbeit

Diese können dann besonders wirksam werden, wenn grundsätzliche Merkmale beachtet werden:

- **Öffentlichkeitsarbeit muß Neugierde wecken!**
  In einer Zeit, in der die Menschen mit Informationen durch die vielfältigen Medien (Radio, Fernsehen, Zeitschriften und Zeitungen, elektronische Datenträger ...) überflutet werden, muß es sich aus Sicht des Nutzers lohnen, sich genau mit diesem Angebot zu befassen.

- **Öffentlichkeitsarbeit muß interessant gestaltet sein!**
  Bei der Fülle der Lese-, Hör- und Seh„erlebnisse" ist es für den Nutzer schwer, sich für ein bestimmtes Angebot zu entscheiden. Uninteressantes wird überlesen, übersehen, überhört, interessante Dinge dagegen fallen ins Augenmerk des Nutzers.

- **Öffentlichkeitsarbeit sollte eine Diskussion in Gang setzen!**
  Informationen müssen zwar gezielt an den Nutzer herangetragen werden, jedoch ist es wichtig, daß die Informationen zudem eine gedankliche Bewegung initiieren. Das Bedürfnis, sich auszutauschen, ist vor allem dann gegeben, wenn Widersprüche aufgezeigt und gegenübergestellt werden.

- **Öffentlichkeitsarbeit muß durch Kontinuität gekennzeichnet sein!**
  Es ist immer günstiger, wenn Öffentlichkeitsarbeit nicht sporadisch, nach Lust und Laune, eingeschränkter oder aktueller Notwendigkeit begonnen wird, sondern in einer ständigen Entwicklung geschieht. Beobachtungen in der Praxis machen deutlich, daß „Eintagsfliegen" zwar zur Kenntnis genommen werden, aber nicht einer wirklichen Auseinandersetzung dienlich sind.

- **Öffentlichkeitsarbeit verlangt vom Anbieter Einsatz!**
  Egal, um welche Öffentlichkeitsarbeit es sich handelt, es muß für den Nutzer deutlich werden, daß hinter dem Anliegen etwas Wesentliches steht. Je größer der Einsatz des Anbieters ist, desto größer ist oftmals die Beachtung.

- **Öffentlichkeitsarbeit muß ein hohes Maß an Aktualität besitzen!**
  „Schnee von gestern" interessiert nur wenige Menschen, und „alte Kamellen locken keinen hinter dem Ofen vor". Öffentlichkeitsarbeit verarbeitet Informationen, die „ofenfrisch" zum Nutzer transportiert werden. Das ist in den politischen Nachrichten nicht weniger wichtig als in der Pädagogik. Am Rande bemerkt: Daß es der Pädagogik so schwerfällt, aktuelle Informationen weiterzugeben, liegt vielleicht daran, daß immer wieder vergangene, weit zurückliegende „Dinge" in die Diskussion kommen.

- **Öffentlichkeitsarbeit muß prophylaktisch und perspektivisch ausgerichtet sein!**
  Was heute aktuell und notwendig ist, kann morgen schon wieder in der Versenkung verschwunden sein. Also lebt eine qualifizierte Öffentlichkeitsarbeit auch davon, vorbeugende bzw. zu-

kunftsgerichtete Informationen zu berücksichtigen. Dieses Merkmal steht daher in engem Zusammenhang mit dem Punkt „Kontinuität".

- **Öffentlichkeitsarbeit dient weder der persönlichen Eitelkeit noch einem privaten Interesse!**
  Eine qualifizierte Öffentlichkeitsarbeit dient einer bestimmten Sache, einem Umstand oder einer Notwendigkeit und gründet ihre Berechtigung auf fachlich-sachlichen Argumenten. Insoweit spielen persönliche (!) Überzeugungen oder Meinungen nur eine untergeordnete Rolle. Wäre letzteres der Fall, d. h., kämen privat-persönliche Sichtweisen zum Tragen, würde Öffentlichkeitsarbeit auf einer eher primär gestalteten „Beziehungsebene" ablaufen. Da wären Machtkämpfe und Gegenwehr vorprogrammiert. Dies schadet eindeutig einer Öffentlichkeitsarbeit.

- **Öffentlichkeitsarbeit ist ein aktiver (agierender), kein passiver (reagierender) Prozeß!**
  Öffentlichkeitsarbeit geschieht nicht von selbst. MitarbeiterInnen lassen sich (z. B. vom Träger, von Eltern) nicht dazu auffordern, sondern merken von selbst, wann der richtige Zeitpunkt – abgeleitet von der Notwendigkeit zur Qualifizierung von Informationen – gekommen ist, Öffentlichkeit herzustellen. Der Vorgang des Reagierens ist immer mit bestimmten Faktoren verbunden. Um mit einem Bild zu sprechen: In diesem Fall würde der Anbieter dem Nutzer etwas hinterhertragen.
  Der Anbieter wäre damit immer in einer schlechteren, oftmals auch in einer rechtfertigenden Position.

- **Öffentlichkeitsarbeit ist ein geplanter und strukturierter Vorgang!**
  Nichts ist unprofessioneller und für den Anbieter peinlicher, als wenn wesentliche Informationen für eine Öffentlichkeitsarbeit fehlen, auf Fragen keine Antworten gewußt werden oder bei Diskussionen keine Gegenargumente bekannt sind. Öffentlichkeitsarbeit ist ein systematisches Vorgehen, bei dem die Ziele, der Zweck, die Aufgaben, der Ablauf und die Inhalte genau bekannt sind.
  Eine Information, ein Sachverhalt, eine bestimmte Nachricht ist dann am verständlichsten, wenn der Nutzer möglichst schnell

den Kern der Aussage erkennen kann, ohne lange zu überlegen, „was uns der Dichter damit sagen will", bzw. ohne lange danach zu suchen, „welche Absicht der Künstler vielleicht mit seinem Bild verfolgen wollte". Gerade der Pädagogik und der Psychologie muß es gelingen, präzise Formulierungen „auf den Punkt zu bringen", statt sich in irgendwelchen Betrachtungen zu verlieren und Nutzer zu verschrecken.

- **Öffentlichkeitsarbeit bedient sich zielorientierter Methoden und wählt angemessene Formen!**
  Jede Form der Öffentlichkeitsarbeit ist abhängig von der Darstellungsform und der gewählten Methode der Repräsentanz. Was für den einen richtig und gut ist, kann für den anderen falsch und uninteressant sein. Wie wichtig Methoden und Formen der Darstellung sind, zeigt sich in jedem Schulunterricht. Gleiche Themen können völlig unterschiedlich erarbeitet werden und kommen daher beim Nutzer völlig unterschiedlich an.
  Bei manchen Informationen können Nutzer nur fassungslos den Kopf schütteln. Da werden z. B. „Konzeptionen" auf einfach gedrucktem Papier verteilt, Pressemappen haben „Eselsohren" und Einladungen zu Vorträgen oder Elternabenden sind mit Rechtschreibfehlern oder grammatikalischen Fehlern durchsetzt. Ein solcher Eindruck prägt sich beim Nutzer der Öffentlichkeitsarbeit ein und hat seine Wirkung.
  Öffentlichkeitsarbeit sollte daher stilvoll und ästhetisch gestaltet sein, so daß der Nutzer im positiven Sinne beeindruckt ist und sich daher viel lieber mit den vorgelegten Informationen auseinandersetzt.

- **Öffentlichkeitsarbeit richtet sich nach den Adressaten!**
  Es gibt einen herrlichen Spruch: „Der Köder muß dem Fisch und nicht dem Angler schmecken." Öffentlichkeitsarbeit darf daher grundsätzlich nicht die Nutzer der Informationen außer acht lassen, weil sonst die besten Absichten und Ideen zum Scheitern verurteilt sind. Diese Erfahrung mußten sicherlich schon viele ErzieherInnen und auch Eltern machen. Daher lautet eine der ersten Fragen bei der Öffentlichkeitsarbeit: „Was kommt wie bei den Nutzern an?"

- **Öffentlichkeitsarbeit will Einfluß nehmen!**
  Öffentlichkeitsarbeit dient keinem Selbstzweck, nach dem Motto: „Wenn's ankommt, ist es gut, wenn nicht, ist's auch gut." Öffentlichkeitsarbeit möchte etwas bewirken – sie will Einstellungen und Haltungen beeinflussen, damit sich im Interesse eines bestimmten Anliegens, einer Idee, einer Notwendigkeit oder einer beachtenswerten Sache etwas ändern kann. Der hohe Einsatz im Hinblick auf eine qualifizierte Öffentlichkeitsarbeit ist letztendlich auch dadurch gerechtfertigt, daß die Anbieter nachher sagen können: „Wir haben etwas bewirkt." Oder: „Wir haben etwas geschafft."

- **Öffentlichkeitsarbeit provoziert annehmbar!**
  Öffentlichkeitsarbeit kann sich auf dreierlei Ebenen abspielen. Auf der einen Seite können Menschen – mehr oder weniger teilnahmslos – den gegebenen Informationen leise zustimmen. Dadurch wird nichts bewirkt. Auf der anderen Seite können Menschen durch qualifizierte Informationen aufgerüttelt werden und die Nachricht wutentbrannt zur Seite schieben. Im dritten Fall ist es so, daß Informationen zwar provozieren können, aber dennoch auch zum Nachdenken anregen. Letzteres ist hilfreich für eine fachkompetente Öffentlichkeitsarbeit: Spannung erzeugen *und* annehmbar erscheinen, für Aufregung sorgen *und* verständlich dargestellt sein, Unruhe hervorrufen *und* zur weiteren Auseinandersetzung motivieren. Öffentlichkeitsarbeit will daher weder zum Einschlafen verhelfen noch den Weg suchen, Menschen vor den Kopf zu schlagen.

- **Öffentlichkeitsarbeit ist immer eine Kombination aus einer Sach- und Beziehungspflege!**
  Wer gehört, gesehen und verstanden werden will, muß sich der Tatsache stellen, daß nicht nur der Sachinhalt zählt, sondern daß auch die Person, die Öffentlichkeitsarbeit betreibt, eine Rolle zur Aufnahme und Weitergabe der Informationen spielt. So kann es etwa heißen: „Nun ja, die Information mag schon wichtig sein, aber der Informationsüberbringer ist nicht mein Fall." Schon kann es passieren, daß die Information beiseite gelegt wird und bis zum St. Nimmerleinstag in irgendeiner Schublade verschwindet.

- **Öffentlichkeitsarbeit festigt und verbessert den Stellenwert der Einrichtung!**
Nutzer der Öffentlichkeitsarbeit bauen oftmals eine begonnene Arbeit bzw. Zusammenarbeit aus, wenn sie vom Wert der Idee, des Anliegens überzeugt sind. Damit schenken sie der Einrichtung automatisch mehr Aufmerksamkeit und Beachtung, lassen sich auf neue Ideen ein und schaffen damit eine Vernetzung ehemals unterschiedlicher, wenig beachteter Institutionen.

- **Öffentlichkeitsarbeit baut gezielt Berührungsängste ab!**
Normalerweise könnte angenommen werden, daß MitarbeiterInnen in sozial-pädagogischen Einrichtungen durch den vielfältigen Kontakt mit unterschiedlichen Menschen (Eltern, TrägervertreterInnen, Fortbildung, Vertreterbesuche …) daran gewöhnt sind, leicht und unkompliziert Kontakte aufzubauen und effektiv zu gestalten. Ungezählte Beispiele aus der Praxis lassen da ein anderes Bild entstehen. Abgrenzungen, Abwehrmechanismen, Vorbehalte und Machtkämpfe, Neid und Rückzugsverhalten prägen oftmals das Kommunikationsverhalten vieler Menschen in „helfenden" Berufen. Eine qualifizierte Öffentlichkeitsarbeit motiviert, Kontakt mit Menschen aufzunehmen, mit denen bisher keine bzw. schlechte Erfahrungen gemacht wurden. So erinnert sich der Autor des Buches an seinen ersten Fernsehauftritt und seine erste Radiosendung: Fragen über Fragen kamen dabei von selbst: Kann ich das überhaupt? Vergesse ich nicht alles, was ich sagen will? Kann ich überhaupt mit Radiomoderatoren bzw. Fernsehleuten umgehen? Fazit: Berührungsängste bauen sich durch die aufgenommenen Kontakte selbst ab!

- **Öffentlichkeitsarbeit trägt zu einer niveauvollen Streitkultur bei!**
Sich in der Öffentlichkeit zu offenbaren, bedeutsame Fakten zu transportieren, fachliche Stellung zu beziehen und Auseinandersetzungen nicht zu scheuen, bedeutet immer, mit „Rückschlägen" konfrontiert zu werden bzw. zu rechnen. Tagtägliche Beobachtungen machen deutlich, wie stark eine „gepflegte Streitkultur" an Wert verloren hat. Die einen „reden anderen Menschen nach dem Mund", weil sie ihre Ruhe haben wollen, die anderen „hauen um sich, um Gewinner zu sein". Öffentlichkeitsarbeit sorgt für Diskussionsstoff und regt zu öffentlichen

Auseinandersetzungen an. Wenn es sozial-pädagogischen Einrichtungen gelingt, Modell für eine humane und niveauvolle, dennoch klare und unmißverständliche Streitkultur zu sein, dann wäre viel gewonnen im Hinblick auf eine öffentliche Verbesserung des allgemeinen Kommunikationsverhaltens.

- **Öffentlichkeitsarbeit muß ein integrativer Bestandteil der Sozial-Pädagogik sein!**
Öffentlichkeitsarbeit ist notwendig, weil sozial-pädagogische Einrichtungen in gleichem Maße in einer „Bringschuld" stehen wie alle anderen Institutionen. Sie sind nichts Besseres oder Schlechteres, sie sind nicht allein durch ihre Existenz von dieser Arbeit befreit, noch können sie sich darauf berufen, daß Zeit und Möglichkeiten dafür fehlen. So ist es in erster Linie – wie bei allen Schwerpunkten in der elementar- oder primarpädagogischen Arbeit – eine Frage der Prioritätensetzung und des Zeitmanagements. Erinnert sei an die bekannte Aussage: „Nicht können heißt nicht wollen."

- **Öffentlichkeitsarbeit ist Werbung!**
Auch wenn in vielen Fachartikeln gerade das Gegenteil behauptet wird („Öffentlichkeitsarbeit darf nicht mit Werbung verwechselt werden!"), soll dieses Merkmal eindeutig vertreten werden. Eine qualifizierte Öffentlichkeitsarbeit wirbt automatisch für die Einrichtung, für eine kindorientierte Pädagogik, für einen eigenständigen Einrichtungsauftrag und für ein Berufsbild. Sie wirbt alleine dadurch, daß Fachinformationen weitergegeben werden und ein hohes Maß an Kompetenz vermittelt wird. Stellen Sie sich, verehrte Leserin, verehrter Leser, einmal vor, Sie würden in der Tagespresse folgende Überschrift (mit einem informativen Text darunter) lesen:
„Kindergärten vertreten ein neues Konzept – mit großem Erfolg!" – Denkbar wäre doch sicherlich, daß potentielle Eltern für diesen Kindergarten den Artikel mit großem Interesse lesen würden und den Wunsch hätten, sich bei einem Besuch der Einrichtung ein genaueres Bild zu machen. Hier erfolgte Werbung! Stellen Sie sich weiter vor, die MitarbeiterInnen stellten fachlich nachvollziehbar und verständlich ihre vergangenen Projekte vor und die Eltern fühlten sich stark angesprochen und in ihren Erwartungen bestätigt: Das wäre Werbung (im Gegensatz zu einem

Kindergarten, der den Eltern seine Arbeit nicht transparent macht)!
Stellen Sie sich vor, in einer Kindertagesstätte würden interessante Themen mit den Eltern diskutiert, eventuell mit Fachreferenten, und Eltern hätten das Gefühl, neue Erkenntnisse gewonnen zu haben. Das wäre Werbung (im Gegensatz zu einem Kindergarten, der solche Themen wie „Richtiges Verhalten im Straßenverkehr" oder „Zahnprophylaxe – Süßigkeiten nicht erwünscht" anbietet)!

- **Öffentlichkeitsarbeit hält alle Beteiligten in Bewegung!**
Sozial-Pädagogik ist in einem ständigen Entwicklungsprozeß begriffen. Neue wissenschaftliche Erkenntnisse fordern zum Überdenken bisheriger Positionen auf. Die Öffentlichkeit hat einen berechtigten Anspruch darauf, an den Veränderungen teilzuhaben. Wenn Sozial-Pädagogik es schafft, selbst in Bewegung zu bleiben, starre Mechanismen zu verändern und neue Strukturen zu bilden, dann besteht bei den sozial-pädagogischen Fachkräften auch der Wunsch, andere an der Entwicklung zu beteiligen. Und damit ist die wesentliche Grundlage für eine qualifizierte Öffentlichkeitsarbeit gelegt, getreu dem Motto:
„Wer sich nicht bewegt, kann auch nichts bewegen."
Oder: „Stillstand bedeutet Rückschritt."

5. Corporate Identity – sich im Innen- und Außenverhältnis präsentieren

Jede sozial-pädagogische Einrichtung stellt sich in irgendeiner Form in der Öffentlichkeit dar:

1. Selbstdarstellung auf der Kommunikationsebene

Einrichtung A	**Einrichtung B**
MitarbeiterInnen grüßen sich.	MitarbeiterInnen grüßen sich morgens beim Eintreffen kaum hörbar oder gehen aneinander vorbei.
MitarbeiterInnen gehen freundlich mit den Eltern um.	MitarbeiterInnen gehen mit Eltern ruppig und unfreundlich um.
MitarbeiterInnen sprechen Konflikte untereinander an.	MitarbeiterInnen gehen Konflikten aus dem Weg.
MitarbeiterInnen helfen sich gegenseitig bei schwierigen Aufgaben.	MitarbeiterInnen haben genug mit sich selbst zu tun und übersehen die Notwendigkeit, sich gegenseitig zu unterstützen.
MitarbeiterInnen hören sich gegenseitig zu.	MitarbeiterInnen fallen einander ins Wort.
MitarbeiterInnen pflegen eine konstruktive Streitkultur.	MitarbeiterInnen kämpfen gegeneinander.
MitarbeiterInnen pflegen eine Beziehung untereinander.	MitarbeiterInnen machen ihren Job und kümmern sich nicht um eine aktive Beziehungspflege.
MitarbeiterInnen beteiligen sich aktiv an Problemlösungen.	MitarbeiterInnen ziehen sich bei Problemen „beleidigt" zurück.
MitarbeiterInnen öffnen sich und machen ihr Verhalten transparent.	MitarbeiterInnen verschließen sich und erzählen nichts von sich.

MitarbeiterInnen sorgen aktiv für ein gutes Einrichtungsklima.	MitarbeiterInnen verharren passiv bei Spannungssituationen.
MitarbeiterInnen halten sich an getroffene Absprachen.	MitarbeiterInnen beachten primär ihre eigenen Wünsche und hintergehen getroffene Absprachen.
MitarbeiterInnen vertrauen auf die Stärken der anderen.	MitarbeiterInnen mißtrauen den anderen und sehen hauptsächlich deren Schwächen.
MitarbeiterInnen sorgen aktiv dafür, daß keine Untergruppen entstehen.	MitarbeiterInnen pflegen Untergruppen (Cliquen).
MitarbeiterInnen pflegen Diskussionen und Auseinandersetzungen.	MitarbeiterInnen lehnen Diskussionen ab und gehen Auseinandersetzungen aus dem Weg.
MitarbeiterInnen geben wichtige Informationen weiter.	MitarbeiterInnen halten wichtige Informationen zurück.

2. Selbstdarstellung auf der organisatorischen Ebene

Einrichtung A	Einrichtung B
MitarbeiterInnen arbeiten strukturiert und zielorientiert.	MitarbeiterInnen arbeiten unstrukturiert, chaotisch und mehrdeutig.
MitarbeiterInnen zeigen Selbständigkeit.	MitarbeiterInnen arbeiten anweisungsabhängig und nutzen keine eigenen Gestaltungsmöglichkeiten.
MitarbeiterInnen arbeiten mit Schwung, Engagement, Energie und Leistungsbetonung.	MitarbeiterInnen arbeiten träge, desinteressiert, lahm und lehnen Leistungsorientierungen ab.
MitarbeiterInnen sind risikofreudig, gehen Wagnisse ein, setzen Bewegungen in Gang und stellen sich Innovationen.	MitarbeiterInnen zeigen starre Verhaltensweisen, sehnen sich nach Sicherheit, sind unbeweglich und wollen das Alte ständig bewahren bzw. nicht hergeben.
MitarbeiterInnen arbeiten am Abbau bestehender Hierarchien.	MitarbeiterInnen lehnen zwar Hierarchien ab, verhalten sich aber hierarchieunterstützend.

3. Selbstdarstellung auf der Ebene der Öffentlichkeitsarbeit

Einrichtung A	Einrichtung B
MitarbeiterInnen suchen nach neuen Formen der Öffentlichkeitsarbeit.	MitarbeiterInnen lehnen neue Formen der Öffentlichkeitsarbeit ab.
MitarbeiterInnen probieren neue Formen aus.	MitarbeiterInnen erklären schon im Vorfeld, daß neue Formen aus diesen und jenen Gründen nicht klappen werden.
MitarbeiterInnen engagieren sich in der Öffentlichkeitsarbeit.	MitarbeiterInnen halten sich grundsätzlich zurück und überlassen anderen die Arbeit.
MitarbeiterInnen setzen sich kritisch mit ihrer bisherigen Öffentlichkeitsarbeit auseinander.	MitarbeiterInnen lehnen eine Bestandsaufnahme bisheriger Öffentlichkeitsarbeit als überflüssig oder zeitraubend ab.
MitarbeiterInnen pflegen Kontakte zu JournalistInnen, RedakteurInnen und Redaktionen.	MitarbeiterInnen vernachlässigen die Kontaktpflege zu JournalistInnen, RedakteurInnen und Redaktionen.

4. Selbstdarstellung auf der Ebene des Umgangs mit Kindern

Einrichtung A	Einrichtung B
MitarbeiterInnen engagieren sich für die Rechte der Kinder.	MitarbeiterInnen sagen, daß sie sich für die Rechte der Kinder einsetzen (wollen).
MitarbeiterInnen realisieren eine „ganzheitliche Pädagogik".	MitarbeiterInnen sprechen von einer „ganzheitlichen Pädagogik".
MitarbeiterInnen leben und lernen mit und von Kindern.	MitarbeiterInnen behaupten, von Kindern zu lernen, und sind doch besserwissende Lehrende.
MitarbeiterInnen spielen aktiv mit Kindern.	MitarbeiterInnen betonen die Wichtigkeit des Spiels, halten sich aber selbst aktiv zurück.
MitarbeiterInnen klettern beispielsweise mit Kindern auf Bäume und bauen Baumhäuser.	MitarbeiterInnen sprechen von Naturerfahrung und ihrer Bedeutung, hindern aber Kinder

MitarbeiterInnen schätzen Kinder und ihre Tätigkeiten.	gleichzeitig am Klettern und würden selbst nie einen Baum besteigen.
	MitarbeiterInnen sprechen von der Wertschätzung der Kinder, verhalten sich aber widersprüchlich zu ihrer Aussage.
MitarbeiterInnen greifen elementare Bedürfnisse der Kinder auf und berücksichtigen diese in kindorientierten Projekten.	MitarbeiterInnen setzen eigene Bedürfnisse als Maßstab an, was mit Kindern unternommen oder unterlassen wird, und bieten Themen an, obgleich sie das Wort „Projekte" nutzen.

Corporate Identity

Corporate Identity ist ein gelebtes, gezeigtes, in der Praxis (!) der Arbeit realisiertes Verhalten, bei dem die Absichten mit dem Verhalten übereinstimmen: „Was gesagt und behauptet wird, wird auch getan!"
Corporate Identity ist die Seele einer Institution.

Wer beispielsweise von Teamarbeit spricht, muß Teamarbeit realisieren und Verhaltensweisen zeigen, die eine Teamarbeit unterstützen.

Wer beispielsweise davon spricht, daß Kinder im Mittelpunkt der Arbeit stehen, muß Kinderinteressen auch tatsächlich in den Mittelpunkt stellen.

Wer beispielsweise von der Wertschätzung der Eltern spricht, muß diese auch tatsächlich respektieren und darf nicht hinter dem Rücken schlecht über sie sprechen.

Wer beispielsweise von der Notwendigkeit einer Fachkompetenz im ErzieherInnenberuf spricht, muß regelmäßig lesen und darf keine Gründe anführen, warum schon wieder die Auseinandersetzung mit der Fachliteratur nicht klappte.

Zielsetzung einer Corporate Identity

Corporate Identity ist eine Selbstdarstellung mit stimmigen Verhaltensmerkmalen! Ihr liegt eine bestimmte Philosophie zugrunde, auf die sich die MitarbeiterInnen geeinigt haben! Corporate Identity entstammt einer bestimmten Zielsetzung.

Eine solche Zielsetzung kann z. B. sein:
- ein eigenes, unverwechselbares Profil zu zeigen;
- für Eltern jederzeit transparent zu sein;
- die Öffentlichkeit für die Arbeit zu interessieren;
- sich selbst immer besser kennenzulernen, um andere verstehen zu können;
- ein tiefes Selbstverständnis zur Arbeit zu finden, um in erster Linie mit Kindern gemeinsam zu leben;
- Ziele so zu formulieren, daß sie tatsächlich erreichbar sind;
- eine Pädagogik zu gestalten, die nachweislich entwicklungsförderlich für Kinder ist;
- klare Entscheidungen zu treffen, um sich auch von ungerechtfertigten Ansprüchen abzugrenzen.

Corporate Identity entspringt einer Haltung

Corporate Identity ist dabei sicherlich kein methodisches Mittel, um etwas Bestimmtes erreichen zu wollen. Sie entspringt einer Haltung, einer inneren Einstellung. Insofern bildet eine Haltung das feste Fundament für Corporate Identity.

Sie beinhaltet unterschiedliche Merkmale und drückt sich auf unterschiedlichen Ebenen aus:
- Personen innerhalb der Einrichtungen sorgen für eine qualitätsorientierte Teamarbeit. Sie verhalten sich kollegial und aktiv, arbeiten engagiert an der Weiterentwicklung des Arbeitskonzepts und der Einrichtungskonzeption mit, sind für die Arbeit motiviert und nehmen Aufgaben an, die der Profilierung der Einrichtung dienen.
- Das Institutionsverhalten (nach außen) ist sicherlich das zweitwichtigste und auch wirksamste Instrument, Corporate Identity nach außen zu transportieren. Wer beispielsweise Öffentlichkeit sucht, muß aktive Öffentlichkeitsarbeit in Angriff nehmen und

nach außen deutlich machen, daß es sich lohnt, mit gerade dieser Institution zu kommunizieren.
- Das öffentliche Erscheinungsbild der Einrichtung muß mit den Zielen der Arbeit und den Verhaltensweisen der MitarbeiterInnen deckungsgleich sein. Wer von Veränderungsnotwendigkeiten der Arbeit spricht, muß auch Veränderungen nach innen und außen wagen. Wer von Erlebnispädagogik spricht, muß die Einrichtung so gestalten, daß Pädagogik für Kinder zum Erlebnis wird und Kinder in der Einrichtung viele Erlebniserfahrungen machen können. Wer auf der einen Seite von der Zunahme der Reizüberflutung bei Kindern spricht, darf keine reizüberflutende Einrichtung haben.

Wer von einer qualitätsorientierten Arbeit spricht, muß diese Qualität auch nach außen zeigen, indem z. B.
- die Einrichtungszeitung regelmäßig erscheint, das Layout ansprechend gestaltet, das Schriftbild lesbar und die Gliederung strukturiert, übersichtlich und mit einem deutlichen Wiedererkennungswert geprägt ist;
- die MitarbeiterInnensitzungen strukturiert durchgeführt werden, die Tagesordnungspunkte zeitgebunden behandelt und die Ergebnisse protokolliert werden;
- Schriftstücke, die nach außen gehen, fehlerfrei und stilistisch ansprechend, sauber geschrieben und eindeutig formuliert sind;
- einrichtungsspezifische Aktivitäten (sogenannte „Events") regelmäßig stattfinden, die die Kommunikationsstruktur in der MitarbeiterInnengruppe konstruktiv festigen und auch die Öffentlichkeit aktiv beteiligen;
- bestimmte graphische Elemente einer Corporate Identity auch im gesamten Corporate Design auftauchen, damit eine Einrichtung ihr festes Bild nach außen präsentiert.

„Logo" Das geschieht beispielsweise durch ein „Logo", ein graphisches Zeichen oder Symbol, das auf den Briefköpfen, dem Türschild, den Hinweisschildern zur Einrichtung oder auf den Streuartikeln deutlich zu erkennen ist. Die Bezeichnung „Kindergarten an der Wasserstraße" ist dabei sicherlich kein unverwechselbares, originelles Logo!
Ein solches Logo ziert auch Visitenkarten oder den Einrichtungsstempel ebenso wie die zu versendenden Weihnachtskarten oder Einladungen zu Pressekonferenzen. Je breiter das Corpo-

rate Design gestreut wird, desto größer sind der Wiedererkennungswert und die öffentlich beachtete Präsenz.

Der Autor möchte an dieser Stelle zwei Erfahrungen mit Kindertagesstätten wiedergeben, wobei Sie einmal selbst feststellen können, welche Einrichtung dabei eine gute Corporate Identity zum Ausdruck bringt.

Beispiel A: Ein Kindergarten hatte den Wunsch, mit dem Autor dieses Buches einen öffentlichen Themenelternabend durchzuführen.
Zunächst traf ein sorgsam formulierter, mit der Schreibmaschine geschriebener Brief ein. Darin stand der Grund der Anfrage (ein für Eltern, ErzieherInnen und die Öffentlichkeit sicherlich interessantes Thema), der Wunsch, die Kostenseite zu erfahren (Honorar und Fahrtkosten) und die Bitte, sich bis zum ... schriftlich zu melden. Gleichzeitig wurde darauf hingewiesen, daß die Formulierung des Themas sicherlich gemeinsam abgesprochen und in einem Vorgespräch der genaue Ablauf strukturiert werden könne. Zuletzt wurde der Monat genannt, in dem dieser öffentliche Elternabend möglichst durchgeführt werden sollte. (So kam es zu dem Vortragstermin.)
Bei Ankunft des Referenten an diesem Abend begrüßte die Leiterin den ankommenden Gast, fragte nach, wie die Fahrt gewesen sei, bedankte sich nochmals für die Bereitschaft, das Referat zu halten, führte den Referenten in den Vortragsraum, fragte nach, ob die Tisch- bzw. Stuhlordnung gefalle, zeigte die bereitgestellten Medien, fragte nach, ob etwas zur Erfrischung gewünscht sei, und stellte dann ihre MitarbeiterInnen vor.
Die MitarbeiterInnen erzählten kurz von ihrer Arbeit, boten dem Referenten an, sich einmal in den Gruppenräumen umzuschauen, und brachten ebenfalls deutlich zum Ausdruck, daß sie sich auf diesen Abend schon lange gefreut hätten.
Punkt 20.00 Uhr hielt die Leiterin zunächst eine kleine Eröffnungsrede. Sie bedankte sich für das zahlreiche Erscheinen und das offensichtliche Interesse am Thema. Sie begrüßte noch einmal offiziell den Referenten und gab einen Überblick über den Ablauf des Abends. Dann berichtete sie von bestimmten Kinderbeobachtungen und stellte damit eine Sinnverbindung zwischen der Aktualität des Themas und dem Vortrag her.
Um 22.00 Uhr sprach eine andere Mitarbeiterin ihre Schlußgedanken aus, griff dabei Elternäußerungen von der Diskussion auf, stellte einen Bezug zu bestimmten Aussagen des Referenten her und schloß diesen Abend. Der Referent erhielt einen wunderschönen Blumenstrauß mit einer sehr ansprechenden Bildkarte, und den Eltern wurde zugesagt, daß sie in einer Woche das Referat in Kurzform im Kindergarten kopiert entgegennehmen könnten. Anschließend war für alle anwesenden Personen ein kleines Büfett aufgebaut, so daß der „informelle Teil" noch für eine kurze Zeit gepflegt wurde.

Beispiel B: Ein Kindergarten hatte den Wunsch, mit dem Autor dieses Buches einen öffentlichen Themenelternabend durchzuführen.
Dazu traf ein Brief ein, handgeschrieben und mit einigen Rechtschreibfehlern. Der Text ging bis nah an den Rand, und die Schrift war nur schwer lesbar. Selbst der Absender des Kindergartens war mit der Hand geschrieben. Die Unterschrift war nicht zu entziffern (Mann oder Frau? Wie sollte da die Anrede sein?). Es wurde ein bestimmter Tag genannt und gefragt, ob das klappe.
(Vorabsprachen waren offensichtlich nicht notwendig. Nachdem der Autor über die Auskunft die Telefonnummer des Kindergartens erfragt hatte, kam es zu einer neuen Terminabsprache. Die Bitte, dem Referenten einen Wegeplan zuzuschicken, wurde offensichtlich vergessen!)
Bei der Ankunft im Kindergarten war alles dunkel. Nur das Schild an der Eingangstüre war gut zu lesen: „Kinder brauchen Grenzen. Daher schließen Erwachsene die Türe!"
Gegenüber dem Kindergarten war eine erleuchtete Halle. Der Referent ging schließlich darauf zu und sprach zwei Frauen an, die in eine Unterhaltung vertieft waren. Es stellte sich heraus, daß es zwei MitarbeiterInnen des Kindergartens waren. „Ja, der Elternabend findet hier statt", sagte eine der Frauen. „Es gab so viele Anmeldungen, daß der Platz im Kindergarten nicht ausreicht."
Die beiden Erzieherinnen führten dann ihr Gespräch weiter. Der Referent betrat die Halle – sie war voller Menschen. Ebenfalls unabgesprochen wurde ein Eintrittsgeld (8 DM) von den BesucherInnen verlangt. Der Referent stellte sich der „Kassiererin" vor, und diese verwies ihn an die Leiterin: „Gehen Sie mal zu dieser Frau dort in dem roten Kleid. Das ist unsere Leiterin." Kurzum:
– Für den Referenten waren keine Medien – wie abgesprochen – bereitgelegt.
– Der Raum (besetzt mit ca. 180 Personen) hatte Fenster, die nicht zu öffnen waren.
– Die Leiterin begrüßte die Gäste und den Referenten nur spartanisch kurz, wobei selbst die wenigen Worte abgelesen wurden, und
– ein Schlußwort (z. B. des Dankes) blieb aus.
Zum Glück waren die Gäste hochmotiviert und aktiv. Hier wurde in keinerlei Art und Weise eine Corporate Identity gezeigt.
Die Frage, in welchem Kindergarten Sie sich wohler gefühlt hätten, beantwortet sich sicherlich von selbst.

6. Formen der Öffentlichkeitsarbeit

Jede sozial-pädagogische Einrichtung wird sicherlich ihre besonderen Formen der Öffentlichkeitsarbeit praktizieren. Das kann an der besonderen Kompetenz der Leiterin oder der MitarbeiterInnen liegen, an Traditionen oder besonderen Vorlieben der ErzieherInnen.

Auf der anderen Seite können auch bestimmte Formen der Öffentlichkeitsarbeit vernachlässigt bzw. ausgeschlossen sein. Vielleicht weil sie unbekannt sind, sich die MitarbeiterInnen bestimmte Formen nicht zutrauen oder auch bestimmte Kompetenzen einfach fehlen.

Jede Form der Öffentlichkeitsarbeit muß immer mit der selbstkritischen Frage beginnen: „Was genau haben wir oder hat die Einrichtung zu sagen?" Oder: „Was genau wollen wir erreichen, wen wollen wir ansprechen, und welche Vorbereitungen sind dafür notwendig?"

Im folgenden Kapitel finden Sie sehr unterschiedliche Formen der Öffentlichkeitsarbeit. Vergleichen Sie die Vorschläge und wägen Sie ab, was machbar und erforderlich ist.

6.1 Öffentlichkeitsarbeit im Innenverhältnis sozial-pädagogischer Einrichtungen

6.1.1 Die Personalleiste: Einrichtungsinterne Vorstellung aller MitarbeiterInnen des Hauses

Es ist für Eltern und BesucherInnen der Einrichtung zunächst schwierig, sich im Haus zurechtzufinden. Flure, Räume und die vielen Kinder können verwirrend erlebt werden, so daß sich die Eltern und BesucherInnen eine erste Orientierung wünschen, wer für ihre besonderen Belange ihr Ansprechpartner ist. Insofern ist es eine gute Idee, möglichst im vorderen Teil des Eingangsbereiches eine Personalleiste anzubringen, bei der sich alle (!) MitarbeiterInnen kurz vorstellen.

- Um die Daten mit den Personen direkt in Verbindung bringen zu können, ist es hilfreich, ein Foto mit den Personenangaben zu verbinden. Üblich sind Paßfotos. Sie wirken allerdings meist recht „streng" und gestellt. Schöner ist es sicherlich, wenn es Fotoaufnahmen sind, die während der Arbeit aufgenommen wurden. Die ErzieherInnen beim Werken, Bauen, Spielen, Lachen, Erzählen mit den Kindern, die Leiterin vielleicht während einer Dienstbesprechung, der Hausmeister bei der Reparatur, die Küchenfrauen beim Kochen und die Reinemachefrauen beim Putzen.

Dabei kommt es selbstverständlich darauf an, die entsprechende Person „gut ins Bild" zu bekommen, so daß ein schneller Wiedererkennungseffekt gegeben ist.

Denkbar ist auch eine Gruppenaufnahme, die z. B. inmitten des Personalplakats angebracht ist und die Personenangaben mit einem sorgsam gezogenen Pfeil zu den entsprechenden Personen zeigen.

- Bei den Inhaltsangaben kommt es darauf an, was die Personen von sich erzählen möchten.
  Denkbar ist die Angabe des Berufs, die besondere Funktion in der Einrichtung und eine besondere Schwerpunktbildung innerhalb des Teams bzw. bei der Arbeit.

Die Personalleiste selbst kann dabei auch ganz unterschiedlich gestaltet sein. So kann das übersichtlich gestaltete Plakat eben „nur" der Vorstellung dienen, was dazu führt, daß die Gestaltung eher „streng" und „funktionsorientiert" gehalten ist. Auf der anderen Seite kann die Darstellung auch lebendig sein. Etwa dadurch, daß sich alle MitarbeiterInnen in einem Zug befinden und jeder Waggon mit einer Mitarbeiterin bzw. einem Mitarbeiter besetzt ist. Oder die MitarbeiterInnen wählen einen großen Baum, wobei in den großen Blättern oder Früchten die persönliche Vorstellung geschieht.

Auch PraktikantInnen können (ab einer bestimmten Praktikumslänge) dort genannt sein. Damit ist gewährleistet, daß tatsächlich alle Personen in der Einrichtung vorgestellt sind.

Beobachtungen in der Praxis zeigen, daß Eltern und BesucherInnen mit Interesse diese Personenleiste betrachten. Sie ist kein überflüssiges Beiwerk, sondern dient der Möglichkeit, schon gleich zu Anfang einen Gast willkommen zu heißen und „persönlich", wenn auch nur visuell, zu begrüßen.

Damit die Personalleiste nicht ausbleicht (durch den möglichen Lichteinfall) oder schon nach kurzer Zeit sehr mitgenommen aussieht, kann sie in einen Wechselrahmen, also hinter Glas, gesetzt werden. Denn auch schon diese kleinen Dinge fallen ins Auge: ob etwas stillos (Beispiel: ein gewelltes Plakat, mit ausgeblichenen Fotos oder ausgeblichenem Text, angebracht mit inzwischen schlecht klebendem Tesafilm) hergestellt wurde und wirkt oder stilvoll, mit Mühe und Sorgsamkeit hergestellt und angebracht.

6.1.2 Umgangskultur

Folgende Situationen sollen kurz beschrieben werden:

a) Eine Mutter betritt den Flur des Kindergartens. Offensichtlich ist sie das erste Mal in den Räumen. Sie schaut hilfesuchend um sich und entdeckt eine Türe mit der Aufschrift „Leiterin". Sie klopft an und tritt ein. Die

Leiterin führt gerade ein Telefongespräch, schaut kurz auf und spricht weiter. Die Mutter wartet geduldig. Kaum ist das Telefonat zu Ende, dreht sich die Leiterin zu ihr hin (bleibt aber auf dem Stuhl sitzen) und fragt: „Sie wünschen?" Die Mutter trägt ihr Anliegen vor (es geht um die Anmeldung ihres Sohnes), und die Leiterin sagt kurz angebunden: „Dann darf ich Sie bitten, am nächsten Dienstag noch einmal vorbeizukommen. Dienstags ist unser Anmeldetag. Sicherlich können Sie das einrichten." Die Mutter überlegt, bestätigt die Vermutung der Leiterin und geht wieder fort.

Szenenwechsel:
Eine Mutter betritt den Flur des Kindergartens. Offensichtlich ist sie das erste Mal in den Räumen. Sie schaut sich hilfesuchend um und entdeckt gleich im Eingangsbereich die Personalleiste der MitarbeiterInnen. Sie bleibt davor stehen und liest, was dort steht. Neben der Personalleiste ist ein übersichtlicher „Ortsführer" – ein Plan, auf dem die Räume eingezeichnet sind. Recht sicher wendet sie sich dem Zimmer der Leiterin zu. Sie klopft und tritt ein. Die Leiterin führt gerade ein Telefongespräch und schaut kurz auf. Sie sagt in den Hörer, daß sie einmal ganz kurz unterbrechen müsse, steht auf, stellt sich vor und bittet die Mutter, für die Zeit des Telefonates Platz zu nehmen. Sie geht zum Telefon zurück, entschuldigt sich für die Unterbrechung und faßt sich kurz. Dann hat sie Zeit für die Mutter. Die Leiterin setzt sich zu ihr und fragt, wie oder wobei sie ihr helfen könne, und erfährt, daß es um eine Anmeldung geht. Die Leiterin sagt: „Sie können nicht wissen, daß wir einen festen Anmeldetag haben. Das ist immer am Dienstag. Nun sind Sie schon einmal hier und haben gewartet. Ist es Ihnen möglich, noch einmal am Dienstag vorbeizukommen, weil ich noch eine Reihe von Telefonaten zu führen habe? Gerne kann ich Ihnen dann auch eine genaue Zeit sagen, wann ich für Sie persönlich Zeit haben werde." Die Mutter erklärt sich damit einverstanden, und beide verabschieden sich freundlich mit einem Handschlag.

b) Im Hort findet eine teaminterne Fortbildung statt. Die Einrichtung ist für drei Tage geschlossen. Bis auf eine sog. „Notgruppe", die von zwei Eltern betreut wird, sind alle MitarbeiterInnen mit ihrem Fortbilder in einem Hortraum.
Plötzlich klopft es. Ein Mann öffnet die Tür, schaut in den Raum und bittet darum, die Leiterin zu sprechen. Diese gibt sich zu erkennen und sagt: „Das ist jetzt ganz schlecht. Wir haben unseren Hort für drei Tage geschlossen, weil wir Fortbildung haben. Können Sie am Freitag nochmal vorbeischauen?" Dann wendet sie sich von dem Mann ab.

Szenenwechsel:
Im Hort findet eine teaminterne Fortbildung statt. Die MitarbeiterInnen hatten rechtzeitig den Termin bekanntgegeben, die Tage in ihrer Hort-

zeitschrift „dick und fett" genannt, die Eltern und Kinder kurz vor der Fortbildung noch einmal daran erinnert und an der Eingangstüre ein unübersehbares Plakat aufgehängt.

Bis auf die „Notgruppe", die von zwei Eltern betreut wird, sind alle MitarbeiterInnen mit ihrem Fortbilder in einem Hortraum. Plötzlich klopft es. Ein Mann öffnet die Tür, schaut in den Raum und bittet darum, die Leiterin zu sprechen. Diese steht auf und sagt: „Jetzt bin ich in einer Zwickmühle. Auf der einen Seite haben wir diese Fortbildungsveranstaltung, auf der anderen Seite möchten Sie mich sprechen." Und zum Fortbilder gewandt: „Ist es möglich, eine ganz kurze Pause zu machen?" Nach einem Nicken sagt sie im Gehen, dem Mann zugewandt: „Jetzt komme ich kurz zu Ihnen und werde schauen, womit ich Ihnen weiterhelfen kann."

Der Mann lächelt freundlich, und sie begrüßen sich an der Türe mit Handschlag, gehen in den Flur, und nach 1/2 Minute kommt die Leiterin schon zurück. Sie berichtet: „Das war der neue Lebenspartner einer Frau, deren Kind den Hort besucht. Er wollte ... abholen, weil er gerade mit dem Auto vorbeigekommen ist. Finde ich nett. Aus welchen Gründen auch immer hatte er's vergessen. Ihm kam es aber schon ganz merkwürdig vor, daß es so ruhig hier war. Konsequenz für mich: Ich hab erst mal die Haustüre abgeschlossen. So, nun kann's gerne weitergehen."

c) Die Leiterin der Kindertagesstätte schaut auf die Uhr. Sie scheint ungeduldig zu sein. Sie geht zum Fenster, schaut raus und setzt sich an den Tisch im Leiterinnenzimmer. Sie blättert in einer Kindergartenzeitschrift und liest ein bißchen. Es klopft. Frau L. (eine Kindergartenmutter) schaut herein und betritt den Raum. „Es ist leider etwas später geworden als abgesprochen", sagt die Mutter und setzt sich schwer atmend auf einen Stuhl. Die Leiterin guckt auf die Uhr: „Nun, 15 Minuten sind schon irgendwie zu verkraften. Lassen Sie uns daher gleich zur Sache kommen. Ich bat um ein Gespräch, weil wir uns um Stephanie Sorgen machen. Sie nimmt kaum noch an irgendwelchen Spielen teil ..."
Die Mutter hört schweigend zu.

Szenenwechsel:
Die Leiterin der Kindertagesstätte schaut auf die Uhr. Sie geht zum Fenster, schaut raus, sieht niemanden kommen und sagt sich: „Frau L. kommt später. Dann nutze ich die Zeit für zwei Telefonate, die ich noch führen wollte." Sie erreicht auch die Leute, die sie sprechen wollte. Kaum ist sie fertig, klopft es. Frau L. (eine Kindergartenmutter) schaut in den Raum und betritt ihn. „Es ist leider etwas später geworden als abgesprochen", sagt die Mutter und setzt sich schwer atmend auf den Stuhl. Die Leiterin bemerkt die Anspannung der Mutter: „Ich freue mich, daß Sie gekommen sind. Und das noch ganz außer Atem. Vielleicht möchten Sie kurz verschnaufen, und derweil kann ich Ihnen, wenn Sie möchten, einen frischen Kaffee aus der Küche holen." Die Mutter nickt. Die Leiterin besorgt das Getränk und setzt sich wieder zur Kindergartenmutter: „Wegen

des Zuspätkommens brauchen Sie sich keine Gedanken zu machen. Ich habe die Zeit für zwei Telefonate genutzt. Doch jetzt sind Sie da. Ich darf Ihnen einmal kurz erzählen, warum ich um dieses Gespräch gebeten habe. Es geht um Stephanie (die Tochter). Sie hat sich in den letzten zwei Wochen ganz stark verändert. Sie mag es nicht, wenn wir sie bitten, an Spielen teilzunehmen, setzt sich lieber alleine in die Puppenecke ..." Die Mutter hört sehr aufmerksam zu.

Drei Ausgangssituationen – sechs Verhaltensbeispiele! Die ersten „Szenen" haben sich tatsächlich abgespielt, die „Alternativszenen" sind abgeleitet und fanden leider in der Wirklichkeit nicht statt.

Alltägliche Öffentlichkeitsarbeit

Eine der häufigsten, wirksamsten und eindrucksvollsten Formen von Öffentlichkeitsarbeit geschieht tagtäglich durch die Art unseres Umgangs mit anderen Menschen.

Dabei signalisieren wir einerseits, wie es uns selbst geht, andererseits lassen wir die anderen merken, welchen Eindruck sie auf uns machen, was wir von ihnen halten, ob sie willkommen sind oder uns vielleicht stören.

Um es vorweg zu sagen: Eltern und Kinder sind Gäste der Einrichtung, und MitarbeiterInnen sind Gastgeber. Das scheinen viele pädagogischen Fachkräfte vergessen zu haben.
Eine Umgangskultur zeigt sich in unzähligen kleinen Verhaltensweisen:
– in der Art der Begrüßung der Eltern und anderer Erwachsener;
– in der Art und Weise, anderen zuzuhören;
– in der Aufmerksamkeit, die wir anderen schenken;
– in gezeigter Höflichkeit, selbstverständlich ohne Unterwürfigkeit;
– mit unseren freundlichen Blicken;
– in dem wirklichen Bemühen, andere zu verstehen;
– in einer lebendigen Körpersprache;
– in der Art und Weise unserer Zuwendung und Achtung des anderen;
– in der Hilfsbereitschaft;
– in dem Bemühen, daß sich der andere wohlfühlt.

Tatsache ist, daß wir Menschen auf andere wirken und damit Öffentlichkeitsarbeit realisieren, ob wir es wollen oder nicht.
Wenn etwa eine Mutter wie in Beispiel a) abgefertigt wird – glauben Sie, verehrte Leserin, verehrter Leser, daß die Mutter ei-

nen guten Eindruck (den „ersten" Eindruck) mit nach Hause nimmt?

Wenn etwa der Mann in Beispiel b) so stehengelassen wird – glauben Sie, daß er gerne noch einmal die Einrichtung betritt?

Wenn eine Mutter wie in Beispiel c) bei ihrem verspäteten Ankommen so schulmeisterlich und unfreundlich begrüßt wird – glauben Sie, daß diese Mutter sich wie ein Gast in dieser Einrichtung fühlt?

Merkmale einer beziehungsorientierten Öffentlichkeitsarbeit

Öffentlichkeitsarbeit versteht sich als eine beziehungsorientierte Kommunikationspflege und kann mit folgenden Merkmalen ausgestattet werden:

Ö wie „öfter mal ein wirklicher Gastgeber sein";
f wie „freundlich mit anderen Menschen umgehen";
f wie „fair zu Eltern sein";
e wie „endlich Eltern mit Respekt und Achtung beggnen";
n wie „nie den eigenen Frust an Eltern auslassen";
t wie „tatsächliche Kommunikationspflege zeigen, sie nicht nur in Worte verpacken";
l wie „Lust am Umgang mit Eltern empfinden";
i wie „Ichbezogenheit auch mal zurückstellen";
c wie „Charakterstärke unter Beweis stellen";
h wie „Höflichkeit nicht in irgendeine Rumpelkammer verbannen";
k wie „kritisch mit sich selbst umgehen";
e wie „ehrlich auf das hören, was andere uns zu sagen haben";
i wie „irgendwann und irgendwie aus dem eigenen Vokabular verbannen";
t wie „tiefen Respekt vor Eltern haben, die sich um die Entwicklung ihrer Kinder kümmern";
s wie „Sorgen der Eltern hören und gemeinsam Lösungsmöglichkeiten mit ihnen finden";
a wie „Anfangssituationen gut gestalten";
r wie „richtungsweisend die Pädagogik mitgestalten und Eltern beteiligen";
b wie „besorgte Eltern verstehen";
e wie „echte Neugierde spüren, sich gemeinsam mit Eltern auf Entwicklungen einlassen";
i wie „immer durch das Wort ‚zunehmend' ersetzen",
t wie „temperamentvoll, mit Humor und Elan an neue Heraus-

forderungen herangehen, das Mögliche möglich und das Unmögliche ebenfalls möglich zu machen."

Merkmale gelebter Umgangskultur

Die gelebte Umgangskultur mit Eltern und allen Personen, die mit der Einrichtungsarbeit zu tun haben, ist immer das Ergebnis dreier Merkmale:
1. Eine gute Umgangskultur hat vor allem etwas mit inneren Werten, Wertvorstellungen und Einstellungen zu tun, die nicht antrainiert oder geübt, sondern aus einer eigenen Innerlichkeit gelebt werden können.
2. Eine gute Umgangskultur ist das Ergebnis einer stimmigen Zusammenarbeit im Team. Wenn Unzufriedenheiten, Haß, Unehrlichkeiten, Neid oder Konfliktunterdrückungen die Atmosphäre einer Arbeitsgruppe prägen, kann sich keine Umgangskultur nach außen zeigen.
3. Eine gute Umgangskultur ist dann möglich, wenn eigene Zufriedenheit, Freude, Lebendigkeit, Interesse, Sozialengagement und

Entwicklungswille in Menschen ihren Platz finden. Diese Merkmale gilt es zu entdecken. Dann ist Umgangskultur eine Folge der eigenen Lebensgestaltung.

6.1.3 Persönliches Erscheinungsbild

MitarbeiterInnen in Kindergärten, Tagesstätten und Horten geben auch mit ihrem äußeren Erscheinungsbild einen Spiegel ihrer Einstellungen, Werthaltungen und Meinungen wieder. Diese müssen sicherlich nicht in allen Bereichen deckungsgleich mit denen der KollegInnen sein. Wer das fordern würde, spräche sich für einen Dirigismus aus, der in einer Demokratie nichts zu suchen hat.

Merkmale eines angemessenen Erscheinungsbildes

Dennoch gibt es Notwendigkeiten und Erfordernisse bezüglich eines äußeren Erscheinungsbildes, das vor allem zwei Merkmale berücksichtigen soll:
1. Es darf weder Kinder noch die Eltern oder die Öffentlichkeit so stark irritieren, daß Ängste oder massive Abwehrformen hervorgerufen werden.
2. Es darf die pädagogischen Fachkräfte nicht dazu führen, ihre Arbeit zu vernachlässigen oder bestimmte Arbeiten unmöglich werden zu lassen.

Dazu sollen ein paar Beispiele genannt werden:
- In einer Kindertagesstätte legten einige MitarbeiterInnen mehr Wert auf ihre Kleidung als auf den praktischen Nutzen ihres Out-fits. Die MitarbeiterInnen trugen täglich sehr schicke Sachen, die dazu verleiten, sich aus den Spielaktivitäten selbst herauszuhalten. Kamen Kinder etwa mit schmutzigen Händen zu ihnen, folgte schnell die Warnung an die Kinder: „Seid bitte vorsichtig und achtet darauf, daß ihr mir mit euren dreckigen Fingern nicht meine Kleidung beschmutzt! Geht euch erst die Hände waschen und kommt dann wieder." So war es kein Wunder, daß diese KollegInnen nie beim Malen oder Matschen, auf dem Boden spielend oder in einer Kinderhöhle hockend entdeckt werden konnten.
Fazit: die rote Karte für Inaktivität!
- In einem Kindergarten arbeitete eine Erzieherin, die (aus welchen Gründen auch immer) mit Fingern voller Goldringe zum Dienst erschien. Große Goldohrringe schmückten ihre Ohren, und breite Goldketten umrahmten ihren Hals. Es verwunderte nicht, daß auch diese Kollegin z. B. im Sommer vermied, mit den Kindern in der Sandkiste

zu hocken oder mit auf die Bäume zu klettern, beim Kleistern ebenfalls mit den Händen zu arbeiten oder mit Gips zu werken.
Fazit: die rote Karte dafür, daß sie keine aktive Mitspielerin für die Kinder ist.

- In einem Hort war eine Erzieherin angestellt, die ausgesprochen großen Wert auf ihre langen Fingernägel legte. Auch sie verstand ihre Arbeit eher darin, Kindern Anweisungen zu geben, als praktisch mit ihnen zu arbeiten. Natürlich fand sie schnell eine „fachliche Begründung": „Kinder müssen selbst auf Dinge stoßen, mit denen sie sich dann beschäftigen können. Und dabei will ich nicht stören. Erwachsene greifen sowieso zu stark in das Freiheitsbedürfnis von Kindern ein."
Hier wird – um es ganz deutlich zu sagen – eine an sich richtige Aussage für ein persönliches Alibi fachlich mißbraucht.
Fazit: rote Karte für Inaktivität!

- In einem Kindergarten arbeitete eine Erzieherin, die auch sehr viele Ringe trug, allerdings nicht an den Händen, sondern in den Randbereichen ihrer Ohren (5 Ringe pro Ohr), zwei Ringe durch die Haut oberhalb der Nasenwurzel und 3 Ringe, die durch die Unterlippe gezogen waren.
Die Kinder waren vor allem dadurch irritiert, daß sich an einigen Stellen die Haut entzündet hatte und die Erzieherin diese Wundstellen mit Jod eintupfte. Für Kinder war es immer „Blut". Wollten die Kinder an den Ringen ziehen, reagierte die Erzieherin mit einem klagenden Satz: „Bitte laßt das sein. Das geht nicht, weil es wehtut." Gleichzeitig war ihr Sprechverhalten dadurch eingeschränkt, daß sie nach kurzer Zeit stolz darauf hinwies, nun auch noch einen Ring durch die Zunge zu besitzen.
Die Kinder schauten sie an, zogen sich aber immer mehr von ihr zurück.
Fazit: rote Karte für die Irritation der Kinder!

- In einem Kindergarten trug eine Praktikantin nur schwarze Kleidung: schwarze Schuhe, schwarze Strümpfe, Hose, Bluse, Pullover und einen schwarzen Schal. Außerdem hatte sie starken Lidschatten, ebenfalls schwarz. Eltern und Kinder fragten sie ständig, ob sie traurig sei oder ob ein Unglück ihr Leben belaste. Beides verneinte sie. Ihre Verhaltensweisen entsprachen ihrer Farbwahl: Sie sprach (!) viel mit Kindern und spielte eher wenig mit ihnen, sie wollte lieber ihre Ruhe haben, als etwas mit Kindern zu unternehmen. Auch auf Bitten der Eltern und MitarbeiterInnen gab es für sie keine Farbalternative.
Fazit: rote Karte für die Irritation der Kinder und Eltern sowie für ihre kognitive, emotionsarme Handlungsinkompetenz!

Aber auch dieses Beispiel darf nicht unerwähnt bleiben:

- In einem Kindergarten arbeitete eine Jahrespraktikantin, die durch ihre Buntheit auffiel: Ihre Kleidung war immer sehr farbenprächtig (z. B. rote Schuhe, grüne Hose, knallgelber Pulli), und außerdem

trug sie eine Punk-Frisur. Links und rechts der Haare auf der Kopfmitte waren die anderen Haare wegrasiert.
Nach anfänglicher Irritation der MitarbeiterInnen (es war ein konfessioneller Kindergarten) konnten diese beobachten, wie die Kinder sie von Anfang an in ihr Herz schlossen.
Die Jahrespraktikantin war für die Kinder ein „echter Kumpel" – sie spielte und lachte mit ihnen, unternahm vieles mit ihnen und wurde von allen als „bunter Paradiesvogel" geschätzt. Die Eltern mochten die Jahrespraktikantin, weil sie einerseits sehr fachkompetent, andererseits eine wirkliche Freundin ihrer Kinder war. Nur dem zuständigen Pfarrer war die Praktikantin ein Dorn im Auge. Obgleich im Anschluß an das Praktikum eine Stelle in dem Kindergarten zu besetzen war und sich alle für eine Übernahme aussprachen, lehnte der Pfarrer dies ab und überzeugte auch den Kirchenvorstand.
Fazit: rote Karte für den Träger!
(Anmerkung: Pfarrer und Kirchenvorstand legten der Jahrespraktikantin nahe, ihre Punk-Frisur zu verändern. Dann könne ggf. auch über die Stellenbesetzung gesprochen werden.
Die Jahrespraktikantin verwies auf ihre gute Arbeit und ihre guten Beziehungen zu den Eltern und MitarbeiterInnen. Sie entschloß sich, trotz des „Köders" bei ihrer bunten Haarpracht zu bleiben und ging damit das Risiko ein, diese Stelle nicht zu bekommen.
Fazit: doppelt rote Karte für den Träger!)

Mit den Beispielen wird kein Plädoyer für irgendeine Form einer Kleiderordnung ausgesprochen. Es sollte auch kein Werturteil über die Personen vorgenommen werden. Vielmehr geht es um Kriterien, die zu Anfang der Ausführungen vorgenommen wurden. Sie alleine zählen im Hinblick auf eine Beurteilung der Beispiele.

Das persönliche Erscheinungsbild prägt die öffentliche Meinung. Es ist gut, wenn es eine Vielfalt gibt, und es ist für eine Pädagogik hinderlich, wenn vor allem Kinder irritiert werden würden.

6.1.4 Indirekte Öffentlichkeitsarbeit

Es gibt Situationen, in denen MitarbeiterInnen sicherlich gar nicht daran denken, Öffentlichkeitsarbeit zu machen, obgleich sie es tun. Deshalb trägt diese Form auch den Begriff „indirekte" oder „leise" Öffentlichkeitsarbeit.

Schriftverkehr Tagtäglich geben sozial-pädagogische Einrichtungen Schriftstücke (vor allem Briefe) weiter. Dabei ist es in der Wirkung der Briefe nicht unerheblich, ob
- der Briefbogen ansprechend oder abstoßend,
- die Rechtschreibung korrekt oder fehlerhaft,
- das Schriftbild sauber oder verwischt,
- die Textaufteilung übersichtlich oder unübersichtlich,
- der Ausdruck flüssig oder stockend,
- der Inhalt verständlich oder unverständlich ist,
- die Aussagen klar oder unklar sind,
- die Wortwahl treffend oder unzutreffend und
- das Gesamtbild ansprechend oder nicht ansprechend ist.

Zeugnisse Die Zeugnisse für PraktikantInnen und ausscheidende MitarbeiterInnen werden von vielen Menschen gelesen. Auch das Abfassen von Zeugnissen unterliegt bestimmten Kriterien und Strukturen, die beachtet werden müssen. Entsprechende Fachliteratur gibt dafür entscheidende Hinweise.

Gutachten Ab und zu werden MitarbeiterInnen sozial-pädagogischer Einrichtungen gebeten, Berichte oder Gutachten über die Entwicklung von Kindern zu schreiben (wenn es etwa um die Frage der Schulfähigkeit und damit der Einschulung geht oder wenn vom Jugendamt Berichte zu bestimmten Fragen und Anliegen erbeten werden). Hier geht es – ähnlich wie beim Abfassen von Zeugnissen – oftmals um sogenannte Weichenstellungen.

Briefe, Zeugnisse und Gutachten bzw. Berichte sind Dokumente, die vom Empfänger beachtet werden. Dabei geht es nicht nur um die inhaltliche Seite, sondern auch um die *Wirkung dieser Schriftstücke in der Öffentlichkeit*. Das darf bei aller ausgehenden Post grundsätzlich nicht vergessen werden.

6.1.5 (Fach-)Politisches Engagement

Meist spielt sich das Leben der Menschen zwischen zwei Polen ab: dem privaten und dem beruflichen Bereich.
In der Sozial-Pädagogik kommt unweigerlich eine dritte Komponente dazu, die allzu häufig vergessen wird, vielleicht weil sie ar-

beitsintensiv, konfrontativ und anstrengend ist; weil sie keinen unmittelbaren, persönlichen Vorteil bringt, sondern Zeit, Kraft und Nerven fordert, die für die beiden anderen Lebensbereiche dann fehlen.

Es geht um ein (fach-)politisches Engagement, das in zunehmendem Maße in der Pädagogik immer unbeliebter wird, obgleich alle Zeichen darauf hinweisen, daß es nötiger denn je ist und wird. So besteht die Möglichkeit, in
- politischen Ämtern,
- politischen Fachausschüssen,
- pädagogischen und trägerspezifischen Ausschüssen,
- Berufs(feld)organisationen mitzuwirken oder
- Parteimandate zu übernehmen.

Dazu ein Beispiel:
Sicherlich war es kein Zufall, daß beim Besuch zweier Kindergartenmessen dem Autor vor allem eines ins Auge stach:
Bei dem Rundgang über das Messegelände waren bestimmte Stände außergewöhnlich gut besucht, während andere Stände wie verwaist wirkten. Einen außergewöhnlichen Besucherandrang hatten dabei vor allem zwei Stände. Der eine gehörte einer Fotofirma, die damit warb, daß sich BesucherInnen kostenlos fotografieren lassen konnten. Die Warteschlange war fast unübersehbar. Gleichzeitig gab es einen großen Stand mit „Bastelmaterialien" für Kindergärten und Kindertagesstätten. Dort hatten BesucherInnen die Möglichkeit, leergeblasene Hühnereier in eine Farbe zu tunken, so daß das Ei danach in „marmorierter Gestalt" wieder hervorkam. Auch dieser Stand war umlagert, und viele BesucherInnen zogen anschließend mit dem bunten Ei, auf einem Holzstöckchen befestigt, weiter durch die Messehallen. Zum anderen gab es auch „nüchternere" Stände von berufspolitischen Verbänden und Gewerkschaften, bei denen sich genau das Gegenteil zeigte: Sie wurden von deutlich weniger Leuten besucht.

Bedeutung fachpolitischen Engagements

Öffentlichkeitsarbeit geschieht auch dadurch, daß MitarbeiterInnen (fach-)politisches Engagement zeigen. Hier wird ein Forum angeboten, sich im Interesse von Kindern, Eltern und der eigenen Berufsgruppe zu engagieren, damit Bedingungen erhalten oder wiederhergestellt werden, die eine qualitative Elementar- und Primarpädagogik möglich machen.

6.1.6 Einrichtungsräume und Öffentlichkeitsarbeit

Räume senden Signale aus,
die wir spüren, sehen, hören, riechen und
schmecken können.
Wie Speisen,
die uns den Appetit verschlagen oder anregen,
die uns auf- oder anregen,
lähmen oder aktivieren,
zum Verweilen einladen oder abschrecken,
traurig machen oder freuen,
zum Rückzug auffordern oder
dazu einladen, gerne die Eindrücke zu genießen.
(Armin Krenz)

Raumgestaltung Die Raumgestaltung in den unterschiedlichen Einrichtungen ist nicht nur ein wesentlicher Punkt für das Wohl- oder Unwohlfühlen der Kinder, ihre Handlungsaktivitäten und ihre gesamte Entwicklung, sondern auch gleichzeitig ein Bild der Atmosphäre für jeden, der eine bestimmte sozial-pädagogische Einrichtung betritt.

Für Kinder heißt es: „Räume sind die zweite Erzieherin", für Erwachsene könnte man sagen: „Räume öffnen oder verschließen eine Kommunikationskultur."

Wirkung von Räumen Für Kinder gilt: „Räume können Orientierung oder Desorientierung, Sicherheit oder Unsicherheit, Annahme oder Geringschätzung vermitteln." Dasselbe trifft für Erwachsene zu.

Räume können dunkel und unheimlich, aber auch hell und lichtdurchflutet sein.

Räume können steril wirken, weil alles einem Museum gleicht und offensichtlich ein ungeschriebenes Gesetz vorherrscht mit der Aufforderung: „Anfassen verboten!" Demgegenüber können Räume lebendig wirken, weil Pflanzen mit einem satten Grün dem Raum Leben schenken, weil Blumenranken die Wände beleben und Gegenstände zum Anfassen auffordern.

Räume können „müllig" wirken, weil zerschlissene Sofas oder fleckige Teppiche jede Atmosphäre zerstören. Sie können aber auch gepflegt sein, ohne einen sterilen Eindruck zu vermitteln. Räume können eintönig, grau in grau oder farbig gestaltet sein, ohne mit einer übermäßigen Farbenvielfalt zu erdrücken.

Räume können kalt sein, so daß sie an vergangene Wintertage

erinnern, oder warm sein, so daß sie vielleicht sehr schnell Gedanken an den letzten Sommerurlaub aufkommen lassen. Räume können auch überhitzt sein und trockene Luft haben, so daß die Vorstellung entsteht, so müsse es in der Wüste sein.

Wer einen Raum betritt, nimmt Farben und Formen, Temperaturen und Materialien, Schatten und Licht, Höhen, Weiten und Tiefen, Gerüche und Geräusche, ästhetische Eindrücke und Gestaltungsversuche wahr. Vieles läuft dabei unbewußt ab, nur manches wird bewußt registriert. Wenn Eltern oder einrichtungsfremde Erwachsene zum ersten oder wiederholten Male den Eingangsbereich betreten, kann dieser Raum faszinieren oder abstoßen.

Vielleicht entdecken sie (je nach Größe der Räume)
- kleine Höhlen aus Holz (zum Verstecken der Kinder),
- Podeste, Rampen oder Miniterrassen zum besseren Überblick,
- Hüpfmatratzen oder ein Trampolin zur Bewegung,
- mit Pflanzen belegte Fensterbretter und -bänke,
- ein Kletternetz für wagemutige Kletterer,
- Hängematten zum Ausruhen,
- eine zweite Ebene zum Spielen,
- eine Galerie mit einer Rückzugsecke,
- große Tücher, die die Höhe einer Decke herunterziehen,
- eine attraktive Tastwand, mit sehr unterschiedlichen Materialien besetzt,
- Schaukästen mit Werkarbeiten der Kinder,
- gerahmte Kinderbilder,
- eine gemütliche Sitzecke,
- einen Tisch mit Zeitschriften für Eltern,
- einen Hausplan oder eine Personenleiste der MitarbeiterInnen, die die BesucherInnen willkommen heißen.

Oder sie stehen in einem Raum, der eckig und kahl ist, an dessen Wänden Kinderbilder sorglos mit Klebefilm hängen und Schaukästen mit ihrer Leere keine Attraktivität ausstrahlen?

Vielleicht ist es so, daß der Eingangsbereich ganz deutlich von *wirklichen* Kindergartenarbeiten freigehalten wurde und der Raum mehr als eine Demonstration für das Können der ErzieherInnen ist, indem z. B. jede Menge Schablonenarbeiten die Wände und den Decken-Luft-Bereich im Griff haben?

Raumgestaltung als Aspekt der Öffentlichkeitsarbeit

Einrichtungsräume sind Öffentlichkeitsarbeit, gewollt oder ungewollt.

Anmerkung: Es ist sicherlich hilfreich, wenn sich die MitarbeiterInnen einer Einrichtung einmal vorstellen, sie würden zum ersten Mal in diesen Kindergarten, diese Kindertagesstätte oder diesen Hort eintreten – als Elternteil, der sein Kind anmelden möchte, als Kind, das zum ersten Mal deutlich spürt, hierbleiben zu sollen, als Besucher, der mit einem bestimmten Anliegen in die Einrichtung kommt, als Kollegin, die die Einrichtung zum ersten Mal sieht, oder als Bewerberin, die sich als mögliche künftige Mitarbeiterin ein Bild von der Einrichtung machen möchte. Dazu tritt man selbst vor die Eingangstüre und geht langsam (!) durch den **Eingangsbereich**, bleibt stehen, nimmt Dinge wahr, schreibt sie auf, schaut sich weiter um, notiert neue Eindrücke etc. Am Ende des „Wahrnehmungs-Spaziergangs" sollte die Auswertung erfolgen – ehrlich, klar und unmißverständlich.

Kinderräume

Dasselbe können MitarbeiterInnen in den Kinderräumen machen. Dabei stehen vielleicht folgende Fragen im Vordergrund:
- Kann ich mich bewegen, oder ist der Raum mit Tischen, Stühlen und Schränken vollgestellt?
- Kann ich den Raum wirklich erobern, oder muß ich mich mit vorgegebenen Dingen auseinandersetzen?
- Gibt es eine Rollenspielecke, mit einem großen Spiegel und einem Kleider-, Hut- oder Perückenständer, der mich in unterschiedliche Rollen schlüpfen läßt?
- Gibt es Stoffraumteiler, die an Deckenschienen angebracht sind und durch die ich bei meinem Wunsch, alleine oder in einer Gruppe zu spielen, die Möglichkeit der Abgrenzung habe?
- Finde ich Musikinstrumente, mit denen ich musizieren kann?
- Gibt es vielleicht sogar eine Werkbank, an der ich handwerkliche Fähigkeiten umsetzen könnte, oder gibt es nur irgendwelche speziellen Kinderzangen, Plastikhämmer, die beim ersten festen Gebrauch schon ihre Funktion aufgeben?
- Finde ich vielleicht eine „Kiste für kluge Leute", in der ich Zollstöcke, Wasserwaagen, Meßbecher in unterschiedlichen Größen, eine Lupe, Taschenlampen, Lineale und Maßbänder finde, um Antworten bei meiner Entdeckerreise zu bekommen?
- Sind die Schubladen der Schränke von vorne durchsichtig, oder

tragen sie zumindest Bilder auf ihren Vorderseiten, damit ich schnell weiß, wo was zu finden ist?
– Gibt es vielleicht einen Ständer, auf dem Kuscheldecken gefaltet liegen, die bei Bedarf herausgenommen werden können, um damit zu bauen oder sich darauf auszuruhen?
– Findet sich unter den Spielmitteln auch ein Puppenhaus mit mehreren Etagen (!), ein Kaufladen oder ein Arztkoffer mit den verschiedenen Untersuchungsinstrumenten?
– Welche attraktiven (!) Spielmittel kann ich überhaupt entdecken, und was spricht mich gar nicht an?
– Gibt es gute Farbstifte und Papier in unterschiedlichen Größen?
– Sind die Bilderbücher sichtbar und z. B. auf einem Regal ausgelegt?
– Finde ich einen Boxsack (aus dickem Leinen, mit Sand gefüllt), um meine Wut daran auszulassen und nicht an Kindern abzureagieren?
– Gibt es Werkmaterial, das ich nutzen kann, oder ist es in den sogenannten Vorratsräumen weggeschlossen?
– Finde ich Bausteine, um Bauvorhaben durchführen zu können?

Waschräume Und wie sieht es in den Waschräumen aus?
– Haben sie den Charme antibakterieller, steriler Funktionsräume, die schnell zum Verlassen auffordern?
– Gibt es darin z. B. die Möglichkeit, mit Wasser zu spielen?
– Gibt es da z. B. einen Matschtisch oder vielleicht sogar eine Sandmulde, um auch im Winter Burgen u. a. darin zu bauen?
– Sind die Fliesen unattraktiv, oder kleben großflächige Motive auf ihnen, so daß ich beim Betreten in gute Stimmung komme?

Außengelände Schließlich gibt es noch das Außengelände:
– Finde ich dort in Büschen oder hinter Hecken Rückzugsmöglichkeiten?
– Gibt es vielleicht einen Kletterbaum?
– Entdecke ich gar eine Baumhöhle oder ein Baumhaus?
– Finde ich freie Bahnen zum Laufen und Roller-, oder Kettcarfahren?
– Gibt es ganz geheime Stellen, an denen mich so leicht niemand finden kann?
– Laden mich Bodenlöcher, Senken und Kuhlen zum Buddeln ein?
– Gibt es eine kleine Feuerstelle, an der ich in Ruhe „kokeln" oder Kartoffeln und Äpfel rösten könnte?
– Finde ich Hängematten zum Träumen und Ausruhen?

- Gibt es Schwingseile, Rutsch- und Kletterstangen, mit denen ich Tarzan und Jane spielen kann?
- Finde ich einen Tümpel, Teich oder kleinen Wasserlauf, in dem sich Tiere befinden und der zur Beobachtung einlädt?
- Gibt es vielleicht Höhlen oder Grotten, die von den Erwachsenen für uns Kinder gebaut wurden?
- Finde ich Lauben und (Weiden-)Gänge, die im Sommer so herrlichen Schatten spenden?
- Kann ich vielleicht eine Turmanlage oder Palisadenburg entdekken, die mich an vergangene Ritterzeiten erinnert?
- Gibt es Planen und Sonnensegel, so daß ich auch ungestört im Regen spielen kann?
- Finde ich Baumstämme, die zum Verstecken einladen?
- Gibt es Autoreifen, Holzpaletten, Bierkästen oder Plastiktonnen, mit denen es sich herrlich bauen läßt?
- Sind am großen Sandkasten Flaschenzüge, eine Pumpe, Schläuche und Wasserräder, Bagger und Kräne, so daß ich mir wie ein echter Bauarbeiter vorkommen kann?

Innen- und Außenräume hinterlassen bei Kindern, Eltern und BesucherInnen Eindrücke – sie berichten von ihren persönlichen Erfahrungen und wahrgenommenen Erlebnissen und tragen diese in die Öffentlichkeit.

Oder sie erzählen von leeren Schaukästen, kalten Räumen, einem unattraktiven Außengelände und vielleicht sogar von kinderfeindlichen Bedingungen und unfreundlichen MitarbeiterInnen: welch ein Unterschied zu den oben genannten Möglichkeiten!

6.1.7 Eltern- und MitarbeiterInnenbücherei

Auch an dieser Stelle soll zunächst mit einem Beispiel begonnen werden. Bei einem Besuch eines Kinderhorts berichtete eine Erzieherin:

„Wie Sie vielleicht wissen, haben wir schon seit einigen Jahren, genauer gesagt seit unserer ersten teaminternen Fortbildung, eine eigene Eltern- und MitarbeiterInnenbücherei. Das ergab sich aus der Notwendigkeit, daß viele KollegInnen ständig nach bestimmten Fachbüchern suchten und sie diese dann entweder nach langem Suchen in irgendwelchen Ekken fanden oder die Bücher für immer verschwunden waren. Das waren wir leid. So entschlossen wir uns, eine MitarbeiterInnenbücherei einzurichten. Mit der Zeit wurden es immer mehr Fachbücher, die wir uns anschafften, bis eines Tages eine Hortmutter zu uns kam. Sie fragte, ob wir etwas zum Thema „Aggression bei Kindern" hätten. Das war tatsächlich der Fall. Lange Rede, kurzer Sinn: Das Ganze sprach sich in der Elternschaft herum, und es kamen manche Eltern mit bestimmten Themenwünschen. Wir hatten nicht alles, doch interessante Titel schafften wir uns im Rahmen unsere Budgets an. Eines Tages stand ein uns unbekannter Mann an der Türe und fragte ebenfalls nach einem bestimmten Buch, das wir vor wenigen Wochen an eine Hortmutter verliehen hatten. Wir waren ganz platt. Darauf angesprochen, wie er denn auf uns käme, meinte er, er habe eben von unserem guten Buchsortiment gehört und sei ein Bekannter dieser Hortmutter. Nun gab es für uns zwei Möglichkeiten. Zum einen hätten wir sagen können, wir seien doch keine öffentliche Bücherei. Das hätten wir allerdings als unverschämt empfunden, und außerdem wäre ein solches Verhalten eine schlechte Öffentlichkeitsarbeit gewesen. Auf der anderen Seite hätten wir sagen können, wir glaubten nicht, daß das gehe. Wir baten den Mann, in der nächsten Woche noch einmal wiederzukommen, bis dahin hätten wir diesen für uns ungewöhnlichen Umstand geklärt. Wir haben uns dann in der MitarbeiterInnenrunde dafür entschieden, daß wir es in Ausnahmefällen machen wollten. Wegen der Sicherheit, daß wir auch das Buch zurückerhalten würden, ließen wir uns die Personenangaben auf dem Ausweis zeigen und notierten seinen Namen und seine Anschrift. Das kommt nun des öfteren vor, und wir haben damit gute Erfahrungen gemacht."

Aufbau einer MitarbeiterInnenbibliothek

Sozial-pädagogische Einrichtungen, die Wert auf ein fachliches Image legen und dieses auch durch entsprechende Kompetenzen in die tägliche Praxis einbringen, kommen nicht umhin, eine eigene MitarbeiterInnenbücherei anzulegen. Dort sind dann alle Fachbücher zusammengetragen und nach bestimmten Ordnungsprinzipien gruppiert. Häufig ist folgendes Prinzip gewählt:
1. Literaturbereich:
   – Pädagogische Ansätze und Grundlagen
   – Zusammenarbeit mit Eltern
   – Bedeutung des Spiels und Spielformen
   – Werken mit Kindern/Jugendlichen
   – Werte, Ethik, Religion
   – Aufsichtspflicht
   – Leitungsfunktion
2. Besondere Schwerpunkte:
   – Natur(erfahrung)/Ökologie
   – Raumgestaltung/Außengelände

- Anleitung PraktikantInnen
- Beurteilung von MitarbeiterInnen/Zeugnisse
- Öffentlichkeitsarbeit
- Ausdrucksformen der Kinder:
  - Bewegung
  - Verhalten
  - Sprache/Sprechen, Sprachentwicklung
  - Malen und Zeichnen
- Sexualpädagogik/sexueller Mißbrauch
- Gesprächsführung/Beratung
- Entspannung/Meditation mit Kindern
- Schulfähigkeit
- Teamarbeit/Konfliktpsychologie
- Persönlichkeitsbildung/Selbsterfahrung

Berücksichtigung der Eltern

Wenn MitarbeiterInnen sich entscheiden, die eigene Bücherei auch für Eltern zugänglich zu machen, ist es hilfreich, besondere Fragestellungen der Eltern zu berücksichtigen. Ein Fundus an Büchern berücksichtigt dann z. B. folgende Themen:
- Einnässen/Einkoten
- Wut, Aggressivität, Gewalt
- Ängste/Angstverhalten
- Psychosomatik/psychosomatische Störungen
- Kinderkrankheiten
- Motorik/Wahrnehmung(sauffälligkeiten)
- Sprach-/Sprechauffälligkeiten
- Schlaf(störungen)
- Selbständigkeit/Selbstwert
- Bedeutung der Märchen
- Heilpädagogische Fragen
- Erziehungsstile/-verhalten

Inzwischen gibt es bei verschiedenen Verlagen spezielle Reihen, die sich im weiteren und engeren Sinne als „Ratgeber für Eltern" verstehen, gut und übersichtlich gegliedert sind und eine überschaubare Seitenzahl haben.[2]

---

[2] Besonders empfehlenswert sind dabei Bücher aus dem Patmos Verlag, Düsseldorf (Reihe Kinder), Verlag Herder, Freiburg (Reihe Herder Spektrum), Rowohlt Verlag, Reinbek (Reihe „Mit Kindern leben"), Verlag pro juventute, Zürich (Betrifft: Kinder),

Natürlich gibt es innerhalb der Reihen auch manche Bücher, die von LeserInnen sehr unterschiedlich angenommen werden, da Erwartungen und Ansprüche sehr unterschiedlich sind.

Eine Eltern- und MitarbeiterInnenbücherei wird allerdings nur dann Bestand haben, wenn sie ordentlich geführt wird, das Ausleihen und Zurückbringen im Karteikasten oder PC sorgfältig registriert und auf die Rückbringzeiten auch geachtet wird. Eine solche (kleine) Bücherei hat den Vorteil, daß auch manche Eltern, die vielleicht nicht ohne Schwierigkeiten den Weg zu einer Buchhandlung oder öffentlichen Bücherei finden würden, damit effizienter und vor allem persönlicher erreicht werden können. Dort, wo eine solche Möglichkeit von seiten der Kindergärten, Tagesstätten und Horte bisher angeboten wurde, wird gerne davon Gebrauch gemacht. Und das Beispiel zu Anfang zeigt: Es spricht sich herum. Damit ist Öffentlichkeit schon hergestellt.

6.1.8 „Schwarzes Brett"

Das „Schwarze Brett" dient der Information für Eltern. Hier werden *aktuelle* (!) Hinweise in schriftlicher Form angeheftet, mit dem Appell, diese zu beachten.

Günstig ist es, wenn das Schwarze Brett nicht zu klein ist, sondern ausreichend Platz bietet, verschiedene Informationsträger anzubringen.

Gestaltungsmängel

Eine Bestandsaufnahme in vielen sozial-pädagogischen Einrichtungen brachte folgendes Ergebnis:
- Die Menge der Anschläge war zu groß, so daß keine Übersichtlichkeit bestand. Wie sollen aber wesentliche Informationen ins Auge fallen, wenn unüberschaubare Mengen an Zetteln und Kopien dort aufgehängt sind?
  Praktischer Hinweis: Reduzierung der Informationseingaben auf das nur unbedingt notwendige Maß!
- Bei der Durchsicht der Hinweise waren viele Informationen schon überholt. Veranstaltungen waren bereits gelaufen, und an-

---

Verlag Südwest, München (Reihe: Leben lernen mit Kindern), Matthias-Grünewald-Verlag, Mainz (Reihe: Edition Psychologie und Pädagogik), R. Piper Verlag, München (Serie Piper), Kösel Verlag, München (mit einem sehr guten Sortiment), Kreuz Verlag, Stuttgart/Zürich (Schwerpunkt: Trauer), PAL Verlag, Mannheim (Lebensratgeber).

dere Daten waren von „Anno Tobak". Das macht ein Schwarzes Brett unattraktiv und überflüssig.
Praktischer Hinweis: Nur wirklich aktuelle Hinweise finden auf dem Schwarzen Brett Berücksichtigung!
So sollte regelmäßig eine Kontrolle stattfinden, was angebracht werden kann, was neu angebracht wird und was gleichzeitig abgenommen wird.

- Wenn die einzelnen Informationsträger zu eng angeheftet sind, fallen sie als Einzelinformation nicht mehr auf. Alles verschwimmt zu einer großen Masse, und wesentliche Informationen gehen dann in der Unübersichtlichkeit unter. Auch in diesem Fall hätte das Schwarze Brett dadurch seine Funktion verloren.

Praktischer Hinweis: Zwischen den einzelnen Informationsträgern muß genügend Platz bestehen, damit Einzelinformationen auch als solche wahrgenommen werden können!

- Um die Übersichtlichkeit in eine bestimmte Struktur zu bringen, können auf dem Schwarzen Brett sog. „Schwerpunktfelder" eingezeichnet werden.

Damit erhalten AnsprechpartnerInnen eine Ordnung und können sich schneller zurechtfinden.

Beispiel einer Struktur

Schwarzes Brett		
Nachrichten des KiGa/ der KiTa/der Schule an die Eltern	Veranstaltungen/ Einladungen außerhalb des KiGa/ der KiTa/der Schule	Von Eltern zu Eltern

- Das Schwarze Brett ist sicherlich nicht nur für die MitarbeiterInnen der Einrichtungen „reserviert". Selbstverständlich wird die Attraktivität dieses öffentlichen Mediums dadurch erhöht, daß auch Eltern besondere Informationen an andere Eltern weitergeben können und das Schwarze Brett mitgestalten.
Praktischer Hinweis: Auf dem Informationsträger ist eine spezielle Spalte für Eltern vorgesehen.
- Informationen der sozial-pädagogischen Einrichtung sollten nur dann auf dem Schwarzen Brett berücksichtigt werden, wenn die MitarbeiterInnen selbst davon Kenntnis haben und inhaltlich zustimmen können. Immer wieder kommt es vor, daß Informationen „von außen" ungefragt dort angeheftet werden. So war z. B. der Autor des Buches ganz überrascht, als er in einem Kindergarten aufs Schwarze Brett schaute und die Werbeinformation eines privaten Veranstalters für „Französisch-Kurse für Kinder ab 3 Jahre" fand, obgleich der Kindergarten inhaltlich so etwas ablehnte. Ein anderes Mal fand sich ein Informations-

blatt auf dem Schwarzen Brett, auf dem ganz offensichtlich für eine Sekte geworben wurde.
Beide Einrichtungen wußten nichts von diesen Anschlägen!
Praktischer Hinweis: Es dürfen nur solche Informationen angebracht werden, die vorher den MitarbeiterInnen bekannt sind, d. h., externe Veranstalter müssen vor ihrem Aushang die Erlaubnis der MitarbeiterInnen einholen.
Ein solcher Hinweis kann auch unter dem Schwarzen Brett gut lesbar angebracht sein.

6.1.9 Thematisch gebundene Fachbuchvorstellungen

Die Erzieherin einer Kindertagesstätte berichtete ganz begeistert:

„Ich hätte nie gedacht, daß das klappen könnte. Lassen Sie mich von Anfang an erzählen. Leider mußte ich beobachten, wie in unseren Gruppen das Thema ‚Gewalt' eine immer größere Bedeutung bekommt. Auch früher gab es Unstimmigkeiten und Streitereien unter den Kindern. Doch in der Regel haben sie sich nach ihren Auseinandersetzungen vertragen und spielten schließlich zusammen weiter. Heute schlagen viele Kinder zu und kümmern sich nicht weiter um ihren ‚Gegner'. Da wir im MitarbeiterInnenkreis nicht länger die Rolle der ‚Streitschlichter' spielen wollten, sondern den Anspruch hatten, die Gründe und Auslöser zu erkennen und zu verändern, entschieden wir uns, tiefer in diesen Themenbereich einzusteigen. So haben wir einerseits Fortbildungen besucht, die sich mit ‚Gewalt unter Kindern' befaßten. Gleichzeitig haben wir viel dazu gelesen. Uns wurde dabei immer deutlicher, daß Gewalt ein Ergebnis aus vielen zusammenhängenden Merkmalen ist und wir in der KiTa alleine nichts Wirkliches ausrichten können. Wir fragen uns, was wir nun mit unserem Wissen anfangen konnten. Selbstverständlich haben wir zunächst unseren Beitrag geleistet, daß wir z. B. Kinder mehr in die Entscheidungen miteinbezogen haben, freundlicher mit Kindern sprachen, unsere Regeln und Normen überprüft und dort verändert haben, wo es uns nötig erschien. Wir haben dafür gesorgt, daß sich die Kinder mehr bewegen konnten, haben ihnen mehr Zeit zum Erzählen gelassen und ihnen auch mehr Aufmerksamkeit geschenkt. Das war uns aber zuwenig. So kamen wir auf die Idee, einen Elternabend auszurichten. Das reichte uns aber letztlich auch nicht aus. Schließlich kam uns ein ganz neuer Gedanke: Wir hatten sehr, sehr viele, gute und hilfreiche Fachbücher zu diesem Thema. Warum sollten wir diese nicht einmal einem größeren Kreis von Erwachsenen vorstellen? Gesagt, getan. Über die Zeitung veröffentlichten wir einen Hinweis mit der Überschrift ‚Gewalt ist geil – Kinder und Jugendliche in

Not! Eine Fachbuchvorstellung hilfreicher Literatur'. Dazu haben wir alle Erwachsenen unserer Stadt herzlich eingeladen, und so kamen fast 100 Väter und Mütter. Vierzig Eltern waren aus unserer KiTa, sechzig Personen waren uns fremd. Zunächst habe ich die Eltern kurz begrüßt und dann einen kurzen Einführungsvortrag von zwanzig Minuten gehalten. Anschließend nutzte ich die Zeit, zwanzig wirklich brauchbare Bücher zum Thema vorzustellen.

Danach konnten die Gäste die Bücher einsehen. Eine vorbereitete Literaturliste lag ebenfalls auf dem Tisch, die die Eltern mitnehmen konnten. Am Ende bedankten sich viele für diese gelungene Veranstaltung. Fünf Tage später rief unsere Hauptbuchhandlung an, und die Buchhändlerin meinte, daß viele Bestellungen aufgegeben wurden. Wir sind so begeistert, daß wir es sicherlich noch einmal wiederholen."

Es gibt immer wieder Themen, die für Eltern von großem Interesse sind. Gleichzeitig ist es für viele Erwachsene schwer, sich auf dem großen Büchermarkt zurechtzufinden. Manche Titel hören sich spannend an, doch sind die Inhalte dazu vergleichsweise schwach. Einige Bücher sind wiederum sehr teuer, und Eltern wissen nicht, daß es auch preiswertere Taschenbücher zu dem Thema gibt.

Insofern können Erzieherinnen sicherlich thematisch gebundene Fachbuchvorstellungen mit Schwerpunkten anbieten, die für eine breite Öffentlichkeit von Interesse sind.

Voraussetzungen einer Fachbuchvorstellung

Dabei sollte folgendes beachtet werden:
- Voraussetzung ist ein qualifiziertes Wissen. Nichts wäre peinlicher, als wenn z. B. ZuhörerInnen über ein besseres Wissen verfügten als die Kollegin, die den Abend gestaltet.
- Es muß ein guter Überblick über Fachpublikationen dieser Thematik bestehen. Sogenannte Klassiker dürfen nicht fehlen.
- Die Veranstaltung sollte nicht nur für Eltern der Einrichtung, sondern allen interessierten Personen offenstehen.
- Eine gute Vorbereitung ist unerläßlich!
- Ein kurzer Fachvortrag ist eine hilfreiche Einführung ins Thema.
- Die vorgestellten Fachbücher sollten – ebenso wie der Vortrag – verständlich, anschaulich und praktisch nutzbar sein.
- Neben den gebundenen Ausgaben, die recht teuer sind, müssen auch Taschenbücher vorgestellt werden.
- Veranstaltungen dieser Art können in direkter Zusammenarbeit mit Buchhandlungen organisiert werden. Buchhandlungen kön-

nen an dem Abend anwesend sein und gleichzeitig Bücher zum Verkauf bereithalten.
– Ausgelegte Literaturlisten sind „Gedankenstützen".

6.1.10 Hospitation

a) durch Eltern
An dieser Stelle sei zunächst ein traurigkomisches Beispiel erzählt.

Vor einiger Zeit wandten sich MitarbeiterInnen einer Kindertagesstätte an den Autor des Buches mit der Bitte, ihnen bei einem „schwierigen Kind" zu helfen. Der Junge, 5 Jahre und 8 Monate alt, fiel in der Gruppe dadurch auf, daß er sich zum Beispiel in die Bau- oder Puppenecke legte und anderen Kindern mit kräftiger Stimme befahl, dieses oder jenes für ihn zu tun: „Hol du, Johannes, mir jetzt sofort das Kissen, damit ich meinen Kopf darauf legen kann!" Oder: „Melanie, nimm das Buch dort" – er zeigte mit dem Finger auf ein bestimmtes Bilderbuch – „und erzähle mir eine Geschichte daraus!" Oder: „Franziska, sei jetzt endlich still. Du störst mich, während ich mich ausruhen will!" Oder: „Kristin, geh in die Küche und hol mir mal einen großen Apfel aus der Obstschale. Wasch ihn aber vorher!" Die MitarbeiterInnen waren am Ende ihrer Nerven. Bei einem Besuch meinerseits stand das weitere Vorgehen fest. So bat ich die ErzieherInnen, beide Elternteile einzuladen. An einem Vormittag erschienen wie abgesprochen Vater und Mutter. Jonathan nahm seine Eltern und mich wahr, fragte, was sie wollten, und ging nach kurzer Zeit weiterspielen. (In der Zwischenzeit setzten wir uns auf kleine Kinderstühle und betrachteten das bunte Geschehen. Zur Verdeutlichung: Außen links saß die Mutter, rechts neben ihr der Vater, dann folgte der Autor, und rechts außen saß die ErzieherIn.) Nach ca. 20 Minuten war es soweit. Vielleicht hatte Jonathan uns inzwischen vergessen(?). Er ließ sich von zwei Kindern eine gemütliche Unterlage holen, legte sich darauf und begann, die anderen Kinder wie gewohnt aufzufordern, Dinge für ihn zu erledigen. Ich schaute nach links zum Vater, und bevor ich eine Frage stellen konnte, sagte dieser ganz aufgeregt und hektisch: „Ich weiß wirklich nicht, von wem er das nur hat." Die Mutter blickte schmunzelnd auf den Boden.
Der Rest der Geschichte ist schnell erzählt. Die Eltern erklärten sich bereit, zu ca. 10 Treffen zum Institut zu kommen. In dem Maße, in dem der Vater sein Verhalten änderte, in gleichem Maße fand Jonathan zu (s)einem anderen (Spiel-)Verhalten. Mit dem Jungen selbst wurde *nicht eine* „Therapiesitzung" gemacht.

Eltern-hospitationen

Hospitationen von Eltern können unterschiedlich zustandekommen.

Auf der einen Seite wird es immer Situationen geben – wie beispielsweise oben vorgestellt –, in denen es im Sinne einer *familienunterstützenden Aufgabe der Einrichtung* darum geht, Eltern anhand praktischer Beobachtungen für eine Unterstützung der Pädagogik zu gewinnen. Dabei darf es sich selbstverständlich nicht nur um solche Situationen handeln, in denen ein Kind ein problematisches (besser: erwartungswidriges) Verhalten zeigt; vielmehr werden Eltern auch dann zu einer Hospitation eingeladen, wenn beispielsweise positive Entwicklungsschritte bei Kindern beobachtbar sind. Eltern reagieren dann meistens freudig überrascht: „Das hätte ich nicht gedacht. Bei uns zu Hause ist es ganz anders. Daß unser Kind so gut mit anderen Kindern umgehen kann, wundert uns doch sehr. Zu Hause gibt's nur Streß und Ärger."

Auf der anderen Seite kann der Wunsch, einmal am Gruppengeschehen teilhaben zu wollen, selbstverständlich auch von Eltern ausgehen. So freuen sich gerade die Eltern, die ein hohes Interesse an der Entwicklung ihres Kindes haben, über die Möglichkeit, ihr Kind auch einmal in der Institution „Kindergarten/Tagesstätte/Hort" zu erleben.

Hospitationen der Eltern bieten immer eine ausgezeichnete Möglichkeit, anhand *konkreter Praxis* über ein Kind, elterliches Erziehungsverhalten, unterstützende oder hemmende Entwicklungsfaktoren, hilfreiche Maßnahmen und notwendige Handlungsschritte zu sprechen. Durch die Hospitation haben ErzieherInnen und Eltern eine gemeinsame Ausgangsbasis für ihre Gespräche und schaffen es dadurch leichter, in eine gemeinsame Planungsarbeit einzutreten.

Hospitation durch sozialpädagogische Dienste

b) durch externe therapeutische Fachkräfte

In der Elementar- und Primarpädagogik werden neben den elterlichen Sozialisationseinflüssen auf das Kind starke Einflüsse ausgeübt. Insofern darf die Bedeutung sozial-pädagogischer Einrichtungen auf die Entwicklung eines Kindes nicht unterschätzt werden. Manches Mal sind MitarbeiterInnen aber auch persönlich, fachlich und organisatorisch überfordert, wenn es etwa darum geht, Kinder mit besonderen Schwierigkeiten entwicklungspädagogisch oder -psychologisch bzw. heilpädagogisch individuell zu unterstützen.

Dafür gibt es einen recht gut ausgebauten sozial-psychologischen Dienst, in dem Fachkräfte tätig sind, die bei Bedarf auch in Institutionen zeitweilig mitarbeiten.

Leider kommt es immer wieder vor, daß sich die sozial-pädagogischen Einrichtungen dabei mehr über die Arbeitsunterstützung von außen freuen (weil es sie vielleicht selbst entlastet?), als daß sie gleichzeitig darauf achten, daß die pädagogischen Ansätze, Ansprüche und grundsätzlichen Arbeitsmerkmale beider Einrichtungen gleich bzw. ähnlich sind.

Üblicherweise ist es so, daß externe therapeutische Fachkräfte vor Beginn einer Zusammenarbeit den Kindergarten, die Tagesstätte oder den Hort kennenlernen möchten, um sich ein Bild von der Atmosphäre, dem Arbeitsstil und auch von dem Kind bzw. den Kindern zu machen. Externe therapeutische Kräfte, die diese Arbeit nicht auf sich nehmen (wollen), geben dabei nur der eigenen Arbeitsvorstellung einen Wert und schätzen gleichzeitig die MitarbeiterInnen bzw. die Einrichtung und vor allem das Kind in seinen sozialen Bezügen und Institutionsbedingungen gering.

> Öffentlichkeitsarbeit hat daher auch im Interesse des Kindes den Anspruch, eine qualitätsorientierte Begleitung eines ganzheitlich-ausgerichteten Arbeitsansatzes zu sein.

Bei einem solchen Vorgehen müssen die Einrichtungen ihre Arbeit absprechen und aufeinander beziehen. Dieser Anspruch wird z. B. dadurch eingelöst, daß zu Beginn der Kooperation die externen therapeutischen Fachkräfte in die Kindergärten, Kindertagesstätten oder Horte eingeladen werden, um sich persönlich kennenzulernen und an einem gemeinsamen Vorgehen miteinander zu arbeiten. In manchen sozialpädagogischen Einrichtungen ist dies inzwischen nicht nur ein Wunsch, sondern eine inhaltliche Bedingung, aus Sorge, das Kind könnte zwischen unterschiedlichen Arbeitsansätzen hin- und hergerissen werden und letztendlich Leidtragender der fehlenden Kommunikation sein. Dies gilt auch für Eltern, die vielleicht von den MitarbeiterInnen des Kindergartens das eine hören und von der externen therapeutischen Fachkraft das andere: Widersprechen sich dabei die Informationen, ist für eine schlechte öffentliche Wirkung gesorgt, und Eltern stecken in einer unlösbaren Zwickmühle. Da es in den meisten Fällen so abläuft, daß die Eltern eher auf die therapeutischen Fachkräfte „hören", fallen ErzieherInnenaussagen unter den Tisch. Ein ganzes Berufsbild würde damit gleichzeitig disqualifiziert.

6.1.11 Besondere MitarbeiterInnen in den Kinder- oder Interessengruppen

Zwei Beispiele sollen den inhaltlichen Kurzausführungen vorangestellt werden:

1. In einer Kindertagesstätte kam im Herbst die Idee auf, eine Aktion zugunsten eines „Heims für körperlich und geistig behinderte Menschen" zu planen und durchzuführen. Trotz intensiver Überlegungen der MitarbeiterInnen und Kinder wollte ihnen nichts Rechtes einfallen. Sie entschlossen sich daher, gemeinsam in die Einrichtung zu fahren, um noch einmal direkt vor Ort einen Eindruck zu gewinnen, um dann möglicherweise aus neuen Beobachtungen heraus Ideen zu entwickeln. Doch es kam ganz anders, als ursprünglich geplant. Die MitarbeiterInnen und Kinder machten sich auf den Weg und hatten auch die Möglichkeit, einzelne Männer- und Frauengruppen zu besuchen. In einer Frauengruppe fiel ihnen besonders positiv auf, daß eine der Frauen ganz intensiv von vielen Kindern umringt war. Sie erzählte ihnen eine selbsterfundene Geschichte, und die Kinder hörten gebannt zu. Dann fragte sie, ob sie allen ihre Gruppe zeigen könne, und so führte die Frau die Kinder- und MitarbeiterInnenschar an. Nach fast einer Stunde – es gab immer etwas zu erzählen – nahte der Moment, in dem Abschied genommen werden mußte. Die Frau und die Kinder waren sehr traurig darüber, bis ein Kind schließlich meinte: „Die Frau ... kann doch zu uns in die Gruppe kommen und uns weiter selbstdachte Geschichten erzählen, mit uns spielen und Jux machen." Das Ergebnis sah so aus: Jeden Montagvormittag und Donnerstagnachmittag wurde die Frau mit dem Auto der Einrichtung abgeholt. Sie verbrachte die halben Tage gerne in der Kindertagesstätte und wurde zu einem richtig festen Gruppenmitglied. Dabei übernahm sie auch gerne bestimmte Aufgaben und genoß es sichtlich, die Tage mit den Kindern und ErzieherInnen zu verbringen. Das Stichwort „Integration" fiel in keinem Zusammenhang, denn es war überflüssig geworden, weil es ein unkompliziertes Zusammenwachsen zweier Welten war – Welten, die vorher getrennt und nun verbunden wurden, weil ein Kind eine zündende Idee hatte und die KollegInnen beider Einrichtungen das vielleicht Ungewöhnliche möglich machten.

2. Während eines Interviews, das Kinder in einem Altenheim zum Thema „Wenn Menschen älter werden" führten, erzählten viele ältere Menschen von ihren früheren Berufen. Ein Mann war Schreiner und berichtete von den vielen Tischen, Stühlen und Türen, Schränken und Hütten, die er im Laufe seines Lebens hergestellt und repariert hatte. Ein anderer Mann ließ die Kinder von seiner Arbeit als Gärtnermeister wissen, was er alles an Gartenpflege früher gemacht habe, welche Bäume sich zum Klettern gut eignen würden, welche Blumen die schönsten Blüten entwickelten und wie Teiche angelegt würden. Eine Frau schwärmte von ihrer Kinder- und Jugendzeit, als Schafwolle noch gesponnen wurde und daraus bestimmte Kleidungsstücke gestrickt wurden.

Den ErzieherInnen fiel auf, welche Faszination die Berichte auf die Kinder ausübten. Als sie wieder im Kindergarten waren und sich noch einmal die Cassettenaufnahmen anhörten, kamen sie gemeinsam auf die Idee, einen der Männer und die Frau zu fragen, ob sie nicht Lust hätten, in den Kindergarten zu kommen, um auch hier regelmäßig mit den Kindern etwas zu machen. Eine Teichanlage wäre schon was Tolles, und ein Baumhaus wäre noch besser. Außerdem interessierten sich die Kinder fürs Spinnen, und sie wußten noch, daß die Frau ein echtes Spinnrad in ihrem Zimmer stehen hatte.

Durch diese ersten Kontakte und die neuen Ideen gehörten die beiden alten Menschen bald zum festen MitarbeiterInnenstamm. (Übrigens: Wer hier die Vermutung hat, auf diese Art und Weise sollten Planstellen eingespart werden, irrt! Darum ging es überhaupt nicht. Vielmehr hatten die älteren Menschen Kompetenzen, Zeit und Interesse, bestimmte Tage regelmäßig mit den Kindern zu verbringen.)

Es ist eine bedauerliche Tatsache, daß es viele ältere und jüngere, behinderte und nichtbehinderte Menschen gibt, die ihre fachlichen Fähigkeiten aus bestimmten Gründen zwar besitzen, diese aber gewissermaßen brachliegen. Auf der anderen Seite wird in der Pädagogik viel von „zerteilten Welten" gesprochen, ohne einmal zu schauen, wie Aufteilungen wieder zusammengeführt werden können. Die beiden Beispiele machen es deutlich!

Wenn dann auch noch die „Chemie", also die Beziehungsebene als stimmig erlebt wird, stellt sich die Frage, warum nicht beide Seiten persönlich davon profitieren können. Damit würde das Thema „Alt und Jung" oder „behinderte und nichtbehinderte Menschen" nicht zu einem „pädagogischen Spot" abrutschen. Oder das Thema „Wir besuchen eine Schreinerei" würde gleichfalls nicht zu einem eintägigen Besuch verkümmern.

Generations- und gruppen- übergreifendes Lernen

Generations- oder gruppenübergreifendes Lernen bietet außerordentlich viele Möglichkeiten, in realen Sinnzusammenhängen

Kontakte zu knüpfen und sie im Interesse aller zu festen Beziehungspartnerschaften auszubauen.

Die ErzieherInnen, die sich zusammen mit den Kindern auf solche „Wagnisse" einlassen, berichten übereinstimmend, daß es größtenteils nur positive Erfahrungen gibt, zumal gerade ältere Menschen Verhaltensweisen zeigten, die sie selbst an ihnen bewundert haben. Ältere Menschen hätten überwiegend ein hohes Maß an Geduld, Kindern immer wieder bestimmte Dinge zu erklären, ihnen zuzuhören und gemeinsam mit ihnen Dinge zu versuchen, etwas ganz Bestimmtes hinzubekommen. Und vor allem: Sie besäßen das Wissen um wirklich handwerkliche Fähigkeiten.

Öffentlichkeitsarbeit wird dabei nicht initiiert; sie geschieht aus einer Überzeugung heraus, daß gewohnte Grenzen leicht überschritten werden können und zum Wohle der Beteiligten dienen.

6.1.12 Elternfragebogen

Kindertagesstätten und andere sozial-pädagogische Einrichtungen sind in starkem Maße auf die Zusammenarbeit mit Eltern angewiesen. Eltern zeigen in unterschiedlicher Intensität ihren Wunsch nach Zusammenarbeit. Die einen geben den ErzieherInnen schnell und unvermittelt eine Rückmeldung, was ihnen an bzw. in der Kindergarten- oder -tagesstättenarbeit mißfällt oder gefällt, andere wiederum halten sich mit positiver und negativer Kritik zurück und machen vielleicht in einem Gedankenaustausch mit anderen Eltern oder Nachbarn ihre „persönliche Öffentlichkeitsarbeit". So kann es passieren, daß ErzieherInnen oder Fachkräfte in der Primarpädagogik plötzlich von einer Meinungsbildung überrascht bzw. überrollt werden und urplötzlich Schläge einstecken müssen. Die Frage: „Warum haben Sie mir das denn nicht schon früher gesagt?" ist zeitlich leider zu spät gestellt. Sicherlich bieten die MitarbeiterInnen zu vielen Gelegenheiten die Chance, daß Eltern mit ihnen ins Gespräch kommen können. Auf der anderen Seite sind es manchmal Situationen, die es trotz einer Notwendigkeit ad hoc nicht zulassen, sich über ein aktuelles Problem zu unterhalten.

Funktion eines Elternfragebogens

Elternfragebögen haben dabei unterschiedliche Funktionen:
- Eltern können sich das „von der Seele schreiben", was sie denken und fühlen. Sie erhalten mit dem Fragebogen die Möglichkeit, ihren eigenen Gedanken offen und ehrlich freien Lauf zu lassen.
- Eltern sorgen mit dem Fragebogen dafür, daß sich in der Arbeit etwas ändern kann, weil sie Wünsche und Hoffnungen öffentlich machen.
- Eltern erfahren durch die Fragebögen eine Form der aktiven Mitarbeit. Hier kommt zum Ausdruck, daß nicht die ErzieherInnen die „Alleinbestimmer" sind, sondern die Anregungen von Eltern mit offenen Ohren aufgenommen werden.
- ErzieherInnen erhalten einen Eindruck, wie Eltern im allgemeinen und besonderen (Häufigkeit bestimmter Aussagen) über die Einrichtung denken, was sie ärgert und freut, ängstigt oder traurig macht.
- ErzieherInnen können mit Hilfe der Elternantworten ihre Arbeit besser reflektieren und Veränderungen einleiten, wenn es ihre Fachlichkeit zuläßt und im Sinne einer kindorientierten Pädagogik hilfreich erscheint.

Aspekte eines Elternfragebogens

Der Elternfragebogen bezieht sich dabei auf folgende Bereiche:
- auf den **wertschätzenden Umgang mit dem Kind**;
- auf den **wertschätzenden Umgang mit den Eltern**;
- auf den **wertschätzenden Umgang der MitarbeiterInnen untereinander**;
- auf die **Qualität der Arbeit**.

Die in dem folgenden Fragebogen enthaltenen Merkmale können dabei selbstverständlich verändert werden.

Zunächst werden Eltern auf der Fragebogenvorderseite kurz über das Vorhaben informiert. So könnte beispielsweise der Ansprechtext wie folgt lauten:

Beispiel eines Anschreibens

Liebe Mütter, liebe Väter,

vor sich halten Sie einen Fragebogen, der von uns MitarbeiterInnen an Sie weitergegeben wurde.

Sie und Ihr Kind sind seit einiger Zeit Gäste unseres Kindergartens. Sie haben uns und unsere Arbeit kennengelernt und sich ein Bild von unserer Einrichtung gemacht. Manches mag dabei für Sie sehr erfreulich sein, einiges konnte/kann aber vielleicht auch Ihre Kritik hervorrufen/hervorgerufen haben.

Wir möchten gerne mit Hilfe des Fragebogens, der an alle Eltern/teile ausgehändigt wurde, in Erfahrung bringen, wie es Ihnen/Ihrem Kind gefällt, bei uns zu sein.

Wir bitten Sie daher, den Fragebogen auszufüllen und in den weißen Karton im Eingangsbereich des Kindergartens bis zum ... einzuwerfen. Wenn Sie möchten, können Sie Ihren Namen auf den Fragebogen eintragen. Die Entscheidung überlassen wir Ihnen gerne, denn auch „anonyme" Angaben werden genauso ausgewertet und beachtet.

Schon jetzt danken wir Ihnen für Ihre ehrlichen Antworten.

Das Kindergartenteam ...

Der Fragebogen kann den Eltern persönlich durch die Erzieherin oder die Leiterin bzw. den Leiter übergeben werden.

Ebenso kann der Fragebogen bei einem Gruppen- oder Gesamtelternabend an die Eltern ausgehändigt und gleich bei der Ausgabe ausgefüllt werden.

(Bei der Mitnahme des Fragebogens nach Hause besteht die Gefahr, daß viele Eltern das Ausfüllen und Abgeben möglicherweise vergessen. Und damit wäre ein Ergebnis leider stark eingeschränkt.)

Beispiel eines Elternfragebogens

a) Mein/unser Kind kommt überwiegend gerne in den Kindergarten.
trifft zu () trifft meistens zu ()
trifft überwiegend nicht zu () trifft nicht zu ()

b) Die Interessen meines/unseres Kindes werden beachtet.
trifft zu () trifft meistens zu ()
trifft überwiegend nicht zu () trifft nicht zu ()

c) Mein/unser Kind erzählt zu Hause oft Angenehmes über den Kindergarten.

trifft zu () trifft meistens zu ()
trifft überwiegend nicht zu () trifft nicht zu ()

d) Mein/unser Kind ist fröhlich und zufrieden, wenn es aus dem Kindergarten kommt.
trifft zu () trifft meistens zu ()
trifft überwiegend nicht zu () trifft nicht zu ()

e) Mein/unser Kind hat sich durch den Besuch des Kindergartens insgesamt gut entwickelt.
trifft zu () trifft meistens zu ()
trifft überwiegend nicht zu () trifft nicht zu ()

f) Ich bin/wir sind als Eltern zufrieden und froh, unser/mein Kind in diesem Kindergarten untergebracht zu haben.
trifft zu () trifft eher zu ()
trifft eher nicht zu () trifft nicht zu ()

g) Ich bin/wir sind als Eltern mit der pädagogischen Arbeit zufrieden.
trifft zu () trifft meistens zu ()
trifft überwiegend nicht zu () trifft nicht zu ()

h) Ich werde/wir werden als Eltern von den MitarbeiterInnen ernstgenommen und wertgeschätzt.
trifft zu () trifft meistens zu ()
trifft überwiegend nicht zu () trifft nicht zu ()

i) Die MitarbeiterInnen sind uns Eltern gegenüber ehrlich und an uns interessiert.
trifft zu () trifft meistens zu ()
trifft überwiegend nicht zu () trifft nicht zu ()

j) Die MitarbeiterInnen sind in ihrer pädagogischen Arbeit engagiert, aktiv und kompetent.
trifft zu () trifft meistens zu ()
trifft überwiegend nicht zu () trifft nicht zu ()

k) Das Arbeitsklima im Kindergarten ist meiner/unserer Einschätzung nach gut.
trifft zu () trifft meistens zu ()
trifft überwiegend nicht zu () trifft nicht zu ()

l) Ich kann/wir können als Eltern jederzeit Kritik äußern, wenn mir/uns etwas nicht gefällt.
trifft zu () trifft meistens zu ()
trifft überwiegend nicht zu () trifft nicht zu ()

m) Die MitarbeiterInnen können gut mit Kritik umgehen.
trifft zu () trifft meistens zu ()
trifft überwiegend nicht zu () trifft nicht zu ()

n) Die MitarbeiterInnen haben für meine/unsere Fragen und Sorgen, Anregungen und Wünsche ein offenes Ohr.
trifft zu () trifft meistens zu ()
trifft überwiegend nicht zu () trifft nicht zu ()

o) Wenn ich/wir nochmals die Entscheidung hätte(n), unser/mein Kind in diesen Kindergarten zu geben, würden wir es wieder gerne tun.
trifft zu () trifft eher zu ()
trifft eher nicht zu () trifft nicht zu ()

p) Wenn ich/wir drei Wünsche frei hätte(n), was wäre das?
* ....
* ....
* ....

q) Was ich immer schon einmal sagen wollte:
....
....
....
....

Sie haben die Arbeit auf sich genommen, diesen Fragebogen auszufüllen. Dafür danken wir Ihnen nochmals.
Nun bitten wir Sie um folgendes:
Falten Sie diesen Bogen, und stecken Sie ihn bitte in einen Briefumschlag.
Bringen Sie diesen Fragebogen zum Kindergarten mit, und werfen Sie ihn dann in den dafür vorgesehenen weißen Karton im Eingangsbereich.

Auswertung Die Auswertung des Fragebogens nehmen die ErzieherInnen vor. Die Häufigkeiten der entsprechenden Antworten geben einen guten Einblick in die Einschätzung der Eltern.

Da sie es waren, die die Fragebögen ausgefüllt haben, sollten sie unbedingt an dem Ergebnis der Auswertung beteiligt werden.

Es bietet sich an, die Gesamtauswertung auf ein großes Plakat zu übertragen und einen Gesamtelternabend mit dem Schwerpunktthema „Der Kindergarten im Mittelpunkt – so schätzen uns die Eltern ein" durchzuführen.

Dabei können bzw. müssen alle Ergebnisse thematisiert werden, um eine gute Kindergartenarbeit noch besser zu machen.

6.2 Eigene Publikationen

6.2.1 Einrichtungskonzeptionen

Eine der qualitativ bedeutsamsten Dokumentationen der Kindergarten-, Kindertagesstätten- oder Hortarbeit ist sicherlich die Einrichtungskonzeption. Sie enthält eine genaue inhaltliche Beschreibung aller Schwerpunkte, die die Tätigkeit der MitarbeiterInnen in dieser Institution wiedergibt. Eine Konzeption ist wie ein Spiegelbild der Realität und verzichtet, im Gegensatz zu einem Konzept, auf bloße Absichtserklärungen. Dabei ist jede Konzeption von den MitarbeiterInnen individuell erarbeitet und trifft in ihrer Besonderheit nur für diese spezifische Einrichtung zu.

Sie dient der Verdeutlichung des eigenständigen Profils und macht diese Institution unverwechselbar im Vergleich mit anderen Häusern.

Da eine Konzeption von allen MitarbeiterInnen erarbeitet wurde, ist sie auch für alle verbindlich. Das gilt auch für MitarbeiterInnen, die später einmal ihre Arbeit dort aufnehmen.

Eine Konzeption enthält viele Beispiele aus der Praxis, so daß sich Personen, die sich mit den Inhalten auseinandersetzen, ein tatsächliches Bild von der Arbeitsweise, den Arbeitsansätzen und der Haltung und Einstellung der MitarbeiterInnen zu bedeutsamen pädagogischen Fragen machen können.

Konzeptionen enthalten eindeutige, klare Aussagen und schaffen damit ein hohes Maß an Transparenz. Sie haben solange Gültigkeit, bis es für die MitarbeiterInnen notwendig erscheint, die gesamte Konzeption oder Teile daraus zu überarbeiten.

Die Konzeption als Voraussetzung für Öffentlichkeitsarbeit

Konzeptionen sind in die Dienstverträge mit aufgenommen und verpflichten die MitarbeiterInnen, getroffene Aussagen einzuhalten. Schon die Erarbeitung einer Konzeption schafft – ähnlich wie ein Teamtraining oder eine qualifizierte supervidierende Arbeit – die Grundlage dafür, ein Fundament für Öffentlichkeitsarbeit zu setzen, weil sie

- zur intensiven, inhaltlichen Auseinandersetzung zwingt;
- einrichtungsinterne, strukturelle und personenbezogene Störungen und Schwächen aufdeckt;
- Konflikte auf den Punkt bringt;
- deutliche Stellungnahmen und Standpunktsetzungen erforderlich macht;

- getroffene Aussagen mit Begründungen untermauert;
- Klarheiten in bestimmten Fragestellungen fordert;
- Entscheidungen notwendig und Abgrenzungen erforderlich macht;
- das Profil der MitarbeiterInnen und der Einrichtung schärft;
- die Elementar- und Primarpädagogik in ihrer jeweiligen Eigenständigkeit hervorhebt;
- Pädagogik vor Ort faßbar macht.

Aspekte einer Einrichtungskonzeption

Mit der Konzeptionserarbeitung bekommt die Einrichtung gewissermaßen eine „eigene Handschrift", so daß sich die Öffentlichkeit thematisch qualifiziert mit den Schwerpunkten und Sichtweisen der MitarbeiterInnen auseinandersetzen kann. Das geht allerdings nur, wenn auch alle Aufgabenbereiche berücksichtigt wurden:
- der gesetzliche Auftrag in den drei Bereichen: Erziehung, Bildung und Betreuung;
- Vorstellung des pädagogischen Ansatzes;
- (bei konfessionellen Trägern) das besondere Verständnis der Religionspädagogik;
- Beschreibung des Anspruches, Kinder zum Ausgangspunkt der pädagogischen Arbeit zu machen;
- Nennung und Ausführung besonderer Arbeitsschwerpunkte;
- Bedeutung und Stellenwert des Spiel(en)s;
- Ausführungen zum Selbstverständnis des Berufsbildes „Erzieherin";
- Zusammenarbeit der MitarbeiterInnen (Teamarbeit);
- Aufgaben und Formen der Zusammenarbeit mit Eltern;
- Zusammenarbeit mit dem Träger;
- Zusammenarbeit mit Fachdiensten und externen Institutionen;
- Aufgabe und Formen der Öffentlichkeitsarbeit;
- Verständnis zur Anleitung und Beratung von PraktikantInnen;
- Bedeutung der Fort-, Weiter- und Zusatzausbildungen für die MitarbeiterInnen;
- besondere Rahmenbedingungen der Einrichtung/Arbeit;
- Übersicht der aktuell gebrauchten Fachliteratur.

Vor- und Nachwort

Konzeptionen haben – ähnlich wie ein Fachbuch – ein ansprechendes Vorwort und ein Nachwort; damit soll gewährleistet sein, daß sich die Leserinnen und Leser zunächst persönlich angesprochen fühlen und eine kurze Einführung in das Heft erhalten. Im Nachwort können Wünsche an die Leserinnen und Leser gerichtet und es kann zur konstruktiven Diskussion aufgerufen werden.

Konzeptionen tragen die Unterschriften der MitarbeiterInnen und die Siegelung des Trägers (meistens auf der letzten Innenseite) sowie die Unterschriften des Eltern(bei)rates.

Zielgruppe einer Konzeption

Konzeptionen werden im Sinne der Öffentlichkeitsarbeit an folgende Personen und Personengruppen bzw. Einrichtungen weitergegeben, an:
- Eltern der Kinder, die zur Zeit die Institution besuchen;
- Eltern zukünftiger „Einrichtungskinder";
- Beratungsstellen, ÄrztInnen und TherapeutInnen, die mit dem Haus mittelbar oder unmittelbar in Beziehung stehen;
- Grund- und weiterführende Schulen im Einzugsbereich;
- Jugendämter;
- benachbarte Kindertageseinrichtungen;
- den Träger/Vorstand;
- VertreterInnen der politischen Gemeinde;
- Ausbildungsschulen (Fach-hoch-schulen);
- alle anderen interessierten Personen.

Ziele einer Konzeption

Sie gewähren einen Einblick in den Kindergarten, die Kindertagesstätte und den Hort und tragen dazu bei, daß die Pädagogik
- überprüfbar,
- kontrollierbar und
- nachvollziehbar wird.

So können sich vor allem auch Eltern im Vorfeld über das Selbstverständnis dieser Einrichtung informieren und sie mit anderen Einrichtungen und Konzeptionen vergleichen.

PraktikantInnen erhalten ein klares Bild von ihrer neuen Institution, und BewerberInnen haben die Chance, schon vor einem Vorstellungsgespräch ihren neuen Arbeitsplatz – wenn auch „nur" in schriftlicher Form – kennenzulernen.

Sponsoren nutzen die Konzeption gerne dafür, das eindeutige Profil des Hauses zu erkennen, und der Träger weiß die tatsächliche Qualität der Arbeit einzuschätzen.

Gestaltung einer Konzeption

Eine Konzeption ist die „Visitenkarte" der Einrichtung. Um diesem hohen Anspruch gerecht zu werden, müssen die Gesamtgestaltung und das Layout qualitativ hochwertig sein. Es gibt die Möglichkeit, eine Konzeption selbst mit dem PC zu drucken oder einer Druckerei den Auftrag zu erteilen. Daß vorher Angebote eingeholt und Preisvergleiche angestellt werden, ist selbstverständlich. Dabei sollte nicht von Anfang ausgeschlossen werden, eventuell einen Sponsor zu finden, der die Druckkosten (mit)trägt und dafür als Gegenleistung – falls gewünscht – das Recht eingeräumt bekommt, kurz auf der Konzeptionsinnenseite genannt zu werden. (Textvorschlag: „Diese Konzeption konnte durch die finanzielle Unterstützung der Firma ... gedruckt werden.")

6.2.2 Präsentationsmappen

MitarbeiterInnen und LeiterInnen sozial-pädagogischer Einrichtungen haben viele Gelegenheiten, sich bzw. die Einrichtung vorzustellen; beispielsweise bei

– der Neueröffnung von Arztpraxen oder (psycho-)therapeutischen Praxen,
– der Vorstellung der Einrichtung in Beratungsstellen,
– dem Einstieg in neue Arbeitskreise,
– der Vorstellung der Einrichtung nach der Wahl eines neuen (Kirchen-)Vorstandes,
– der Kontaktaufnahme mit möglichen Sponsoren,
– dem Besuch von Weiter- und Zusatzausbildungsseminaren,
– einer Einladung zur Neueröffnung benachbarter Geschäfte,
– Besuchen von KollegInnen aus anderen Einrichtungen,
– der Werbung um Sach- oder Geldspenden,
– der Suche nach Ausstellungsräumen,
– der persönlichen Vorstellung bzw. Einrichtungsvorstellung in Fachschulen und -akademien,
– einer Pressekonferenz,
– Bewerbungsgesprächen.

Auf der einen Seite ist es denkbar, daß die Vorstellung nur mündlich geschieht nach dem Motto: „Ich heiße ..., komme aus der Kindertagesstätte ... und möchte ..." Das ist nicht nur unprofessionell, sondern auch oftmals schädlich für die Sache, um die es geht.

Auf der anderen Seite können Einrichtungen ihre besondere Visitenkarte, ihre Präsentationsmappe bei der Vorstellung überreichen und darauf hinweisen, daß eine tiefere Beschäftigung mit der Einrichtung sicherlich anhand dieser Unterlagen gut möglich ist.

Gestaltung einer Präsentationsmappe

Was ist nun eine Präsentationsmappe, und was enthält sie? Meist ist es ein aufklappbarer Hefter mit zwei oder mehreren Innentaschen. Auf dem Cover (also der vorderen Außenseite) ist der Name der Einrichtung mit dem einrichtungsspezifischen Logo gedruckt. Auf der Rückseite finden sich die Anschrift, die Telefonnummer und gegebenenfalls die Fax-Angabe.

Die Präsentationsmappe selbst enthält dann eine Personenleiste aller MitarbeiterInnen, wobei neben dem Namen der Person, die diese Mappe übergibt, ein sauber gesetztes Kreuz eingezeichnet sein kann. Zusätzlich befinden sich die Konzeption, die Kindergarten-, Tagesstätten- oder Hortordnung sowie – wenn möglich – auch eine Visitenkarte im Innenraum. Da Präsentationsmappen Innentaschen besitzen, können die eingelegten Dokumente nicht herausfallen.

Einrichtungen, die schon bisher eine qualifizierte Pressearbeit vorweisen können, haben die zusätzliche Möglichkeit, saubere Fotokopien der Presseartikel beizulegen. KollegInnen, die in Fachzeitschriften entsprechende Fachartikel publiziert haben, können auch davon Kopien anfertigen und dazuordnen.

Eine solche Präsentationsmappe drückt den „inneren Stil" einer Institution „nach außen" aus und lädt sicherlich dazu ein, sich ausführlicher mit diesen Unterlagen zu beschäftigen. Was für ein Vergleich mit einer „reinen Verbalvorstellung", bei der gesagte Worte schnell vergessen und „nur" mündlich vorgetragene Informationen und Bitten rasch wertlos werden.

6.2.3 Jahresbericht

Kindergärten, Tagesstätten und Horte sind Orte mit vielen Aktivitäten, Projekten und Aktionen. Wer sich einmal die Mühe gemacht hat, sich an die unterschiedlichen Ereignisse eines Zeitjahres zurückzuerinnern, wird erst im Austausch mit KollegInnen merken, daß schon einige Eindrücke vergessen wurden.

Leichter ist es da, wenn MitarbeiterInnen einen Blick in ihr pädagogisches Tagebuch werfen. Darin sind für jeden Tag kleine und große Ereignisse kurz skizziert, so daß in einem Rückblick wieder viele Erinnerungen zurückkommen.

Inhalte eines Jahresberichts

Jahresberichte sind Jahresrückblicke. In ihnen werden bedeutsame Situationen beschrieben, die das Leben in der Einrichtung geprägt haben:
- die Anzahl der Gruppen- und Gesamtelternabende (mit besonderer Hervorhebung der jeweiligen Themen);
- Projekte, die mit Kindern erarbeitet wurden;
- Feste, an die man sich gerne zurückerinnert;
- besondere Besuche von KollegInnen;
- Besuche von Arbeitskreisen;
- thematische Aktionen, die in der Einrichtung gelaufen sind;
- Presseartikel, die etwas über die Arbeit der Einrichtung berichtet haben;
- Umgestaltung von Räumen oder des Außengeländes;
- besondere politische Ereignisse, die Auswirkungen auf die Pädagogik hatten;
- die Aufnahme und Verabschiedung von PraktikantInnen;
- Neueinstellung von MitarbeiterInnen im pädagogischen und technischen Bereich;
- das Ausscheiden von MitarbeiterInnen;
- besonders bedeutsame Fort- und Weiterbildungsveranstaltungen, die MitarbeiterInnen besucht haben;
- die Erarbeitung bzw. Überarbeitung der pädagogischen Einrichtungskonzeption;
- durchgeführte Elternseminare;
- Verabschiedung der Kinder, die zur Grundschule gegangen sind;
- Aufnahme der neuen Kinder;
- Eingänge von Spendengeldern oder Sponsorenmitteln;
- Aufnahme neuer Kontakte (z. B. zu externen TherapeutInnen ...).

Diese und sicherlich noch viele weitere Punkte können dabei in einem Jahresbericht erwähnt werden.

Auf den ersten Blick mag es sich so anhören, als sei ein Jahresbericht ein „dickes Buch" mit unendlich vielen Informationen. Das ist aber nur zum Teil richtig. Zwar werden viele Informationen gegeben, doch ist die jeweilige Informationsdarstellung eher kurz. Hier zählt der Ausspruch: „Quantität in Kürze und Qualität als Würze." Ein Jahresbericht umfaßt in der Regel nur 10 bis

15 Seiten – er kann auch noch kürzer gehalten werden. Wichtig ist, daß LeserInnen einen Überblick über das vergangene Jahr erhalten.

Erinnern wir uns noch einmal an übliche Bewertungen über Kindergärten, Tagesstätten und Horte, in denen überwiegend zum Ausdruck kommt: „Die machen ja nichts! Außer, daß sie mit Kindern spielen und sprechen!"

Qualitätsorientierte Darstellung

Jahresberichte leben – wie alle anderen Dokumentationen auch – von einer qualitätsorientierten Darstellung. So kann es einerseits Jahresberichte geben, die (vielleicht sogar sorglos) kopiert und an einer Ecke zusammengeklammert wurden. Auf der anderen Seite gibt es Jahresberichte, die statt dessen einen ansprechenden Pappeinband oder eine ansprechende Deckseite besitzen, deren Texte mit dem Computer sauber ausgedruckt wurden, die vielleicht Graphiken und Bilder (übertragen mit einem Scanner) im Text als „lebendige Auffrischer" aufgenommen haben und schon von der gesamten Gestaltung ansprechend wirken.

Ein Jahresbericht kann neben dem aktuellen Rückblick auch eine Perspektive enthalten, worauf im kommenden Jahr mehr Beachtung gelegt werden soll, welche Projekte anstehen könnten und welche Veränderungen in der Einrichtung bzw. der Organisation absehbar sind.

Jahresberichte werden denjenigen Personen übergeben (z. B. in einer kleinen Feier, anläßlich eines abendlichen Treffens, bei persönlichen Besuchen, mit einem Grußwort per Post übersandt), die mit der Einrichtung in Verbindung standen. Ein Jahresbericht in entsprechender Qualität hinterläßt einen Eindruck, macht den Einsatz und die Motivation der MitarbeiterInnen deutlich und unterstützt eine Professionalität der Pädagogik. Insofern sollten Jahresberichte im weiten Feld der Öffentlichkeitsarbeit nicht fehlen. Sie entsprechen den Geschäftsberichten, die jährlich von Wirtschaftsunternehmen der Öffentlichkeit vorgelegt werden.

6.2.4 Mitarbeit an Fachpublikationen/Veröffentlichungen von Fachpublikationen

Normalerweise besteht die Vorstellung, daß Bücher nur von „wissenschaftlich tätigen Frauen und Männern" geschrieben werden. Dabei hat man vielleicht das Bild vor Augen, Wissenschaftler säßen in ihren hohen „Elfenbeintürmen", forschten zu bestimmten Fragestellungen und veröffentlichten dann von Zeit zu Zeit ihre Ergebnisse. Das mag sicherlich zu früheren Zeiten einmal so gewesen sein.

Heute dagegen sind Verlage, die sich mit der Elementar- und Primarpädagogik als einem wesentlichen Schwerpunkt beschäftigen, selbstverständlich auch an AutorInnen interessiert, die aus der Praxis kommen und für die Praxis schreiben. Voraussetzung ist allerdings, daß die zukünftige Autorin bzw. der zukünftige Autor einen festumrissenen Schwerpunkt besitzt und sich in diesem gut auskennt.

Schritte für eine Fachpublikation

Ist die Idee geboren, einmal eine Publikation zu wagen, dann gibt es unterschiedliche Schritte, die an dieser Stelle kurz skizziert seien:

1. Ein guter Einstieg ist es, zunächst mit qualifizierten Artikeln in den entsprechenden Fachzeitschriften einzusteigen. Aus der Rückmeldung der Redaktionen erfährt man etwas über seinen Schreibstil und die Qualität vorgenommener Aussagen.
2. Aus diesen Erfahrungen kann begonnen werden, sich an AutorInnen zu wenden, die Publikationen veröffentlicht haben, deren inhaltliche Schwerpunkte den eigenen sehr nahe kommen. Vielleicht besteht dabei die Möglichkeit, als Co-AutorIn einen kleinen oder größeren Beitrag mitunterzubringen.
3. Ist man selbst von dem Wert einer vollständig eigenen Publikation überzeugt, geht es auf die Suche nach einem entsprechenden Verlag. Diesem wird dann ein Exposé vorgelegt, um eine Entscheidung zu bewirken, ob ein Manuskript erstellt werden kann. Natürlich kann auch schon ein Manuskript im Vorfeld fertiggestellt werden, um es dem Lektorat des möglichen Verlages vorzulegen.

Das Buch bzw. der Artikel kann in der Elternschaft und in Arbeitskreisen besonders diskutiert werden – und schon ist Öffentlichkeit hergestellt.

6.2.5 Einrichtungszeitung

„Wertgeschätzte Mütter und Väter,

immer neue Begriffe machen sich in der Kindergartenpädagogik breit. Da hören wir ErzieherInnen und Sie als Eltern von ‚Waldkindergärten', ‚ökologisch-dynamischen Kindergärten', ‚Naturkindergärten' und dem ‚Spielzeugfreien Kindergarten'. Wir fragen uns, was sich hinter diesen Namen und Begriffen verbirgt, welche Pädagogik das gemeinsame Leben und Lernen von Klein und Groß prägt. Sicherlich kann eine Grundaussage gemacht werden: Es geht um die Sensibilisierung der Sinne, der Seele für Natur und Umwelt, für die Schöpfung. Ein hoher und zweifelsfrei begrüßenswerter Anspruch. Aber wie sieht es eigentlich ‚heute' aus? In einer Zeit, in der die Kinder im Kindergartenalter zum Beispiel bereits die Malediven, Gran Canaria oder Mallorca weitaus besser kennen als die Wälder im Umland ihres Heimatortes, in denen PädagogInnen achselzuckend Kinderfragen gegenüberstehen, wenn es lediglich um den Unterschied zwischen Hasen und Kaninchen geht. Selbstredend, daß dieselben Kinder Begriffe wie Tyrannosaurus, Labeosaurus und Pteranodon sicher handhaben. Ein Zeitzeichen?

In einer Zeit, in der jede(r) verantwortungsvolle(r) Pädagoge/in Umwelt- und Verantwortungsbewußtsein auf die Fahne ihrer/seiner Arbeit schreibt, fallen oft naheliegende Dinge unter den Tisch, wie z. B. die Unterscheidung von Erle und Esche oder Informationen über die Lebensgewohnheiten heimischer Tiere. Wir sind mit Grundsatzfragen konfrontiert.

Weder an den Fachschulen für Sozialpädagogik noch an der Uni gibt es meines Wissens Fächer, die sich mit der Sensibilisierung von Kindern – im Hinblick auf eine Verantwortung für die Natur – für die heutige und morgige Welt auseinandersetzen.

Aber selbst wenn es diese Angebote gäbe, wagte ich laut zu bezweifeln, daß solche erwähnten Ziele erreicht würden. Wer sensibilisieren will, der muß selbst sensibel sein, muß selbst staunen können, beispielsweise im Hinblick auf die Großartigkeit der Schöpfung und auf die staunenswerten Zusammenhänge in der Natur.

Warum dieser kleine Exkurs, der noch nicht ganz abgeschlossen werden kann?

Wir haben hier im Kindergarten einen großen Schatz – ein einzigartiges Gelände mit über 18 verschiedenen Baum- und Straucharten, vielen wilden und zahmen Tieren, einen richtigen Abenteuergarten, in dem es sich noch träumen läßt, und ich denke auch eine Konzeption, die genau hier ansetzt und von den KollegInnen mit Inhalt gefüllt wird.

Da macht es nachdenklich, wenn einzelne Elternteile meinen, ihr Kind sei unterfordert, nur weil wir keine Vorschularbeit machen. Sie sind herzlich eingeladen, bei uns zu hospitieren.

Da tut es gut, wenn ein Besucher dieses Kindergartens, ein erwachsener Mensch, bei einem kurzen Vorbeischauen Kinderspiele und Phantasien aktiv begleitet und mit Kindern durch den wilden Garten galoppiert, um sich schließlich am großen Holztor über Lebensgewohnheiten und Futterversorgung von Pferden zu unterhalten.

Ich meine, wir sollten uns öfter einmal die Zeit nehmen, in aller Stille zu beobachten, mit Kindern wirklich leben, mit ihnen hoffen, lachen und trauern, ausgelassen und albern sein, getreu dem Motto: ‚Hier bin ich

Kind – und kein vortrainierter, kleiner Erwachsener – hier darf ich es sein.'

Ich wünsche Ihnen auch im Namen der KollegInnen des Kindergartens eine gute Zeit. Gerne lade ich Sie ein, auch dieses Mal wieder in unsere Kindergartenzeitschrift zu schauen.

Viel Freude beim Lesen,   Ihr M ... M ..., Leiter

(Der Text erschien in leicht veränderter Form in der Kindergartenzeitung „Der Marienkäfer. Zeitung für den Kindergarten St. Marien und Alte Kreissparkasse, Heft 44, Osterausgabe 1997.)

Schon seit vielen Jahren gibt die oben genannte Einrichtung ihre Kindergartenzeitschrift heraus, die von Eltern, MitarbeiterInnen und einer umfeldorientierten Öffentlichkeit stets mit großem Interesse gelesen wird.

Ging es Ihnen nicht auch so, daß Sie die Einführungsgedanken des Leiters gerne gelesen haben? Was ist das Besondere an diesem Text?

Es fällt auf, daß – in diesem Fall – der Leiter sehr persönliche Gedanken äußert und niederschreibt. Es sind keine abgedroschenen Worte, es sind Sätze voller Engagement und Offenheit.

LeserInnen merken, daß die Sätze eng verbunden sind mit dem wirklichen Fühlen des Schreibers, mit dem, was ihn beschäftigt und was gleichzeitig mit der Pädagogik des Kindergartens zu tun hat. Dabei spricht er sich klar und deutlich für einen wertschätzenden Umgang mit Kindern aus und bietet allen LeserInnen die Möglichkeit, sich auf seine Gedanken einzulassen.

Themen einer Einrichtungszeitung

Eine Einrichtungszeitung gibt MitarbeiterInnen, Eltern, Kindern und Personen, die dem Kindergarten verbunden sind, ein Forum, sich zu Wort zu melden. So ist eine solche Zeitung inhaltlich bunt und vielseitig. Sie gibt einen Einblick in das Leben des Hauses und greift z. B. folgende Themen auf:

– Berichte von PraktikantInnen, wie sie ihre Zeit in der Einrichtung erlebt haben;
– Berichte aus den Gruppen;
– Berichte über aktuelle Projekte;
– Vorstellung der zur Zeit aktuellen Kinderlieder und Lieblingsbilderbücher;
– gestreute Gedichte und Zitate, die zu jeweiligen Themenschwerpunkten inhaltlich passen;
– Berichte über Eltern(bei)ratsversammlungen, von Elternversammlungen;

- Terminnennungen (für Elternabende, Feste, gemeinsame Arbeitstage, mögliche Schließzeiten wegen teaminterner Fortbildung);
- Buchvorstellungen (Rezensionen);
- Nennung der neu angeschafften Bücher für die MitarbeiterInnen-/Elternbücherei;
- Erwähnung besonderer Vorkommnisse;
- „wahre Geschichten, die das Leben schreibt": Kindererlebnisse und Erlebnisse mit Kindern.

Erscheinungs- Kindergarten-, Tagesstätten- oder Hortzeitungen erscheinen in
weise der Regel viertel- oder halbjährlich. Dabei gibt es Einrichtungen, die ihre Zeitungen kostenfrei an Eltern und andere Interessierte weitergeben, andere verkaufen sie für einen „symbolischen" Preis von 50 Pfennig. Es kann und soll an dieser Stelle nicht grundsätzlich gesagt werden, ob das eine oder andere besser bzw. schlechter ist. Dazu sind die Erfahrungen der Einrichtungen zu unterschiedlich.

So berichtete z. B. eine Kindertagesstätte, daß die mit viel Liebe und Mühe erstellten Zeitungen oftmals achtlos in der Einrichtung herumlagen. Eltern hatten sie aus der Hand gelegt und beim Verlassen der Einrichtung vergessen, oder vielleicht wollten sie sich dieses „unnötigen Papierkrams" entledigen. Kurzum: Die MitarbeiterInnen entschlossen sich daraufhin, ihre Zeitungen ab der nächsten Ausgabe gegen ein Entgelt von 50 Pfennig abzugeben. Einige MitarbeiterInnen protestierten zwar, mit der Befürchtung, dann kaufe doch keiner mehr ihre Zeitung, schlossen sich schließlich aber der Mehrheitsentscheidung an. Was war der Erfolg? Eltern fragten kurz vor dem Erscheinungsdatum des öfteren nach, ob denn schon die nächste Ausgabe zu erhalten sei. Sie hätten durch die Ankündigung (Handzettel) erfahren, daß die Zeitung nun nicht mehr kostenfrei abgegeben werde, und dachten sich, daß sie nun nur noch auf Anfragen zu bekommen sei. Der Verkauf der Zeitungen lief gut, und keine Ausgabe blieb an irgendeiner Stelle in der Kindertagesstätte liegen.
In einem Hort war genau das Gegenteil des ersten Beispiels zu erfahren. Nachdem sich die MitarbeiterInnen dort ebenfalls entschlossen hatten, die Zeitung nur noch gegen einen symbolischen Preis abzugeben, blieben sie auf ihren Ausgaben sitzen. Nur wenige Eltern waren bereit, dafür Geld auszugeben. Die Preisbindung wurde daraufhin aufgehoben und die Zeitung wieder kostenlos an Eltern ausgehändigt.

Formen der Öffentlichkeitsarbeit

Kriterien der Preisgestaltung

Es kommt auf viele Faktoren an, wenn es um die Entscheidung geht, einen finanziellen Kleinbetrag zu fordern oder nicht. Folgende Kriterien können bei der Diskussion von Vorteil sein:

Eltern:
- Lesefreude der Eltern: vermutlich vorhanden oder nicht?
- Interesse der Eltern an der Kindergarten/Kindertagesstätten-/Hortarbeit: eher ja oder eher nein?
- Beziehung der Eltern zur Einrichtung: eher stark oder eher schwach?

Zeitung:
- Ansprechendes Layout: eher ja – eher nein?
- interessante Artikel/Beiträge in jeder Ausgabe: eher ja oder eher nein?
- Übersichtliche Gestaltung der Zeitung: eher ja oder eher nein?

Erscheinungsweise:
- regelmäßig (mit festen Daten!) oder in unregelmäßigen Abständen?

Fazit: Wenn die Lesefreude vieler Eltern eher vorhanden ist, die Eltern ein Interesse an der Arbeit dieser Einrichtung haben und eine grundsätzlich positive Beziehung zur Institution besteht, gleichzeitig die Zeitung ansprechend und übersichtlich gestaltet ist und für Eltern interessante Beiträge enthält, schließlich die Zeitung regelmäßig erscheint und daher sicher erwartet werden kann, ist eher damit zu rechnen, daß Eltern bereit sind, die Zeitung zu kaufen, als wenn das Gegenteil der Kriterien zutreffen sollte.

Die Frage der Kosten ist dabei nicht wesentlich: 50 Pfennig pro Viertel- oder Halbjahr kann jedes Elternteil aufbringen!

Wenn aus diesem Grunde die Zeitung keine Käufer findet, liegt es mit Sicherheit nicht am Geld, sondern an anderen Faktoren. Bevor möglicherweise den Eltern der „Schwarze Peter" zugeschoben wird, gilt es, als erstes zu schauen, wie hoch der *tatsächliche Attraktivitätsgrad der Zeitung* ist. Denn schließlich heißt es nicht ohne Grund: „Was gut ist, wird gekauft, was schlecht ist, bleibt liegen." Und: „Alles Gute hat seinen bezahlbaren Preis!"

Namensgebung

Jede Zeitung hat einen Namen. Daher ist es sicherlich auch zu begrüßen, wenn Einrichtungszeitungen nicht anonym sind. Der Namensgebung sind dabei keine Grenzen gesetzt. Meistens tragen sie

die tatsächlichen Bezeichnungen der Einrichtungen, etwa „Kindergartenzeitung Waynerstraße" oder „Zeitung der Kindertagesstätte St. Peter". Dann gibt es Einrichtungen, die andere Titel gewählt haben, wie etwa:
- „Der aktuelle Nachrichtenreport – Neues aus dem Kindergarten"
- „Kindergarten aktuell"
- „Der rasende Reporter – Aktuelles aus der Kindertagesstätte".

Sicherlich ist es eine gute Idee, wenn bei der Herausgabe einer Einrichtungszeitung auch die Eltern und Kinder an der Namensgebung beteiligt werden. Das kann z. B. durch ein Preisausschreiben unterstützt werden. Beim Vorliegen der Einsendungen haben dann alle Beteiligten die Möglichkeit, sich für den besten Vorschlag zu entscheiden.

Einrichtungszeitungen müssen nicht nur von den pädagogischen MitarbeiterInnen konzipiert und gestaltet werden! Vielmehr besteht in vielen Fällen der „Redaktionsarbeit" aus ErzieherInnen und Eltern. Im Hort sind selbstverständlich auch Kinder dabei.

Art und Umfang Meistens wird ein DIN A-4 Format gewählt. Der Umfang der Zeitung umfaßt durchschnittlich 10–15 Seiten, die möglichst übersichtlich (!) gestaltet sind. Für LeserInnen ist es sehr hilfreich, wenn bei jeder Ausgabe die Reihenfolge der Schwerpunktseiten gleich bleibt, wobei die Schwerpunkte als Blattüberschriften aufgeführt sind (ähnlich wie in allen Tageszeitungen).

Damit die Einrichtungszeitung gerne gelesen wird, sollte sie folgende Kriterien erfüllen:
- ein übersichtliches Layout;
- sauberer Druck bzw. saubere Kopien;
- ansprechendes Druckbild, wobei handgeschriebene Texte wegen der Lesbarkeit manches Mal Probleme mit sich bringen;
- genügend Platz für die einzelnen Beiträge – nicht zu enge Zeilenabstände;
- der geschriebene Text darf keine Rechtschreib- und Grammatikfehler enthalten;
- wenn Gedichte, kurze Buchtexte oder Artikel aus Fachzeitschriften übernommen werden, müssen die Quellenangaben genannt sein;

- die Seitenzahlen dürfen nicht fehlen;
- eine lebendige Gestaltung kann z. B. durch den Abdruck von Bildern unterstützt werden (Nutzung eines Scanners!);
- eine saubere Heftung der Zeitung unterstützt ein positives Gesamtbild;
- bei einem beidseitigen Druck sollte die Papierstärke so gewählt sein, daß die jeweils andere Seite nicht durchschimmert;
- um das Auge auszuruhen, ist es besser, wenn ein klar erkennbarer Rand links und rechts der Texte eingeräumt ist;
- möglichst immer bei einem Schriftbild bleiben.

Anzeigen Der Druck einer Einrichtungszeitung kostet Geld. Denkbar ist, daß durch die Aufnahmen einiger weniger Anzeigen die Finanzierung erleichtert oder sogar gedeckt werden kann.

Manche Einrichtungen machen es so, daß sie einen kleinen Teil ihrer Zeitungen auch in bestimmten Geschäften zum öffentlichen Verkauf auslegen. So wird auch die Öffentlichkeit auf die Einrichtung aufmerksam.

6.2.6 Handzettel und Flugblätter

Es gibt unterschiedliche Aktionen sozial-pädagogischer Einrichtungen, die den berechtigten Anspruch haben, möglichst viele Menschen anzusprechen und einzuladen, etwa zu Ausstellungen, zum „Tag der offenen Tür", zu Kinder- und Erwachsenenhappenings, zu Einweihungsfeiern, Basaren oder Kinderflohmärkten. Dazu bieten sich als breite Einladungsform neben Zeitungsmeldungen sicherlich Handzettel und Flugblätter an.

Scheu vor Handzetteln Eine Umfrage in verschiedenen Kindergärten, Tagesstätten und Horten brachte das Ergebnis, daß diese öffentliche Ansprache sehr selten gewählt wird. Befragt nach den Gründen, antworteten die ErzieherInnen, daß sie sich nicht veranlaßt sehen, Handzettel hinter die Scheibenwischer von Autos zu klemmen oder Flugblätter in der Einkaufsstraße persönlich zu verteilen.

Grundsätzlich sei an dieser Stelle noch einmal an die Aussage erinnert: „Der Köder muß dem Fisch schmecken und nicht dem Angler!" An zweiter Stelle wurde das Argument genannt, man wolle nicht noch mehr Papiermüll produzieren, der dann unbeachtet auf der Straße oder in Papierkörben lande.

Verteilungs-
möglichkeiten

Abgesehen davon, daß bei dem zweiten Argument sicherlich der erste Grund eine entscheidende Rolle spielt und es nur eine Rationalisierung eines persönlichen Unbehagens ist, das mit dem Verteilen der Flugblätter verbunden wäre, kann doch überlegt werden, ob Handzettel oder Flugblätter nicht auch auf andere Art und Weise „an die Frau oder an den Mann" kommen könnten.

Beispielsweise können sie in Geschäften ausgelegt werden, so daß diese Form der Einladung weder aufdringlich noch als persönlich anstoßend empfunden werden kann. KäuferInnen in den Geschäften nehmen die Einladungen wahr und entscheiden selbst, ob sie die Zettel mitnehmen möchten oder nicht. Diese könn(t)en neben den Kassen liegen, so daß sie gut im Blickfeld der Menschen sind. Denkbar ist auch, daß in Geschäften, mit denen sich die ErzieherInnen oder die Einrichtung verbunden fühlen, die VerkäuferInnen beim Bezahlen der Waren durch die Kunden direkt auf die Handzettel oder Flugblätter hinweisen.

Gestaltung ei-
nes Handzettels/
Flugblattes

Was ist nun bei der Präsenz dieser Einladungen zu beachten?
- Flugblätter und Handzettel sollten immer ein „griffiges Format" haben (z. B. in der Größe 15 cm Höhe, 10 cm Breite). DIN A4- oder DIN A5-Blätter sind einfach zu groß; sie werden oftmals gefaltet und dann schnell übersehen.
- Flugblätter und Handzettel sollten übersichtlich gestaltet sein und nur das Wesentliche an Basisinformationen enthalten:
  • **Wer** lädt ein?
  • Zu **was** wird eingeladen?
  • **Wann** findet die entsprechende Veranstaltung statt?
  • **Wo** findet die Veranstaltung statt?
  • **Welche Programmpunkte** sind im einzelnen zu erwarten?
- Flugblätter und Handzettel müssen einen deutlichen Aufforderungswert besitzen, so daß sie auch beachtet werden. So kann das Papier eine sattgelbe Farbe haben, mit tiefblauem Schriftbild.

Handgeschriebene Flugblätter oder Handzettel sind häufig weniger professionell gestaltet als gedruckte. Mit den heutigen Möglichkeiten eines Computerdrucks sind den vielfältigen Schriftbildern und graphischen Gestaltungsmöglichkeiten keine Grenzen gesetzt.
- Damit die Einladungen z. B. in den Geschäften nicht herumfliegen, können sie in entsprechend dekorierte Schachteln gelegt

Formen der Öffentlichkeitsarbeit

werden, auf deren Stirn- und Nebenseiten groß die Worte EINLADUNG zu lesen sind.
- Eltern erhalten sicherlich – falls gewünscht – für Freunde und Bekannte mehrere Handzettel oder Flugblätter. Denkbar ist auch, daß sie diese mit in ihren Betrieb nehmen und dort an Interessierte weitergeben.
- Handzettel und Flugblätter können auch – zusammen mit Kindern – in die Briefkästen der Haushalte im näheren Umfeld eingeworfen werden.

Fehlende Resonanz

Natürlich kann es sein, daß trotz einer großangelegten Flugblattaktion die Resonanz gering ausfällt. Die Gründe dafür sind unterschiedlich:
- Vielleicht war der Tag ungünstig, weil zu diesem Zeitpunkt andere Veranstaltungen angeboten wurden.
- Vielleicht war das Layout wenig ansprechend.
- Vielleicht ist das Thema der Veranstaltung für BesucherInnen wenig attraktiv.

So besteht die Aufgabe darin, das nächste Mal erkannte Fehler zu vermeiden. Was aber in jedem Fall durch eine solche Handzettel- oder Flugblattaktion erreicht wurde: Die Öffentlichkeit hat von einer Einrichtungsaktivität direkt erfahren und weiß nun, daß in dem Kindergarten, der Tagesstätte oder dem Hort etwas gelaufen ist.

6.2.7 Video-Filme und Dia-Serien

MitarbeiterInnen, die den Wunsch oder Anspruch haben, die Arbeit in ihrer Einrichtung nicht nur mit Dokumentationsmappen oder Konzeptionen und Konzepten (dem geschriebenen Wort) bzw. durch einen Vortrag (gehörtes Wort) vorzustellen, greifen gerne zu visuellen Medien, um mit Bildern die Pädagogik lebendig zu demonstrieren. Dafür bieten sich Video-Filme und Dia-Serien an. Anlässe zur Nutzung dieser Medien gibt es genug:

Anlässe zum Medieneinsatz

- bei Elternabenden,
- auf Vorträgen,
- bei offiziellen Veranstaltungen,
- zur Information neuer Eltern,
- bei der Elternberatung,
- an Info-Ständen,

- als Demonstration bei Seminaren,
- zur Verdeutlichung bestimmter Sachinhalte bei Fort- und Weiterbildungsveranstaltungen,
- in Sitzungs- und Gremienarbeit,
- bei Feiern oder Festen,
- im Fachschulunterricht,
- in selbstdurchgeführten Seminaren etc.

Auf folgende Punkte soll aber deutlich hingewiesen werden:
- Jede Nutzung – egal an welchem Ort oder zu welchem Zweck – macht Kinder und Situationen öffentlich.
  Es ist eine Frage des Stils, alle Beteiligten – also vor allem Kinder und Eltern – vorher zu fragen, ob eine öffentliche Nutzung erlaubt oder nicht erwünscht ist.
  (Anmerkung: So gibt es z. B. Konzeptionen, in denen Kinder beim Wasserplantschen oder in der Sommerzeit nackt fotografiert wurden und diese Bilder veröffentlicht sind. Nachfragen haben ergeben, daß weder Eltern noch die Kinder vorher gefragt wurden. Das ist stillos und nicht akzeptabel!)
- Wenn visuelle Medien genutzt werden, dann muß die Qualität der Video-Filme und Dia-Serien ausgezeichnet sein. Nichts ist schlimmer als die Tatsache, ZuschauerInnen oder ZuhörerInnen mit schlechten Tonwiedergaben oder einer schlechten Bildqualität zu konfrontieren. Die Wirkung ist dann häufig schlechter, als wenn ganz auf diese Medien verzichtet worden wäre.

6.3 Veranstaltungen und Aktionen

6.3.1 Umfelderfahrungen mit Kindern

„Pädagogik hinter verschlossenen Türen"

Kindergärten, Kindertagesstätten und Horten haftete lange Zeit das Etikett an, sie würden eine „Pädagogik hinter verschlossenen Türen" leisten. Allzu selten sah man die Kinder mit ihren ErzieherInnen draußen vor Ort. Sozial-pädagogische Einrichtungen waren gewissermaßen für sich abgeschlossene Systeme, in denen zwar mit Kindern „gespielt und gelernt" wurde, doch was sonst noch alles geschah, blieb der Öffentlichkeit weitestgehend verborgen. So konnten sich innere Strukturen entwickeln, die wiederum dem

Berufsbild entgegenstanden: Statt sich zu öffnen, verschloß sich die Einrichtung. Statt sich zu zeigen, zog sich die Pädagogik zurück, statt Öffentlichkeit am Leben und Lernen der Kinder teilhaben zu lassen, wurde diese häufig ausgegrenzt.

Das kam auch vielen ErzieherInnen entgegen, hatten sie doch ihre eigene kleine Welt, in der sich eine „freundliche, geschützte, harmonisierende Eigenwelt" abspielen konnte.

Mit dem Ausklingen des „funktionalen Ansatzes" kamen neue pädagogische Ansätze ins Gespräch und forderten eine Öffnung der Einrichtungen. Doch statt diese notwendige und dringend erforderliche Außenorientierung „ganz normal" in den Alltag der Kinder zu integrieren, wurden wieder pädagogische Programme für die Außenwelt konzipiert. Man ging nicht einfach in den Wald, sondern plante ein „Projekt Waldspaziergang". Man holte sich nicht die Lebensmittel, die zum Frühstück gebraucht wurden, sondern plante am Freitag das „Projekt Marktbesuch". Immer wieder wurden die Tendenzen der Öffnung mit pädagogischen Sonderthemen belegt.

Alltägliche Öffnung nach außen

Dabei ist es ganz einfach, sich mit Kindern im Umfeld zu bewegen. Werden beispielsweise

– Materialien für bestimmte Werkarbeiten benötigt, können Absprachen mit Eltern getroffen werden, wann sie zu Hause sind und wann diese Materialien abgeholt werden können;

– Gegenstände oder Materialien gebraucht, die nicht von Eltern zur Verfügung gestellt werden können, gehen ErzieherInnen mit den Kindern in die entsprechenden Baumärkte, Geschäfte oder Schreinereien etc. und holen das ab, was bestellt worden ist bzw. in den Auslagen gefunden werden kann. Doch wie sieht es stattdessen in der Praxis aus? Da gibt es den „klassischen Dreiklang: Wir besuchen den Bäcker, die Polizei und die Feuerwehr";

– im Rahmen eines Projekts Besuche anderer Einrichtungen notwendig, dann gehen Kinder mit den ErzieherInnen nach vorheriger Anmeldung dorthin: ins Krankenhaus, ins Altersheim, ins Wohnheim für behinderte Menschen, ins Rathaus, um beispielsweise bestimmte Bitten vorzutragen, zum Schrottplatz, um Reifen für das Außenspielgelände abzuholen, zur Polizei, um sich nach dem Stand der Ermittlungen zum Einbruch in die Einrichtung zu erkundigen, zum Pastorat, um den Pfarrer mal in seinem Haus kennenzulernen, zum Gartenbaubetrieb, um sich nach dem richtigen Einpflanzen der Weidentriebe zu erkundi-

Veranstaltungen und Aktionen

gen, zum Arbeitsplatz der Eltern, um zu sehen, wo und wie Papa oder Mama ihren Tag verbringen, zum Haus der asylsuchenden Menschen, um sie zu einem Fest in der Einrichtung einzuladen, zum Großmarkt, um die Lebensmittel abzuholen bzw. zu sehen, was dort an Vorratsmengen alles für die Einrichtung zusammengestellt wurde, etc.;
- Aktivitäten im Wald, auf öffentlichen Spielplätzen, im Frei- oder Hallenbad geplant, geht's dorthin – zu Fuß, mit dem öffentlichen Bus, mit der Straßen- oder Stadtbahn.

Kinder aus sozial-pädagogischen Einrichtungen sind viel zu selten in der Öffentlichkeit zu sehen. Dabei ist dies eine ganz normale Öffentlichkeitsarbeit, die dadurch geschieht, daß Kinder mehr in ihrem Umfeld unterwegs sind. Dazu drei Beispiele:

- Kinder und MitarbeiterInnen hatten sich entschlossen, auf ihrem Freigelände einen großen Berg mit Autoreifen anzuschaffen. Ihre Vorstellung war es, damit Tunnel und Hüpfstraßen zu bauen. So wurde schnell ein Kontakt zu einem Schrotthändler aufgebaut. Kinder machten sich auf den Weg, besuchten den Händler, verhandelten mit ihm und konnten sich schließlich viele Reifen mitnehmen. Auf Bollerwagen wurden sie in die Kindertagesstätte gebracht und sind noch heute heißgeliebte Baumaterialien.

- Kinder und MitarbeiterInnen sprachen lange über die Möglichkeit, auf dem Freigelände einen Hühnerstall einzurichten. Dann hätten sie immer frische Eier, bräuchten diese nicht zu bezahlen, könnten sich jeden Morgen Eier kochen und auch die Hühner mit den Mittagsresten füttern. Gesagt, getan: Zunächst wurden auf dem Markt Hühner begutachtet. Dann ging es weiter zum Vorsitzenden eines Geflügelvereins, der die Kinder über bestimmte Rassen informierte. Schließlich wurde in mühevoller Arbeit ein Hühnerstall entworfen, mit Hilfe der Eltern ausgerechnet, welche Materialien dafür gebraucht würden, und alles wurde gemeinsam mit den Kindern besorgt. Ebenso wurde der Hühnerstall anschließend in einer gemeinsamen Eltern-Kind-ErzieherInnenaktion aufgebaut. Nach wie vor sind die Kinder von den Hühnern begeistert. Neben den Eiern, die nicht ganz so fleißig produziert werden, wie von den Kindern erhofft, sind es aber auch die Hühner selbst, die den Kindern gefallen. So sind z. B. die Rückwände der Legekästen abnehmbar, und Kinder mögen es sehr, die Hühner beim Eierlegen zu streicheln. Diese bleiben auch sitzen und lassen es sich ohne erkennbare Widerstände gefallen.
Wenn der Kindergarten geschlossen ist – etwa in einem Teil der Ferien –, übernehmen entweder Kindergartenkinder mit ihren Eltern

oder auch Nachbarn des Kindergartens die anstehenden Aufgaben. (Am Rande sei bemerkt, daß die Kinder herausgefunden haben, daß die Lieblingsspeise der Hühner Spaghettinudeln sind. Nach Beobachtung der Kinder gibt es dabei keinen Unterschied, ob mit oder ohne Tomatensoße!)

- In einem Kinderheim wurde – bedauerlicherweise – zum x-ten Mal eingebrochen. Zunächst entschlossen sich die ErzieherInnen, den Kindergarten wie üblich für 2 Tage zu schließen, um aufzuräumen und alles so wieder einzurichten, wie es vorher war. Bei der „Tatortbesichtigung" durch die Kinder fielen ihnen Fußabdrücke im Gartengelände auf. Ein Kind kam dabei auf eine glänzende Idee. Es berichtete davon, daß es einmal in einem Film gesehen hatte, wie von dem Abdruck ein „Beweisabdruck" gemacht wurde. Die Kinder waren begeistert. Für sie war es klar, diese Spur mußte einfach von dem Einbrecher sein! So gossen sie die Spur mit einer flüssigen Gipsmasse aus und hielten nun „ihren Beweis" in Händen. Jetzt mußte der Einbrecher gefunden werden. Sie gingen stolz zur Polizei, die ganz freundlich reagierte, jedoch anmerkte, daß sie nicht genügend MitarbeiterInnen hätten, die passenden Schuhe bei einer Aktion zu suchen. Die Kinder hatten eine Idee: „Wir werden Hilfssheriffs." Zurück im Kindergarten überlegten sie, daß der Täter bestimmt aus dem näheren Umfeld kommen müsse, denn woher habe er sonst wissen können, daß gerade ihr Kindergarten hier steht.

So machten sich die Kinder mit ihren ErzieherInnen und dem Beweisstück auf die Suche. Sie gingen in den Nachbarstraßen Haus für Haus ab, klingelten, stellten sich und ihr Anliegen vor, zeigten das „Beweisstück" und baten darum, die Schuhe der BewohnerInnen sehen und überprüfen zu dürfen. Viele Erwachsene machten tatsächlich mit. Die Erzieherin mußte in ein Protokoll schreiben, daß auch diese Überprüfung, Haus Nr ...., ohne Erfolg verlaufen sei.

Auch wenn der Einbrecher nicht gefunden wurde – In dem Ortsteil wurde lange Zeit über kaum irgend etwas anderes gesprochen als über die „Detektivkinder aus dem Kindergarten". Selbst die Presse berichtete in einem ausführlichen Bericht mit Foto über diese Kinderaktion.

6.3.2 Mitarbeit in Arbeitskreisen

Es gibt in der kleinen und großen Politik einen boshaften Satz folgenden Inhalts: „Wer schließlich nicht mehr weiter weiß, der bildet einen Arbeitskreis."

Arbeitskreise haben den Sinn, bestimmte Schwerpunkte und Fragen unter ganz verschiedenen Blickwinkeln zu betrachten, um bei einer besonderen Problemstellung eine möglichst fachkompetente Lösung zu finden, ihre Folgen zu überdenken und praktische Handlungsschritte zu entwerfen.

Veränderung der pädagogischen Aufgaben

In der Kindergarten-, Kindertagesstätten- und Hortpädagogik ist die Arbeit für viele MitarbeiterInnen schwerer geworden. Dadurch, daß sich Kindheiten heute im Vergleich zur Vergangenheit teilweise dramatisch verändert haben (Stichworte: Medienkultur, Spielmittelmarkt, Freizeitkonsum, eingeengte Kinderwelten, zerrissene Kinderzeiten, Zunahme der Gewaltbereitschaft, Abnahme von Sozialkontakten ...), sind ErzieherInnen auch vor neue Aufgaben gestellt.

Früher ging es in der Pädagogik hauptsächlich um eine „Betreuung der Kinder", heute dagegen um eine aktive Entwicklungsbegleitung mit vielen kompensatorischen Aufgaben.

Tatsache ist:
- Wenn Fachausbildungen nicht in dem Maße auf die Berufstätigkeit vorbereiten, wie es in der Realität (!) erforderlich ist zu handeln, dann entstehen automatisch Handlungsdefizite bei den pädagogischen Fachkräften.
- Wenn die Aufgabenstellungen für ErzieherInnen immer differenzierter und in ihrer Problematik immer komplexer werden, dann müssen die pädagogischen Arbeiten auch differenziert aufgenommen und in ihrer Komplexität betrachtet werden.
- Wenn bei der Zunahme der Anforderungen einerseits und bei der differenzierten Arbeit andererseits immer weniger Zeitressourcen zur Verfügung stehen, dann brauchen ErzieherInnen Zeitspannen, um sich mit der erforderlichen Sorgfalt den neuen Aufgaben stellen zu können.
- Wenn alle Aufgaben am besten in einer Gruppe beraten werden können, bei der ein Problem aus vielen Sichtweisen erörtert wird, dann müssen ErzieherInnen einen Ort haben, der diesem Anspruch gerecht werden kann.

Arten von Arbeitskreisen

Ein solcher Ort kann beispielsweise ein Arbeitskreis sein. Arbeitskreise finden in unterschiedlicher Form statt:
- mit Fachleuten bzw. Dozenten von außen;

- nur mit MitarbeiterInnen der Einrichtungen (im Delegationsverfahren oder als Gesamtgruppe).

Die Treffen können 14tägig, monatlich, zweimonatlich, viertel- oder halbjährlich sein.

Bei der Mitarbeit in einem Arbeitskreis geschieht **Öffentlichkeitsarbeit auf ganz unterschiedlichen Ebenen:**

- personale Ebene:
  Die MitarbeiterInnen beteiligen sich aktiv an der Fachdiskussion, sind damit auch für andere öffentlich. Sie nehmen Stellung zu den aktuellen Fragen und Problemen und geben sich fachlich ein.
  Sie profitieren dabei für ihr persönlich-fachliches Wachstum, bauen ihre Kompetenz aus und fühlen sich sicherer in der Beurteilung der anliegenden Sachverhalte.

- Institutionsebene:
  Dadurch, daß sie als VertreterInnen einer Einrichtung am Arbeitskreis teilnehmen, verbinden die anderen Mitglieder die Ebene Person – Institution.

- Kommunikationsebene:
  Der Fachaustausch trägt dazu bei, daß sich die Mitglieder der unterschiedlichen Einrichtungen besser kennenlernen und in einen aktiven Austauschprozeß einsteigen.

- Ebene der Imagepflege:
  Wenn die Treffen des Arbeitskreises in unterschiedlichen Einrichtungen stattfinden (rotierendes System), lernen alle Mitglieder alle Einrichtungen kennen. Schon ist Öffentlichkeit hergestellt.

- Interaktionsebene:
  Die Mitglieder eines Arbeitskreises treffen sich sowohl auf einer inhaltlichen als auch auf einer beziehungsorientierten Ebene. Stimmen beide Merkmale, können direkte Formen einer gegenseitigen Unterstützung die Folge sein.
  Aus einem Nebeneinander wird ein Mit- und Füreinander!

Themenschwerpunkte

Arbeitskreise finden zu ganz unterschiedlichen Schwerpunktbereichen statt. Hier einige Beispiele:
- „Pädagogische Ansätze im Vergleich"
- „Konzeptionsentwicklungen"
- „sexuelle Mißhandlung von Jungen und Mädchen",
- „Reform der Fachschul-/Akademieausbildung"
- „Anleitung und Beratung von PraktikantInnen"
- „Gewalt und Aggressivität bei Kindern"
- „Lebendige Elternarbeit"
- „Religionspädagogik heute"
- „Zusammenarbeit Kindergarten – Schule"
- „LeiterInnen-AG"
- „Projektarbeit in Einrichtungen"
- „Rollen- und Berufsbild der Erzieherin"
- „Neue Spiele – selbstgemacht"
- „Rassismus – Nein danke"
- „Raumgestaltung – innen und außen"
- „Öffentlichkeitsarbeit"
- „Kinderbilder verstehen"
- „Entspannungs- und Meditationsverfahren"
- „Kinderrechte"
- „Kinder mit und ohne Behinderungen"
- „Literatur-AG"

Konstruktiv arbeitende Arbeitskreise werden den zu Anfang zitierten Satz sicherlich ändern. Nun kann das Motto heißen:
„Wer wirklich eine Menge weiß, der war in einem Arbeitskreis!"

6.3.3 Unterrichtsmitarbeit in Fachschulen

Differenzen zwischen Ausbildung und Praxis

Zwischen einigen (vielen?) Fachschulen und -akademien auf der einen Seite und Kindergärten bzw. Kindertagesstätten auf der anderen Seite gibt es häufig unterschiedliche Meinungen. Einige Aussagen von ErzieherInnen seien an dieser Stelle zitiert:

- „Wir arbeiten eigentlich gar nicht mehr mit der für uns zuständigen Fachschule zusammen. Das liegt daran, daß uns mehr oder weniger PraktikantInnen zugeschoben werden und wir uns dann an den Aufgabenplan der Schule halten müssen. Da gibt es dann noch solche Aufgaben wie Fingerspiele üben, Basteln nach Vorlagen, Einüben von irgendwelchen Liedern oder ‚Spiele einführen'. Das ist seit langem nicht unser Thema. Und bis auf die wenigen AnleiterInnentreffen läßt sich bei uns kein(e) Fachschullehrer(in) sehen."

- „Seit letztem Jahr werden auch die KurzzeitpraktikantInnen zu uns geschickt und erhalten dann die Aufgabe, ein ‚Projekt' durchzuführen. Wenn man aber genauer hinschaut, ist es gar kein Projekt, sondern lediglich ein Thema, wie z. B. Müllvermeidung oder ‚Soziales Lernen'.
  Da werden einfach nur die Begriffe ‚Thema' und ‚Projekt' ausgetauscht, doch alles andere bleibt beim alten. Dagegen wehren wir uns. Wie kommt denn die Fachschule dazu, den PraktikantInnen etwas thematisch vorzugeben, wenn die Schule gar nicht weiß, was im Augenblick bei uns inhaltlich im Vordergrund steht?"

- „Die Fachschule wird sich nie andern. Was machen denn FachschullehrerInnen schon an Fortbildung? Ich kenne wirklich viele Lehrkräfte, aber kaum einer bildet sich wirklich weiter. Das merken wir häufig an den PraktikantInnen, die mit Vorstellungen und Literatur ankommen, die schon längst überholt sind."

- „Wir haben hier in der Einrichtung letztens was Irres erlebt. Da mußte eine Fachschülerin im Vorfeld Lernziele für eine bestimmte Aktivität mit Kindern formulieren und ihre Arbeit genauso durchführen, daß auch die Lernziele erreicht werden konnten. Es klappte aber nicht, zumal die Kinder ihre eigenen Vorstellungen von Richtigkeit hatten. Nach der ‚Lehrstunde' kritisierte die Fachschullehrerin das Vorgehen. Die Praktikantin verlor die Nerven und meinte, dann solle ihr die Lehrkraft doch einmal vormachen, wie es besser gehe. Daraufhin sagte die Lehrkraft im Originalton: ‚Dafür bin ich nicht hier, Ihnen meine

Qualifikation unter Beweis stellen zu müssen. Sie sind die Lernende, und Sie haben daher auch die Kritik zu akzeptieren.' Als ich das hörte, habe ich mich natürlich mit der Praktikantin solidarisiert. Man kann doch sagen, daß viele Lehrkräfte von der Praxis, den Problemen und Schwierigkeiten vor Ort kaum eine situationsangemessene Vorstellung haben."

Demgegenüber die Aussagen von FachschullehrerInnen:

- „Natürlich sind wir stets an Praxiserfahrungen und einem regen Praxisaustausch interessiert. Was uns ärgert, ist der Umstand, daß wir von Kindergärten zwar kritisiert werden, doch es kommen so wenig Rückmeldungen, was konkret gewünscht wird. Wir hören Schlagworte aus der Pädagogik, und bei genauerem Nachfragen folgt nichts als heiße Luft."

- „Auch die Fachschule muß sich als ein Ort des Lernens und der Weiterentwicklung verstehen. So wie in jedem Beruf, werden neue Anforderungen an ErzieherInnen gestellt, und diese haben selbstverständlich auf uns eine Rückwirkung. Was wir bei unserer Schule vermissen, ist der konstruktive Gedankenaustausch, bei dem einmal ganz in Ruhe vorurteilsfrei und interessiert miteinander gesprochen wird."

- „Auf die Frage, welche Kindergartenerfahrungen wir in unserem Kollegium haben, kann ich nur sagen, daß wir durch die PraktikantInnen ständig mit der Praxis verbunden sind. Wir beobachten unsere SchülerInnen, erleben Kinder und ziehen unsere Rückschlüsse. Das mag aus Sicht für die einen nicht ausreichen, aus unserer Sicht genügt es aber. Außerdem müssen wir immer einen Bezug zur wissenschaftlichen Pädagogik herstellen und einen Praxistransfer schaffen."

- „MitarbeiterInnen in Kindergärten und Tagesstätten sind oftmals nicht einfach. Da war es früher noch anders. Es ist tatsächlich schwerer geworden, und für alle Beteiligten steigen sicherlich die Anforderungen. Manches Mal wünsche ich mir, daß auch ErzieherInnen vor einer Gruppe FachschülerInnen stehen sollten, um zu merken, wie schwer es heutzutage ist, einen einigermaßen lebendigen und spannenden Unterricht zu gestalten."

Kontakte zwischen Fachschulen und Einrichtungen

Diese Formen der Beurteilung einer jeweils anderen Berufsgruppe sind kaum dazu geeignet, Widerstände aufzuheben bzw. Vorurteile abzubauen. Stattdessen gibt es einen einfachen Weg der Förderung einer konstruktiven Kommunikation. So, wie sich die FachschullehrerInnen entschließen könnten, mehr in die Kindergarten- bzw. -tagesstättenarbeit praktisch einzusteigen, so könn(t)en ErzieherInnen Kontakt mit ihrer zuständigen Fachschule aufnehmen, um vorzuschlagen, selbst einmal im Unterricht mitzuarbeiten und Fach-

Mitarbeit am Fachschulunterricht

schulunterricht für eine bestimmte Zeit zu gestalten. Es gibt in der Zwischenzeit einige Beispiele dazu.

Etwa in den Fächern Spiel(pädagogik), Praxis- und Methodenlehre, Pädagogik und Psychologie (analog dazu: Erziehungswissenschaft). Meist sind es Zeitspannen von 6–30 Unterrichtsstunden, in denen ErzieherInnen ein fest umrissenes Gebiet erarbeiten. Schwerpunkte:
- Vorbereitung und Durchführung eines Elternabends
- Projektfindung im „Situationsorientierten Ansatz"
- Elternberatung – Probleme von Eltern und wie mit ihnen umgegangen werden kann
- Das freie Grundstück – Gründe zur Entscheidung
- Kinderrechte, wie sie lauten und in der praktischen Pädagogik zu realisieren sind
- Konflikte im MitarbeiterInnenteam – die häufigsten Konfliktarten und wie sie gelöst werden können
- Aufnahmegespräche führen – was Eltern erwarten und wie sie positiv verlaufen können
- Die Kinderkonferenz in Theorie und Praxis
- Erfahrungen bei der Erstellung einer Einrichtungskonzeption
- Kinder spielen sich ins Leben – Situationen im Freispiel und wie ErzieherInnen darauf eingehen können
- Professionalität im Beruf – Anforderungen an ein kompetentes Berufsbild

Auf der einen Seite können Fachschulen und -akademien mit dieser Unterrichtsöffnung unter Beweis stellen, daß sie an einem wirklichen Praxistransfer Interesse haben, auf der anderen Seite können ErzieherInnen zeigen, daß sie konstruktiv bereit sind, sich für Fachschulveränderungen zu engagieren. Daß mit diesem Schritt eine wichtige Öffentlichkeitsarbeit für den jeweiligen Kindergarten und das Profil der Berufsgruppe oder der Einrichtung unternommen wird, ist sicher.

6.3.4 Fachsymposien

Normalerweise wird mit dem Begriff „Symposion" eine wissenschaftliche Großveranstaltung verbunden, wie es z. B. des öfteren die Berufsgruppen der ÄrztInnen, PsychologInnen oder PädagogInnen, SprachheiltherapeutInnen/LogopädInnen oder Juristen wahrnehmen. Das Wort „Symposion" ist dabei mit einer gewissen Ehrfurcht umschlossen, und mancher glaubt daher, daß so etwas Kindergärten, Kindertagesstätten oder Grundschulen nicht auf die Beine stellen könnten. Weit gefehlt. Es sollen daher zunächst zwei Beispiele erzählt werden.

Beispiele für Symposien in der Elementarpädagogik

- Vor einiger Zeit entschlossen sich ErzieherInnen eines Arbeitskreises, eine Veranstaltung zum Thema „Schulreife" für Eltern und KollegInnen anzubieten. Während ihrer Vorbereitungsphase fiel ihnen auf, wie unterschiedlich dieser Begriff verstanden und wie in der Praxis völlig unterschiedlich damit umgegangen wurde und wird. Zunächst klärten sie den Bedarf an einem Vortragsabend ab. Viele Eltern und KollegInnen bekundeten ihr starkes Interesse. Dann entschlossen sich die ErzieherInnen des Arbeitskreises, nicht nur einen Referenten zu diesem Thema einzuladen, sondern mehrere, wobei diese wiederum einen unterschiedlichen Blickwinkel hatten und gegensätzliche Meinungen vertraten. Nachdem sie ein zweites Mal den möglichen BesucherInnenbedarf klärten und über die Eintrittsgelder (und Sponsorenschaft!) eine Grundlage für ihre Planung besaßen, wurden drei Experten eingeladen, und schließlich führten sie in einer Stadthalle die Veranstaltung mit insgesamt 650 interessierten BesucherInnen durch. Es sei an dieser Stelle noch einmal daran erinnert: Das Symposion wurde
  – von einer Handvoll ErzieherInnen konzipiert und veranstaltet;
  – finanziell sorgsam kalkuliert;
  – für alle Beteiligten zu einem wirklich interessanten Erlebnis.

- In einem Landkreis entschlossen sich viele Kindergärten und Tagesstätten dazu, ihre pädagogischen Arbeitsansätze zu überdenken und mit anderen Ansätzen zu vergleichen. Nach ca. einem Jahr stand für viele KollegInnen fest, daß sie einem bestimmten Ansatz für die Zukunft den Vorzug geben wollten. Da sie (wegen dessen eher konservativen Richtung) Befürchtungen hatten, daß eine Reihe von Eltern möglicherweise Schwierigkeiten haben würde, diesen Ansatz zu akzeptieren, fragten sie einen Hauptvertreter dieses Ansatzes, ob er bereit sei, vor einem großen Eltern- und ErzieherInnenpublikum zu sprechen. Hauptgegenstand dieses Fachsymposions sollte es sein, grundlegende Informationen zu vermitteln, Fragen von Eltern und ErzieherInnen aufzunehmen und öffentlich zu diskutieren. Gesagt, getan. Die Veranstaltung fand in einem großen Saal eines Gemeindehauses statt, und das Symposion war dabei wie folgt aufgebaut:
  – Zunächst fand ein Rollenspiel einiger ErzieherInnen statt. Gezeigt wurde eine Szene aus einer MitarbeiterInnenbesprechung, bei der sich die KollegInnen die Köpfe über bestimmte Ansätze und ihre Merkmale heißredeten.

Veranstaltungen und Aktionen

– Als nächstes trat eine Erzieherin an das Mikrophon und formulierte das Anliegen, das bei diesem Symposion im Vordergrund stand.
– Jetzt begrüßte eine andere Erzieherin die ca. 500 Gäste und Referenten. Dabei stellte sie Thesen und Besorgnisse, aber auch Fragen und Hoffnungen vor, die sie und ihre KollegInnen in der Zwischenzeit von Eltern gesammelt hatten. Alles war auf jeweils einzelnen, sehr großen Plakaten visualisiert und wurde an Kartenständern (aus der Grundschule) aufgehängt. Da sich alles auf einer höhergelegenen Bühne abspielte, konnten die Gäste alles gut sehen.
– Auf der Bühne selbst waren fünf Tische in einem flach verlaufenen Halbkreis aufgestellt. In der Mitte nahm der Referent auf seinem Stuhl Platz, links und rechts von ihm saßen jeweils zwei Erzieherinnen mit einer festen Rollenvorgabe:
Die erste Kollegin stellte sich als Vertreterin einer klassischen Funktionspädagogik vor;
die zweite Kollegin übernahm die Rolle einer Laissez-faire-Erzieherin;
die dritte Kollegin übernahm die Aufgabe, nach dem Vortrag die Wortmeldungen zu registrieren, und
die vierte Kollegin hatte die große Aufgabe der Moderation.
Fragen wurden dabei an den Referenten weitergegeben, wobei die KollegInnen 1 und 2 immer wieder nachhakten.

Auch an dieser Stelle sei noch einmal darauf hingewiesen, daß
– die Vorbereitung einzig und alleine von den ErzieherInnen geleistet wurde;
– die Veranstaltung ein außergewöhnlich gutes Echo bei den Eltern und ErzieherInnen fand;
– viele Eltern auf viele Fragen und Befürchtungen eine für sie akzeptable Antwort bekamen und damit der Prozeß einer Arbeitsveränderung konstruktiv fortgesetzt werden konnte.
Es versteht sich von selbst, daß auf einer solchen Veranstaltung von seiten des Referenten auf jede Form einer Polemik – im Hinblick auf andere Arbeitsansätze – verzichtet wird. Spitze Anmerkungen: ja, polemische Werturteile: nein.

Symposien als Diskussionsforen

Fachsymposien sind Foren für eine fachlich-sachliche Auseinandersetzung zu bestimmten Themen. Sie geben sowohl den Eltern (und einer interessierten Öffentlichkeit) als auch den ErzieherInnen die Möglichkeit, sich mit Fachschwerpunkten, Sichtweisen und eigenen Meinungen zu beschäftigen, und helfen dabei, das eigene Wissen zu erweitern, Überzeugungen zu hinterfragen und damit die eigene Sachkompetenz auszubauen. Daß gerade auch bei Fachsymposien die PressevertreterInnen eingeladen werden

161

und eine gut vorbereitete Pressemappe erhalten, ist selbstverständlich.

6.3.5 ReferentInnentätigkeit
(z. B. an Volkshochschulen/Familienbildungsstätten)

Es gibt eine ganze Reihe pädagogisch hochqualifizierter MitarbeiterInnen in Kindergärten, Tagesstätten und Horten, die ihr Wissen und Können nicht nur in die Einrichtung selbst einbringen, sondern darüberhinaus Kurse an Volkshochschulen und Familienbildungsstätten anbieten.

Themenbereiche für Kurse an Volkshochschulen und Familienbildungsstätten

Meistens sind es Themenbereiche, die sie einerseits selbst sehr interessieren, andererseits ist es ihr Wunsch, auch außerhalb ihres täglichen Arbeitsfeldes beruflich zu wirken. Mögliche Themen für ein solches Kursangebot im Bereich der Elternbildung:

- Erziehen ist nicht kinderleicht – alltägliche Probleme und wie sie gelöst werden können.
- Kinder haben Angst – Kinderängsten wirksam entgegentreten.
- Unser Kind ist aggressiv und wild – wie können Eltern ihm helfen, ruhiger zu werden?
- Schluß mit dem Familienkrieg – wie Eltern und Kinder sich besser verstehen können.
- Laß mich endlich in Ruhe – Kinder und Jugendliche im sogenannten Trotzalter.
- Liebe ist nicht nur ein Wort – Sexualpädagogik im Kindes- und Jugendalter.
- Ich will Heman – Kinderspielzeug in der Welt der Kinder.
- Mit mir spielt sowieso keiner – Kinder als Außenseiter.
- Rapunzel mit den langen Haaren – Märchen und ihre Bedeutung für die Entwicklung von Kindern.

Ebenso gibt es auch Themenbereiche, die ErzieherInnen direkt mit Kindern erleben:

- Einmal auf einer Wolke fliegen – Entspannung und Meditation mit Kindern.
- Der Ruf der Wildnis – mit Kindern die Natur erleben.
- Maskenbau und Theaterspiel mit Kindern.

- Stark sein – Selbstbehauptungsübungen für Kinder.
- Ich spiel mit dir, du spielst mit mir – neue Kinderspiele.
- Gemeinsam sind wir stark – eine Spielgruppe für behinderte und nichtbehinderte Kinder.
- Singen und Spielen – neue Spiellieder.

Fortbildungen

ErzieherInnen, die einerseits das notwendige Know-how für die Gestaltung eines Seminars besitzen, sich aber im Umgang mit Erwachsenen noch nicht ganz sicher fühlen, haben dabei die Möglichkeit, eine Weiterbildung in „Erwachsenenbildung" zu besuchen.

Solche ein- bis zweijährigen Qualifikationen bieten beispielsweise Fortbildungsträger in kirchlicher Trägerschaft an, ebenso einige Hochschulen, an denen eine Gasthörerschaft belegt werden kann. Letztendlich gehört eine Weiterbildung dieser Art auch an vielen Wirtschaftsakademien zum Standardprogramm.

Es ist schade und unverständlich, wenn ErzieherInnen ihr Handwerkszeug außerhalb ihrer Arbeit schlummern lassen. **Öffentlichkeitsarbeit läßt Ressourcen wachsen,** und so manche pädagogische Fachkraft hätte sich zum Anfang ihrer Berufskarriere nicht vorstellen können, später einmal nebenberuflich in der Erwachsenenbildung zu arbeiten.

Da auch Fortbildungsträger ein großes Interesse daran haben, daß KollegInnen aus der Praxis für KollegInnen in der Praxis von ihren besonderen Erfahrungen berichten, lohnt es sich, Kontakte aufzunehmen und die Chancen zu klären. Die Tatsache, daß Frau/Herr ... aus dem Kindergarten/der Tagesstätte/dem Hort ... als ReferentIn auftritt, ist bei entsprechender Qualitätsleistung eine Öffentlichkeitsarbeit für die Person und die Einrichtung selbst.

6.3.6 Elternabende

Das Wort „Elternabend" löst bei vielen MitarbeiterInnen und Eltern ganz unterschiedliche Reaktionen aus: Die einen sind begeistert, die anderen heben abwehrend die Hände, die dritten schauen gelangweilt aus dem Fenster und denken vielleicht: „Muß das schon wieder sein?", und die vierten lehnen es kategorisch ab mit der Behauptung: Elternabende sind tot!

Sicherlich liegt es bei genauerem Betrachten nicht am Wort selbst, ob zustimmend oder ablehnend auf die Frage geantwortet

Formen der Öffentlichkeitsarbeit

wird, was jemand von einem Elternabend hält. Vielmehr verbinden wir ganz besondere Erfahrungen mit der Art und Weise, wie ein Elternabend gestaltet wurde,
- ob es dabei lebendig oder furchtbar trocken zuging;
- ob ein Referat gehalten wurde oder nicht;
- wie die Referentin bzw. der Referent die Inhalte vermittelt hat;
- ob die Zeitspanne des Elternabends die richtige Länge hatte;
- ob der Zeitpunkt für diesen Abend günstig gewählt war;
- wie jemand zum Zeitpunkt des Abends persönlich „drauf war";
- ob gute oder schlechte Vorerfahrungen bestanden;
- wie die Beziehungen zur Einrichtung sind;
- ob eine persönliche Motivation zum Thema existierte etc.

Elternabende können sicherlich langweilig, aber auch voller Spannung sein. Sie können begeistern oder einschläfern, Gefühle wecken oder Gefühle töten!

Planung eines Elternabends

Damit Elternabende auch zu einer qualitätsorientierten Form der Öffentlichkeitsarbeit werden, soll an dieser Stelle ein Überblick über die wesentlichen Vorüberlegungen und Durchführungsmodalitäten gegeben werden.

a) – Welches Thema ist zur Zeit von besonderem Interesse – für uns MitarbeiterInnen, die Eltern, gegebenenfalls die Öffentlichkeit?
– Gibt es einen aktuellen Anlaß, einen bestimmten Themenbereich besonders zu beachten?
– Was soll mit dem Elternabend grundsätzlich und im besonderen erreicht werden?
– Welche Ziele sind im Vordergrund, welche können vernachlässigt werden?
– Was kann die Wirkung eines Elternabends sein?

b) – Welche fachliche Vorbereitung ist für die Leiterin und die MitarbeiterInnen notwendig?
– Besteht zum Thema ein ausreichender Informationsstand, oder zeigt sich ein weiteres Informationsbedürfnis?
– Sollte der Elternabend vom Kindergarten selbst oder mit Hilfe einer Referentin bzw. eines Referenten durchgeführt werden?
– Welche Absprachen sind dafür notwendig?

c) – Wann genau soll der Elternabend stattfinden?
– Welche Uhrzeit hat sich bewährt, welche nicht?
– Gibt es zu diesem Zeitpunkt andere Termine, durch die Eltern möglicherweise am Besuch gehindert werden könnten?
– Könnten auch andere Interessierte an dem Elternabend teilnehmen, oder gibt es öffentliche Veranstaltungen zu diesem Zeitpunkt?
– Ist der anvisierte Wochentag für den Elternabend günstig?
– Wo sollte die Veranstaltung stattfinden – in den Räumen der Einrichtung oder außerhalb?
– Welche anderen Veranstaltungen kämen in Frage?
– Sind sie tatsächlich für einen Elternabend geeignet?
– Wäre ein Hinkommen für die Eltern und andere Besucher gut möglich, und gibt es Parkplätze?
– Mit wem müßte Kontakt aufgenommen werden, wenn der Abend außerhalb der eigenen Einrichtung stattfinden würde?
– Soll der Elternabend von der Einrichtung alleine oder in Zusammenarbeit mit anderen Häusern geplant und durchgeführt werden?
– Wer soll zu dieser Veranstaltung außer den Eltern und der Öffentlichkeit besonders – persönlich – eingeladen werden?

d) – Wie soll die allgemeine und besondere Einladung aussehen? (Schriftlich, mit Handzetteln, öffentlichen Plakaten, welche Pressevertreter sind anzusprechen und welcher vorformulierte Text muß bis wann fertiggestellt und abgegeben sein?)
– Welche Einladungsfrist ist günstig?
– Sind in den Einladungen Veranstalter, Thema, Datum, Ort und gegebenenfalls die Referentin bzw. der Referent genannt?
– Ist das Thema ansprechend und griffig formuliert?
– Welche Medien (Bücher, Filme, Dias, Projektor, Videoanlage, Fotos, graphische Zeichnungen, Overhead-Projektor, Hell-Schreiber, Flip-chart, Tafel, Mikrophon etc.) werden gebraucht?

e) – Soll bei dem Elternabend eine bestimmte Sitzordnung bestehen?
– Ist eine Anwesenheitsliste notwendig und hilfreich?
– Ist eine Pause vorgesehen, wenn ja – wann?
– Werden in der Pause Getränke und Snacks angeboten?
– Wer übernimmt nun welche Aufgabe?

f) – Wer begrüßt die Gäste?
– Welcher Zeitplan soll beachtet werden?
– Wie soll miteinander gearbeitet werden?
– Führt jemand ein Protokoll?
– Wer gibt die Einführung ins Thema?
– Ist eine Diskussions- oder Gesprächsleitung erforderlich?
– Wer macht den Anschluß des Elternabends und wie?
– Soll gleich im Anschluß ein weiterer Termin vereinbart werden?
– Wer übernimmt die Abschlußarbeiten (Aufräumen etc.)?

g) Auswertung:
– Was ist gelungen, was mißlungen?
– Welche Konsequenzen ergeben sich für Folgeelternabende?

Dieser grobe Überblick mag ausreichen, einen öffentlichen Elternabend strukturiert zu einem Erfolg werden zu lassen. Wenn in dem letzten Satz von einer öffentlichen Veranstaltung gesprochen wird, trägt dies der Praxis Rechnung, daß z. B. immer mehr Gesamtelternabende (mit einem klaren Thema) auch für die Öffentlichkeit zugänglich sind.

Manche sozial-pädagogischen Einrichtungen haben sich inzwischen entschieden, für solche Elternabende – gerade dann, wenn z. B. eine Referentin oder ein Referent dabei ist – einen für alle Erwachsenen tragbaren Eintrittspreis zu erheben.

Themen- Themen für einen Elternabend können spannend, lustig, peppig
formulierung oder langweilig und einschläfernd sein. Insofern kommen der *Themenwahl* und auch der *Themenformulierung* eine große Bedeutung zu. Hier ein paar Beispiele aus der Praxis:
- „Nachts steht ein Gespenst in meinem Zimmer" – wenn Kinder Ängste haben
  (statt: Kinder haben Angst)
- „Der Kindergarten ist ein geiler Ort" – wie Kinder ihren Kindergarten erleben
  (statt: Vorstellung der Kindergartenarbeit)
- „Im Spielen lern' ich alles, was ich für mein Leben brauche" – was Kinder im Spielen für die Schule lernen
  (statt: Spiel- und Schulfähigkeit – die Bedeutung des Spiels für den Aufbau der Schulfähigkeit)
- Kinder entwickeln sich oft anders als man denkt – Erziehung ist nicht kinderleicht!
  (statt: Erziehungsstile und ihre Auswirkungen auf Kinder)
- „Jetzt bin ich nicht mehr dein Freund/deine Freundin" – Kinder sind egoistisch und unsozial. Stimmt das?
  (statt: Die Bedeutung der Sozialerziehung)
- „Ich bin stark und bin jetzt Rambo" – Kinder und Aggressivität
  (statt: Aggressive Kinder – Erscheinungsformen und Hilfen)
- Medienterror in Kinderköpfen – oder macht fernsehen doch klug?
  (statt: Fernsehen und seine Folgen)
- „Hört auf euch zu streiten" – Kinderstreit im Alltag
  (statt: Miteinander umgehen lernen)
- „Doktorspiele sind interessant" – Kinder und ihre Sexualität.
  (statt: Die Entwicklung der frühkindlichen Sexualität)
- „Peng, jetzt bist du tot" – Kinder spielen mit Waffen. Ist das richtig?
  (statt: Der Kindergarten als waffenfreie Zone)
- „Was hast du denn da gemalt? Nur gekritzelt?" – Kinderbilder erzählen Geschichten.
  (statt: Die Bedeutung des Malens und Zeichnens für die Entwicklung unserer Kinder)

- Chaos im Kinderzimmer – Kinder und ihre andere Ordnung.
  (statt: Aufräumen im Kinderzimmer)
- „Jungen sind doof, und Mädchen spinnen" – Auswege aus dem „Geschlechterkampf"
  (statt: Geschlechtsgemischte Gruppen und ihre besonderen Schwierigkeiten)
- Hansdampf in allen Ecken – Konzentrationsschwierigkeiten bei Kindern
  (statt: Konzentrationsstörungen und mögliche Hilfen)
- „Das mag ich nicht! Das will ich nicht!" – Kinder haben ihren eigenen Willen
  (statt: Das Trotzalter in der Entwicklung unserer Kinder)
- Wenn Kinderseelen weinen – sexuelle Übergriffe gegen Kinder
  (statt: Sexuelle Mißhandlung – Erscheinungsformen und Folgen)
- „Wer war nochmal Rapunzel?" – Kinder brauchen Märchen
  (statt: Haus- und Volksmärchen – ihre Bedeutung für Kinder)
- Was macht der Kindergarten eigentlich? – Der Kindergarten stellt sich vor.
  (statt: Einführungselternabend für neue Eltern)
- Kinder haben Rechte – dürfen sie heutzutage alles?
  (statt: Die Uno-Konvention „Rechte der Kinder" und ihre Konsequenzen für die Erziehung)
- Kinder lieben Schleimi & Co., Sie nicht? – Gedanken zum Spielzeug der Kinder
  (statt: Gutes Spielzeug ist aus Holz)
- „Sind Engel die Dienerinnen von Gott?" – Kinder erfahren Religion
  (statt: Der religionspädagogische Auftrag der Kindertagesstätte)

Elternabende werden häufig dann gut besucht, wenn die eingeladenen Erwachsenen sich auch als Gäste angesprochen und wohlfühlen können.

(Das Sitzen auf den kleinen Kindergartenstühlen ist ebenso wenig attraktiv wie solche Getränke in der Pause, die nicht einmal einen Durstigen reizen können, davon zu probieren. Da lobt der Autor die Idee einer norddeutschen Erzieherin, die sich bei einem Elternabend entschlossen hatte, Brezeln und Bayerisches Bier – letzteres selbstverständlich nicht im Übermaß – in einer Pause anzubieten.)

6.3.7 Einrichtungspartnerschaften

Viele sozial-pädagogische Einrichtungen sind mit den alltäglichen Aufgaben, die diese Institutionen mit sich bringen, ausgelastet. Sie stehen – wie an anderer Stelle des Buches schon ausführlicher beschrieben – in einem ganzen Bündel von Erwartungen, die die MitarbeiterInnen an sich selbst und andere an sie stellen. Insoweit ist es nicht verwunderlich, daß Kindergärten, Kindertagesstätten und Horte ihre ganze Konzentration auf das eigene Haus lenken.

Gefahr der Isolation

Dieser Rückzug hat gesamtpädagogisch und gesellschaftspolitisch betrachtet aber auch deutliche Nachteile:

- Einrichtungen führen in vielen Fällen ein „Insel-Dasein"; sie wissen nur aus Berichten oder erfahren „hinter vorgehaltener Hand", wie es anderen Institutionen geht, wo deren besondere Kompetenzen liegen bzw. wo ein möglicher Entwicklungsbedarf zu liegen scheint.
- Durch die „Vereinzelung sozial-pädagogischer Einrichtungen" entsteht kaum eine Solidarität unter der Berufsgruppe der ErzieherInnen, weil kein Austausch gepflegt wird und keine Informationen fließen (können). Dadurch passiert es aber auch, daß eigene Institutionsprobleme rasch individualisiert werden, anstatt in bestimmten Schwierigkeiten strukturelle Probleme zu entdecken.
- Einrichtungsegoismen („Wir sind die Besten!" – „Wir sind doch nur ein kleines Rädchen im Getriebe") schaffen Vorurteile, die durch die fehlende Kommunikation mit anderen Häusern nicht abgebaut werden können („Mit denen konnte man noch nie sprechen!" – „Da hat sich doch seit Jahren absolut nichts verändert!" – „Unter den Arbeitsbedingungen kann ja auch nichts entstehen!" – „Die schotten sich doch schon seit Jahren ab!" – „Die sind doch selbst daran schuld, daß es ihnen seit langem so schlecht geht!" – „Die sollten erstmal arbeiten lernen, was sie nie begriffen haben!"). Aber nicht nur das: Vorurteile werden ausgebaut und neue Bewertungen hinzugefügt.
- Am Ende dieser Kette folgt ein Rückzug, bei dem sich MitarbeiterInnen immer mehr mit den Bedingungen abfinden (Möglichkeit 1), innerhalb der Einrichtung rebellieren (Möglichkeit 2) oder sich durch Kündigung verabschieden (Möglichkeit 3). Leidtragende sind die Kinder und die ArbeitnehmerInnen selbst, vom Verfall des Ansehens der Einrichtung einmal abgesehen.

Öffentlichkeitsarbeit hat einen verbindenden Wert. So könn(t)en Einrichtungen z. B. einmal eine Bestandsaufnahme machen, wo bei ihnen besondere Stärken liegen, was ihr besonderes Knowhow ausmacht und in welchen Bereichen auch andere, vergleichbare Institutionen von ihnen profitieren können. Auf der anderen Seite sollte es aber auch zu einer Bestandsaufnahme der eigenen Schwächen kommen, damit ein Austauschprozeß nicht einseitig ausgerichtet wird.

Aspekte einer Einrichtungspartnerschaft

Einrichtungspartnerschaften sind keine Patenschaften. Dieser Begriff sollte aus Sicht der Öffentlichkeitsarbeit möglichst vermieden werden. Patenschaften haben Merkmale an sich, die vielleicht mit den Worten „gönnerhaft", „jemandem unter die Arme greifen", „Geschenke rüberbringen", „helfen" verbunden werden können. Partnerschaften tragen den Wert eines Gleichseins in sich: gleich nicht im Besitz, in der Stellung, im Ansehen oder in der Ausstattung, sondern gleich sein im Wert (der Arbeit, dem Bemühen, eine Aufgabe zu bewältigen, der Anstrengung).

Einrichtungspartnerschaften
- schaffen daher Solidarität;
- tragen zum besseren Verstehen bei;
- helfen, Vorurteile abzubauen;
- helfen, neue Perspektiven für die Arbeit zu entdecken;
- verändern häufig eingefahrene Einrichtungsstrukturen;
- motivieren immer wieder aufs neue, sich an schwierige Aufgaben heranzuwagen;
- überwinden menschliche und geographische Grenzen;
- lassen Egoismen kleiner werden (ohne dabei auf ein gesundes Maß an Egoismus zu verzichten!);
- konfrontieren MitarbeiterInnen mit bisher völlig unbekannten Erfahrungen;
- halten Menschen und Arbeitsweisen lebendig.

Einrichtungspartnerschaften können dabei auf regionaler oder überregionaler Ebene gesucht und eingegangen werden. So können MitarbeiterInnen(gruppen)
- sich gegenseitig besuchen und sich bzw. die Einrichtung kennenlernen;
- einrichtungsspezifische Themen und Probleme erörtern;
- sich gegenseitige Unterstützung und Hilfestellung geben;

- gemeinsam Fort- und Weiterbildungsseminare planen und besuchen;
- konzeptionelle Fragen diskutieren;
- MitarbeiterInnen für begrenzte Zeiten austauschen.

Kontinuität ist entscheidend

Einrichtungspartnerschaften leben wie alle Bereiche der Öffentlichkeitsarbeit aus der Kontinuität heraus – Eintagsfliegen haben keine lange Lebensdauer.

(Eine Anmerkung am Rande: Da der Autor sehr viele Veranstaltungen in den alten und neuen Bundesländern durchführt, stellt er bedauerlicherweise fest, daß von der ersten Euphorie einer gegenseitigen Unterstützung recht wenig übriggeblieben ist. Das gilt insbesondere auch für sozial-pädagogische Einrichtungen. Es mag u. a. daran gelegen haben, daß viele westdeutsche Institutionen mit einer gewissen Überheblichkeit nach Ostdeutschland gegangen sind, sicherlich um Unterstützung anzubieten, gewiß aber auch unter dem Aspekt einer Selbstdarstellung! Auf der anderen Seite ist es bedauerlich, daß sozial-pädagogische Einrichtungen aus den neuen Bundesländern teilweise auch vehement versuchten, alte Konzepte zu verteidigen. Hintergründe mögen dabei außer acht gelassen werden. Einrichtungspartnerschaften können auch heute noch gesucht, aufgebaut und gepflegt werden, um alte, verfestigte und neu entstandene Vorurteile durch eigene Erfahrungen zu revidieren.)

6.3.8 Schaukästen außerhalb der Einrichtungen

Viele kennen ihn, und viele verbinden bestimmte Gedanken mit dem Schaukasten: Es ist meist ein schwarz, blau oder grün gestrichener Stahlkasten, ein Meter lang und 80 cm hoch, der auf seiner Vorderseite ein Glasfenster hat und abschließbar ist. Meist steht er im Eingangsbereich der Kindergärten und hat die eigentliche Aufgabe, aktuelle, wichtige Informationen weiterzugeben. Und sicherlich verbinden auch viele Leserinnen und Leser mit dem Schaukasten folgende Vorstellung: Dort hängen ausgeblichene Ankündigungen, vergilbte Plakate, oder er ist ganz einfach leer!

„Schau-Kasten" – eine Stelle, um hinzuschauen. Er lebt davon, die Aufmerksamkeit der vorbeigehenden Menschen zu fesseln und auf eine bestimmte Nachricht zu lenken. Gleichzeitig ist er auch ein „Schaufenster" für die Einrichtung selbst. Mal ganz ehrlich:

Würden Sie in ein Geschäft gehen, das leere Schaufenster hat oder Schaufenster, in denen die ausgelegte Ware schon angeschmutzt oder „vergammelt" ist?

Funktion des Schaukastens

Der Schaukasten hat dabei unterschiedliche Funktionen: Er kann
- informieren;
- einladen;
- Denkanstöße vermitteln;
- zur Auseinandersetzung anregen;
- zur Mitarbeit motivieren.

Er gibt einen kleinen, eingeschränkten Einblick in die sozial-pädagogische Einrichtung und ist eine erste Visitenkarte für das Haus. Schaukästen können damit abstoßen und Rückschlüsse zulassen („Vielleicht ist die Pädagogik genauso leer wie der Schaukasten." - „Bestimmt ist die Pädagogik genauso antiquiert wie das Plakat vergilbt ist.") oder auch ansprechen („Wenn es in der Einrichtung genauso peppig zugeht, wie der Schaukasten gestaltet ist, dann ist der Kindergarten bestimmt was ganz Lebendiges." - „Wenn der Schaukasten so bunt und vielfältig ist, dann geht es bestimmt auch ganz lustig in der Kindertagesstätte zu.").

Schaukästen sind keine Graukästen!

Gestaltung eines Schaukastens

Damit er auch seine Wirkung hat, braucht jede Gestaltung einen sog. „Eye-Catcher", einen Blickfänger, der die Aufmerksamkeit der BetrachterInnen durch kurze, bündige und griffige Texte, lebendige Illustrationen und auffallend-kräftige Farben fesselt.

Kurze Texte helfen dabei, BetrachterInnen zu motivieren, eben „auf die Schnelle" einmal zu schauen, was dort steht.

Ein großes Schriftbild sorgt dafür, daß nicht erst lange nach einer Brille gesucht werden muß, um den Text zu entziffern. Ein überwiegend einheitliches Schriftbild fördert die Konzentration (auf diesen kurzen Text), und eine übersichtliche Anordnung sorgt für eine Struktur.

Es ist ausgesprochen schade, daß Schaukästen sehr häufig eine völlig nebensächliche oder gar unberücksichtigte Form der Öffentlichkeitsarbeit fristen müssen. Da auch sie eine Visitenkarte der Einrichtung sind, wäre es besser, den Schaukasten dann ganz zu entfernen. Um in dem Beispiel zu bleiben: Es ist sicherlich besser, dem Gesprächspartner keine Visitenkarte zu überreichen, als

Veranstaltungen und Aktionen

eine Karte auszuhändigen, die mit Flecken und Eselsohren versehen ist.

Schaukästen außerhalb der Einrichtungsgebäude haben eine wichtige Funktion und sollten daher grundsätzlich genutzt werden. Natürlich wird auch hier die Frage im Vordergrund stehen, wer denn für die regelmäßige Gestaltung verantwortlich ist. Das ist klar zu entscheiden. So kann z. B. ein rotierendes System eingeführt werden, bei dem 14tägig eine andere Mitarbeiterin bzw. ein anderer Mitarbeiter für die Gestaltung die Verantwortung trägt.

In einem Schaukasten kann etwas „kurz und bündig" über bestimmte Kinderrechte stehen (alle 14 Tage ein neues Kinderrecht, abgeleitet aus der UNO-Charta der Kinder, kurz kommentiert mit einem Satz und verbunden mit einer offenen Frage für die Betrachter, unterlegt mit einem Bild), über laufende Projekte (mit 2–3 Bilddokumentationen) oder über aktuelle Stellungnahmen zum Zeitgeschehen, die in Verbindung zur Pädagogik gesetzt werden.

Bau eines Schaukastens

Wenn sozial-pädagogische Einrichtungen noch keinen Schaukasten besitzen, ist es sicherlich überlegenswert, einen solchen anzuschaffen. Sie sind im Handel erhältlich, aber auch (vielleicht in Zusammenarbeit mit Eltern bzw. älteren Kindern) selbst herzustellen, um Geld zu sparen. Die wesentlichen Merkmale sind schnell genannt:
- Das Material, das zum Bau verwendet wird, muß selbstverständlich wasserfest sein (Kunststoff, Leichtmetall).
- Die Größe sollte ausreichen, um viel Platz zur Gestaltung zu haben.
- Der Abstand zwischen Rückwand und der Glasvorderseite sollte ausreichen, um auch „plastische Mittel" (= Gestaltung in der Tiefe) auf der Innenseite der Rückwand anzubringen.
- Die Rückinnenwand sollte aus Styropor oder Holz bestehen, um Informationsträger mit kleinen Nägeln oder Heftzwecken anbringen zu können.
- Nicht nur bei beleuchteten, sondern auch bei unbeleuchteten Schaukästen ist es immer günstig, wenn Luftlöcher existieren, damit die in Kästen befindliche Feuchtigkeit nach draußen entweichen kann. Andernfalls beschlagen die Scheiben, und nichts ist unattraktiver, als nur ein vernebeltes Glas zu erblicken.

Am Rande bemerkt: Eine Kindertagesstätte hatte sich etwas ganz Pfiffiges ausgedacht. Sie klebte die ganze Glasfläche bis auf ein rundes Ausschnittloch zu. Auf der Klebefolie stand groß zu lesen: „Was können Sie hier erblicken?" Von dieser Frage ging ein großer roter Pfeil zum Guckloch. Da der Schaukasten beleuchtet war (mit einer 9-V-Batterie aus dem Straßenbau, wie wir es bei den Blinkleuchten kennen), stand die entsprechende Nachricht „im Licht". Viele blieben stehen und schauten durch das Loch – die Aufmerksamkeit war gewonnen!

Der Schaukasten kann entweder an der Einrichtung selbst oder an einem vielbeachteten Platz aufgestellt werden (Antragstellung beim Ordnungsamt) – am Marktplatz, in der Fußgängerzone ...

6.3.9 Tag der offenen Tür

Jede sozial-pädagogische Einrichtung ist mehr oder weniger ein in sich und für sich geschlossenes System. Die unterschiedlichen MitarbeiterInnengruppen (LeiterIn, Leitungsteam, ErzieherInnen KinderpflegerInnen, sog. Erst- und Zweitkräfte, Zivildienstleistende, PraktikantInnen, externe Fachkräfte, das technische Personal bilden dabei nicht selten „Untergruppen" und entwickeln dabei sogenannte „Subsysteme". MitarbeiterInnen mit besonderen Persönlichkeitsmerkmalen haben weiterhin ebenso ihre Wirkungen wie KollegInnen, die stark dazu beitragen, nicht aufzufallen.

Wenn jedes „Einrichtungssystem" dafür sorgen würde, ganz unter sich zu bleiben, käme es schnell zu einer sehr starren, rigiden Struktur, in der jede(r) eine ganz spezifische Rolle innehaben würde mit entsprechend gezeigten Verhaltensweisen.

Sinn und Zweck eines „Tages der offenen Tür"

Der „Tag der offenen Tür" dient daher grundsätzlich zwei Zielrichtungen. Zum einen öffnet sich die Einrichtung der Außenwelt, um sich bzw. die Arbeit mit einem bestimmten Zweck dar- und vorzustellen. Zum anderen dient dieser Tag aber auch der Aufgabe, sich zu öffnen und das System mit einer neuen Offenheit zu versehen. So kommt gewissermaßen „eine frische Brise" in die Einrichtung.

Je nach dem besonderen Zweck dieses Tages wird vor allem die Öffentlichkeit eingeladen, sich ein Bild von dem Haus, den MitarbeiterInnen und der Arbeit zu machen. Viele Menschen, die einiges über die Einrichtung gehört haben, aber letztendlich wenig über diese wissen, werden sich vielleicht fragen,
– was das überhaupt für eine Einrichtung ist;
– wie die Einrichtung, die man nur von außen kennt, wohl im Innenbereich aussieht;
– was die ErzieherInnen so den ganzen Tag über mit den Kindern tun und unternehmen;
– wozu die Einrichtung eigentlich genau gut ist;
– was da im Unterschied zu anderen Einrichtungen vielleicht anders gemacht wird;
– ob das tatsächlich im Innenbereich so aussieht, wie man es sich vorstellt;
– ob die Steuergroschen auch gut genutzt werden.

Gestaltung eines „Tages der offenen Tür"

Der „Tag der offenen Tür" gibt dem interessierten, vielleicht neugierigen Publikum die Möglichkeit, Fragen zu stellen bzw. ungestellte, aber bestehende Fragen beantwortet zu bekommen. Das geschieht auf unterschiedliche Art und Weise:

- BesucherInnen können sich frei in allen Räumen des Kindergartens bewegen, um zu schauen, auf Fragen zu stoßen, selbst etwas auszuprobieren.

- Dabei könnte pro Raum eine Mitarbeiterin (mit einem Namensschild an der Kleidung) als Ansprechpartnerin hilfreich sein, die auf Fragen und Anmerkungen eingeht bzw. Informationen weitervermittelt.
- In den Fluren könnten Fotostände aufgebaut werden, um einen Eindruck der alltäglichen, praktischen Arbeit zu geben.
- In einem Raum, in einem Teil des Flurs, auf dem Außengelände könnte eine Cafeteria aufgebaut sein, um den Gästen Kaffee und kleine Snacks zu reichen. (Anmerkung: In einer Kindertagesstätte wurde im Vorfeld mit den Kindern abgesprochen, ob sie ein Interesse hätten, die Besucher durch die Räume zu führen, von ihrem Kindergartenalltag zu erzählen, die Gäste mit Getränken und Speisen zu bewirten. Der Wunsch zum Mitmachen war riesengroß! Vor allem „Bedienung im Café" zu sein, war ausgesprochen stark gefragt. Dazu hatten sich die Kinder wie KellnerInnen angezogen und meisterten ihre Aufgabe mit sehr viel Freude und Engagement.)
- An einem „Infostand" könnten die Einrichtungskonzeptionen vorgestellt und an Interessierte weitergegeben werden.

- Selbstverständlich könnte begleitend eine bestimmte Aktion mit den Kindern laufen: So hatten in einem Kindergarten die Kinder mit den ErzieherInnen in einer Kinderkonferenz darüber beratschlagt, was sie zum Wohlfühlen der Gäste beitragen könnten. Viele Kinder entschieden sich für das Thema „Zirkus". Am „Tag der offenen Tür" kam es dann zur Vorstellung (im Abstand von einer Stunde). Dressurnummern mit wilden Löwen und Tigern, Akrobatik auf einem Seil, zwei Clownnummern und eine Pferdedressur, eine Zaubereinlage und ein „wilder Affentanz" standen dabei auf dem Programm. Auch hier waren die Gäste und Kinder gleichermaßen begeistert.
- Auch ein „Tag der offenen Tür" will – wie jede Form der Öffentlichkeitsarbeit – gut vorbereitet sein.
Auf der einen Seite geht es um die Bekanntmachung und Einladungen für dieses besondere Ereignis (Entwerfen, Schreiben und Verteilen bzw. Aushängen der Plakate, Pressemitteilungen und Einladungen an bestimmte Pressevertreter weitergeben, Druck und Verteilen der Handzettel bzw. Einwerfen der Handzettel in die Briefkästen, Verteilen der Einladungen auf dem Wochenmarkt oder an einer anderen zentralen Stelle). Auf der anderen Seite geht es aber auch um die direkte Vorbereitung des Tages in der Einrichtung selbst. Wieviele Gäste werden kommen? Wann wird es möglicherweise besondere „Stoßzeiten" geben? Kommen überhaupt Gäste, oder werden die MitarbeiterInnen und die Kinder und Eltern unter sich bleiben? Um diese und weitere Fragen abzuklären, machen es einige sozial-pädagogische Einrichtungen so, daß sie auf den Plakaten, Handzetteln und Pressemitteilungen um eine kurze Rückmeldung bitten, um sich auf den Ansturm einzustellen. Nicht als Verpflichtung, sondern lediglich als eine offene Absichtserklärung.
- Beim „Tag der offenen Tür" ist eine gute Gelegenheit gegeben, auch die Personen(gruppen) einzuladen, die eher selten, gar nicht oder nur zu bestimmten Anlässen den Kontakt zur Einrichtung suchen:
  – LehrerInnen aus Fachschulen/-akademien,
  – VertreterInnen des Jugend-/Sozialamtes,
  – MitarbeiterInnen aus Beratungsstellen,
  – Mitglieder bestimmter Arbeitskreise,
  – FachberaterInnen und FortbildungsreferentInnen,
  – externe TherapeutInnen,

– LehrerInnen der Grundschule sowie den Rektor,
- VertreterInnen des Trägers,
- den Orts-/Gemeinde-/Stadtteilpfarrer,
- Geschäftsleute aus dem (un)mittelbaren Umfeld,
- KollegInnen aus anderen Kindergärten/Tagesstätten,
- eigene Freunde und Bekannte,
- Freunde, Bekannte und Verwandte der Kindergarteneltern,
- die Schulärztin/den Schularzt,
- Gemeindearbeiter, die für die Gartenpflege zuständig sind,
- Handwerker, die für das Haus arbeiten,
- und natürlich die PressevertreterInnen!
• Es bringt häufig wenig, an einem „Tag der offenen Tür" eine Rede zu halten, weil ein ständiges, zeitlich ungebundenes Kommen und Gehen herrscht. Dafür gibt es zur Information den Infostand, der natürlich so plaziert sein sollte, daß er allen gut ins Auge fällt. Der „Tag der offenen Tür" ist lebendig zu gestalten, und da können Reden schlichtweg überflüssig sein.

6.3.10 Ausstellungen innerhalb und außerhalb der Einrichtung

Kindergärten, Tagesstätten und Horte erarbeiten im Laufe der Wochen und Monate vielfältige Projekte mit Kindern, die mit ihren besonderen Lebenssituationen zu tun haben. Dabei werden häufig Fotos gemacht, um den Projektaufbau und -ablauf zu dokumentieren.

Leider kann in der Praxis beobachtet werden, daß nach der Entwicklung der Filme die Fotos nur in einem kleinen Rahmen genutzt werden. Etwa so, daß sich Kinder und ErzieherInnen zusammensetzen und die Bilder betrachten. Oder es werden die „schönsten" Fotos ausgesucht, auf eine Papptafel gehängt, mit Nummern versehen und den Eltern zum Kauf angeboten.

Um auch die qualifizierte Projektarbeit nach außen zu dokumentieren, kann überlegt werden, ob mit Hilfe der Bilder eine Ausstellung geplant und umgesetzt werden kann. Dazu ein Beispiel:

Beispiel einer Ausstellung Ein hessischer Kinderhort hatte sich zusammen mit Kindern entschlossen, einmal „ihr heutiges Leben" mit dem Leben „vergangener Generationen" zu vergleichen, Gemeinsamkeiten zu suchen und Unterschiede herauszustellen. Dazu unternahmen sie folgende Aktivitäten:

Zunächst zogen sie durch ihren Stadtteil und suchten sich Motive aus, die ihnen geeignet erschienen, die heutige Zeit im Bild festzuhalten. Dazu wurden Fotos vom Straßenverkehr, von den Menschenmengen im Einkaufszentrum, von den reichhaltigen Angeboten in den Geschäften, vom Zustand der Spielplätze, von einigen Arbeitsstellen ihrer Mütter und Väter sowie spontane Momentaufnahmen gemacht.
Als nächstes wurden die Fotos entwickelt und anschließend an einem Nachmittag die Eltern eingeladen, in den Hort zu kommen und dabei eigene Kindheitsfotos mitzubringen. Die Eltern, die durch ihre Berufstätigkeit verhindert waren, gaben ihren Kindern entsprechende Fotos für den Nachmittag mit. Schon jetzt machte es den Kindern und Erwachsenen Spaß, Fotos und Erzählungen zu vergleichen. Teilweise brachten Eltern und Kinder auch Bilder von ihren Großeltern und ihren Verwandten mit. Durch den gegenseitigen Austausch fühlten sich die Kinder motiviert, das „Leben von damals" zu malen, weil doch letztendlich die Fotos als Dokumentation nicht ausreichten. Es entstanden Bilder von weiten Grünflächen, großen Wäldern, Straßen mit nur wenigen Autos, einem blauen Himmel, frei von Abgasen, spielenden Kindern in Gärten, kleinen Schulen und gemeinsamen Eltern-Kind-Spaziergängen.
Anschließend nahmen die Kinder – zusammen mit den ErzieherInnen – Kontakt zu unterschiedlichen Institutionen auf, um zu prüfen, an welchem Ort sie ihre Ausstellung aufbauen könnten.
Nach kurzer Suche wurde ein Geldinstitut gefunden, das großes Interesse an einer solchen Ausstellung zeigte. Nach weiteren, sehr genauen Absprachen einigte man sich auf einen ersten Besichtigungs- und Planungstermin, mit dem Ergebnis, daß 6 Wochen später die Ausstellung mit großem Erfolg und sehr hoher Beachtung durchgeführt wurde. Das genaue Thema lautete:
„Kindheiten heute – Kindheiten damals"
Zusätzlich zu den Fotos verfaßten die Kinder auch kleine Begleittexte, die bestimmte Bilder sehr anschaulich kommentierten. Eine Anmerkung am Rande: Damit die Fotos auch gut wirken konnten, wurden große Abzüge gewählt, wobei die Frage der Kosten sehr schnell geklärt war; das Geldinstitut erklärte sich bereit, alle Kosten dafür zu tragen.

Orte für Ausstellungen

Je nach Gegebenheiten können Ausstellungen in kleinerem oder größerem Rahmen stattfinden. Als Orte kommen zum Beispiel folgende Einrichtungen in Betracht:
- Banken und Sparkassen
- Beratungsstellen
- Stadt-/Gemeindeverwaltungen
- Schulen
- Arztpraxen
- Kaufhäuser

- Geschäfte
- Gemeindehäuser
- Kirchen etc.

Themenbereiche einer Ausstellung

Selbstverständlich können Ausstellungen auch innerhalb der eigenen Einrichtungen durchgeführt werden, um die Öffentlichkeit gleichzeitig mit der Institution selbst vertraut zu machen. Der Ort richtet sich nach dem besonderen Anliegen (warum wollen wir die Ausstellung durchführen?) und dem Zweck (wozu wollen wir wen erreichen?). Danach richtet sich wiederum das Ausstellungsthema, etwa:
- Wie Kinder heute aufwachsen und wovon sie träumen.
- Eine Kindereinrichtung stellt sich vor.
- Wovor wir Kinder heute Angst haben.
- Kinderleben in einer fremden Welt – was Kinder sich heute wünschen.
- Kinder haben Rechte – die UNO-Charta-Rechte der Kinder und ihre Bedeutung für Erwachsene.
- Kinder sind lebendig und aktiv – wie Kinder ihre Kindheit leben.
- Was Kinder brauchen – Hoffnung, Liebe, Vertrauen und Respekt.
- Der Kindergarten – Teil der Gemeinde.
- Kinder erleben die Natur – ein Kindergarten gestaltet sein Außengelände zu einem kleinen Dschungel.
- Wer bin ich, und wer bist du? – Kinder unterschiedlicher Nationalitäten leben friedlich zusammen.
- Erzieherin heute – Standpunkte zu einem qualifizierten Beruf.
- Wasser, Luft und Erde – was Kindern Spaß und Freude macht.

Während der Ausstellung sollten – wann immer möglich – auch AnsprechpartnerInnen für die BesucherInnen zur Verfügung stehen, um zu den Bildern und Texten auch etwas sagen zu können, Fragen zu beantworten, Probleme zum Thema zu diskutieren. Kindern macht es häufig großen Spaß, Erwachsene zu begleiten, sind sie doch dieses Mal die Großen, die das Konzept in der Hand haben.

6.3.11 Unterschriftenaktion

Zunächst soll ein Beispiel eines Kindergartens wiedergegeben werden, das hoffentlich keine Nachahmung findet.

Der Autor dieses Buches besuchte einen Kindergarten, um mit den MitarbeiterInnen ein Drei-Tage-Seminar durchzuführen. In der Mittagspause bot es sich an, durch die Einrichtung zu gehen und einen Eindruck „vor Ort" zu bekommen.
Am Schwarzen Brett hing u. a. ein „Aufruf zur Unterschrift". Bei genauerem Betrachten dieser vom Kindergarten unterstützten Unterschriftenaktion verschlug es ihm bald die Sprache. Dort war folgender Text zu lesen:
„Sexualtäter treiben weiterhin ihr Unwesen!
Es ist eine Schande, daß Sexualstraftäter immer noch zu vorsichtig verfolgt werden und die verhängten Strafen so kurz sind.
Wir fordern daher eine ausnahmslos strenge Bestrafung der Täter, die Kinder zu Opfern machen. Dafür muß nötigenfalls auch das Strafgesetzbuch verändert werden.
Sexualtäter gehören hinter Schloß und Riegel, damit ihr Unwesen endlich ein Ende hat."
(Darunter war Platz für Unterschriften)

Was ist an dieser Unterschriftenaktion, die in dem Landkreis forciert wurde und dem zuständigen Bundestagsabgeordneten zugestellt werden sollte, so auffällig und aus fachlicher Sicht unvertretbar?
- Dieser Aufruf ist voller Emotionen und gefühlsmäßig besetzter Begriffe („ ... treiben weiterhin ihr Unwesen" – „ ... ist eine Schande" – „ ... gehören hinter Schloß und Riegel" – „ ... damit ihr Unwesen endlich ein Ende hat").
- Es werden bekannte „Volksweisheiten" gebraucht, die einer „Stammtischideologie" entstammen („ ... immer noch zu vorsichtig verfolgt werden" – „ ... verhängte Strafen sind zu kurz" – „ ... fordern eine ausnahmslos strengere Bestrafung").

Daß in diesem Aufruf zur Unterschriftenaktion nicht auch noch eine Zwangskastration gefordert wird oder eine lebenslange Verbannung auf eine ferne Insel, ist verwunderlich.

Ohne an dieser Stelle in die Tiefe einer Diskussion einsteigen zu wollen: Hier wird Feuer geschürt, so daß die „Volksseele spricht" und sich zum Volksrichter per se aufspielt.

Natürlich ist es außergewöhnlich schlimm, wenn Kinder zu Opfern werden. Nur ist das Problem in dieser emotionalisierten Verkürzung so einfach nicht zu lösen. Hier werden Sinnzusammenhänge außer acht gelassen, Vernetzungen beiseite geschoben und isolierte Forderungen gestellt, Verantwortung wird an „die da oben" delegiert und abgewartet, was passiert.

Auf die Fragen des Autors an die MitarbeiterInnen, ob denn z. B.
- dieser Text mit den MitarbeiterInnen zusammen formuliert wurde, erfolgte ein Kopfschütteln;
- diese Sätze die Zustimmung der MitarbeiterInnen finden würden, kannten viele die Formulierung nicht mehr;
- nicht auch etwas zur Forderung des Ausbaus der Psychotherapie für TäterInnen hätte gesagt werden können, erfolgte Schweigen;
- schon einmal ein Gesamtelternabend zu diesem Thema gemacht worden sei, wurde die Frage verneint;
- die MitarbeiterInnen Fakten zum Strafmaß (Mittelwerte) wüßten, erfolgte ebenfalls ein Kopfschütteln;
- schon einmal mit Eltern ein (Kurzzeit-)Seminar stattgefunden hätte, um auch den Begriff „Kinder als Opfer" direkt und beispielhaft auf das ganz normale Kinderleben zu übertragen, wurde ebenfalls mit einem „Nein" geantwortet;
- die MitarbeiterInnen wüßten, wer ihr Bundestagsabgeordneter sei und welcher Partei er angehöre, wurde mit einem Schulterzucken reagiert;
- die aktuellen Parteientwürfe bekannt seien, die in den Arbeitskreisen der Fraktionen des Deutschen Bundestages erarbeitet wurden, erfolgte ebenfalls ein „Nein".

Fachkompetenz war offensichtlich bei dieser Unterschriftenaktion weder erforderlich noch gefragt.

Ein zweites Beispiel für die Unterschriftenaktion in einem Kindergarten:

In der Einrichtung (Hort) war es bisher so gewesen, daß das Mittagessen von zwei Küchenfrauen für die Kinder und MitarbeiterInnen gekocht wurde. Das schon seit einigen Jahren, und sowohl die Kinder als auch die MitarbeiterInnen empfanden es als sehr wohltuend, daß einerseits die Speisen miteinander festgelegt wurden, andererseits das Essen lecker und aus ernährungswissenschaftlicher Sicht sehr ausgewogen zubereitet wurde. Sicherlich lag es auch daran, daß die beiden Küchenfrauen Fortbildungsseminare besucht hatten und selbst viel Freude beim Kochen empfanden. Die Rückmeldung der Kinder – „heute war es wieder lecker" – war der beste Beweis für ihre Kochkunst. Nun entschloß sich der Träger der Einrichtung, den Küchenfrauen zu kündigen und stattdessen die notwendigen Essensportionen von einer Großküche zu beziehen. Alle im Hort waren entsetzt! Was dann folgte, ist schnell berichtet. Eltern, ErzieherInnen und Kinder führten eine Unterschriftenaktion durch, mit der Forderung, die Küche – und damit die beiden ArbeitnehmerInnen – wie bisher zu behalten. Es folgten ein Bericht in der örtlichen Presse und LeserInnenbriefe und Anrufe im Hort, in denen Menschen ihre Solidarität bekundeten. Der Erfolg bestand darin, daß sich der Träger veranlaßt sah, diesen Tagesordnungspunkt in einer „Sondersitzung" noch einmal zu behandeln. Schließlich wurden die Eltern gefragt, ob sie bereit wären, eine geringe Preiserhöhung in Kauf zu nehmen, wobei der Träger gleichzeitig signalisierte, daß eine volle Stelle (statt der zwei Ganztagsstellen) gehalten und eine Aushilfskraft mit einer halben Stelle geschaffen werden könne. Damit waren die Eltern und alle MitarbeiterInnen nicht einverstanden. Es endete so, daß beide Küchenfrauen ihre Stellen behalten konnten mit einer halben und einer dreiviertel Stelle bei gleichzeitiger Erhöhung des Tagespreises, der von den Eltern akzeptiert wurde.

Unterschriftenaktionen können sich dabei auf die Einrichtung und die Eltern begrenzen oder über die Einrichtung hinausgehen, um z. B. auf dem Markt, in der Fußgängerstraße öffentlich auf etwas aufmerksam zu machen und mit Hilfe von vielen Unterschriften eine Veränderung des Problems zu erreichen.

Vorbereitung einer Unterschriftenaktion

Unterschriftenaktionen müssen dabei wie alle anderen öffentlichen Aktionen professionell vorbereitet und durchgeführt werden. Es müssen
– fundierte Hintergrundinformationen bekannt sein;
– klar formulierte Ziele aufgestellt werden;
– strukturierte Arbeitsabläufe erkennbar sein;
– deutliche, ehrliche Informationen weitergegeben werden können;
– schriftliche Materialien zur Mitnahme bereitliegen;
– sachliche Diskussionsbeiträge geleistet werden.

Anlässe für eine Unterschriftenaktion

Unterschriftenaktionen kann es zu vielfältigen Anlässen geben:
– zum Ausbau des Angebots in der Elementar- und Primarpädagogik,
– zur Wiedereinführung oder Aufrechterhaltung bestimmter Qualitätsstandards in Einrichtungen,
– zu örtlichen Notwendigkeiten, etwa
  – zum Ausbau von Fuß- und Radwegen,
  – zur Errichtung einer Ampelanlage bzw. Einzeichnung eines Fußgängerüberwegs in der Nähe der Einrichtung,
  – zur Umgestaltung eines unattraktiven öffentlichen Spielplatzes,
– zu gesellschaftspolitischen Themen, etwa
  – zum Auf-/Ausbau integrativ arbeitender Einrichtungen,

- zum Abbau diskriminierender Gesetzesentwürfe bzw. Verordnungen,
- zur Beibehaltung von kleinen Dorfgemeinschaftsschulen.

Unterschriftenaktionen geben Bürgerinnen und Bürgern das Recht, sich mit ihrem Namen und ihrer Anschrift öffentlich für etwas einzusetzen und Stellung zu beziehen.

Diese demokratische Form der Willensbekundung sollte gepflegt und genutzt werden.

6.3.12 Spendenaktionen und öffentliche Versteigerungen

Tagtäglich schrecken uns Meldungen auf, die wir aus der Tagespresse, dem Rundfunk und Fernseher empfangen, so z. B.:
- Kinderheime in osteuropäischen Ländern können wegen des Mangels an Grundnahrungsmitteln eine notwendige Ernährung der Kinder nicht mehr sicherstellen.
- Naturkatastrophen haben den Menschen, die in dieser Region gelebt haben, Haus und Hof zerstört.
- Politische, kriegerische Auseinandersetzungen setzten Flüchtlingsströme in Gang, bei denen Kinder und Erwachsene ohne Nahrung unterwegs sind und Hunger leiden, an Unterernährung sterben (müssen).
- Straßenkinder bevölkern manche europäische und lateinamerikanische Großstadt; sie haben kein Dach über dem Kopf und verelenden, setzen sich unter Betäubungsmittel, um ihr Elend wenigstens für kurze Zeit zu verdrängen, oder verdienen ihr Geld ums Überleben durch Prostitution.
- Kinder haben in politischen Unruhegebieten ihre Eltern verloren und sind zu Waisenkindern geworden.
- Männer, Frauen und Kinder werden wegen ihrer Religion und ihrer Meinungsäußerungen politisch verfolgt und in Haft genommen, wobei die nichtinhaftierten Familienmitglieder (häufig Frauen und Kinder) durch den Wegfall des (oftmals) einzigen Verdieners in größte finanzielle Not geraten.

Fast ist es inzwischen so, daß sich viele Menschen in Deutschland an diese Horrorszenarien und bedrückenden Bilder und Berichte gewöhnt haben.

Eine engagierte Elementar- und Primarpädagogik verschließt dabei nicht die Augen, und MitarbeiterInnen können gemeinsam mit Eltern und Kindern überlegen, ob sie eine Spendenaktion initiieren möchten. Der kleinste Versuch besteht sicherlich darin, mit Plakaten innerhalb der Einrichtung auf diese Not aufmerksam zu machen und Spendendosen aufzustellen. So gut dieser Versuch gemeint ist, so gering wird häufig das Ergebnis sein. Jeder, der das schon einmal versucht hat, wird sicherlich diese Aussage bestätigen können. Die Höhe der eingehenden Spendengelder ist in der Hauptsache von zwei Faktoren abhängig:

Erstens von der Bedeutung (dem Hintergrund) der Aktion selbst, also dem Themenschwerpunkt und der Betroffenheit der Spender, und zweitens von dem Grad der Wirksamkeit dieser Spendenaktion und damit der Anzahl der Menschen, die von der Aktion erreicht werden.

Durchführung einer Spendenaktion

Spendenaktionen sollten öffentlich durchgeführt werden – etwa mit einem Stand, Plakaten, Handzetteln, guten Hintergrundinformationen, Informationsmaterialien für die potentiellen Spender und mit viel Engagement. Dabei können Spender eine kleine Aufmerksamkeit als Gegenleistung erhalten (etwa einen Button o.ä.). Denkbar ist auch, daß eine Straßen- oder Haustürsammlung durchgeführt wird oder das Ganze mit einer begleitenden Pressearbeit z. B. im Gemeindehaus stattfindet.

Spendengelder können ebenso durch begleitende Aktionen (Straßentheater, Aufführungen, Basare, Flohmärkte ...) eingenommen werden.

Versteigerungen

Besonders attraktiv sind dabei Versteigerungen! In den Wochen vor der Spendenaktion können Eltern und Kinder nützliche, brauchbare und gut erhaltene Dinge z. B. in der Einrichtung zusammentragen und sichten, inwieweit die Gegenstände für die Versteigerung geeignet sind. Bei Bedarf besteht die Möglichkeit, kleinere Schönheitsreparaturen durchzuführen, so daß der Wert dieser Gegenstände objektiv steigt.

Wenn dann – mit entsprechender Vorplanung, attraktiver Werbung und den notwendigen Pressehinweisen – noch ein stimmgewaltiger Auktionator es schafft, die zu versteigernden Dinge lustig und überzeugend anzupreisen, ist ein Erfolg so gut wie gesichert.

> Anmerkung: Je nach Stadt- und Gemeindeverordnungen sind bestimmte Spendenaktionen genehmigungspflichtig. Eine Anfrage beim zuständigen Ordnungsamt ist daher sinnvoll und rechtsnotwendig.

6.3.13 Feste und Feiern

Die in sozial-pädagogischen Einrichtungen üblichen Formen der Öffentlichkeitsarbeit sind bekannt:
- Frühlings-, Sommer- und Herbstfeste
- Maifest
- Basare
- Weihnachtsfeiern
- Kinderaufführungen
- Flohmärkte
- Kleidermarkt
- Fastnacht
- Osterfest
- Muttertag
- Erntedankfest
- St. Martin
- Nikolaus
- Dreikönigsfest

Je nach geographischer Region haben sie ihren besonderen Stellenwert und ihren ganz festen, traditionellen Platz.

Auf der einen Seite soll die Bedeutung dieser Öffentlichkeitsarbeit nicht grundsätzlich verkannt werden. Auf der anderen Seite geht es darum, sie durch die in dem Handbuch vorgestellten anderen Formen der Öffentlichkeitsarbeit zu ergänzen.

Es wird davon ausgegangen, daß in der Praxis genügend Materialien und Ideen zur Gestaltung der oben genannten Feste und Feiern vorliegen. Aus dem Grunde werden sie an dieser Stelle nicht weiter ausgeführt.

Veranstaltungen und Aktionen

6.2.14 Der Info-Stand

Informationsstände gehören in unseren Einkaufsstraßen oder auf den Marktplätzen schon fast zum gewohnten Bild. Unterschiedliche Gruppen suchen dabei den Kontakt zur Bevölkerung, um auf ihr besonderes Anliegen aufmerksam zu machen.

Diese Chance können auch sozial-pädagogische Einrichtungen nutzen, obgleich diese Form der Öffentlichkeitsarbeit von ErzieherInnen selten in Betracht gezogen wird.

Zu der Zeit, als in dem Bundesland Schleswig-Holstein der erste Entwurf für das damals neue Kindertagesstättengesetz öffentlich wurde, fühlten sich viele ErzieherInnen veranlaßt, Stellung zu beziehen. So ging es etwa um die immer aktuellen Fragen zur Anzahl der Kinder pro Gruppe, um die Personalbesetzung und die geforderten Qualifikationen, das Recht bzw. die Pflicht zur Fort- und Weiterbildung, die Zielsetzung der jeweiligen Einrichtung und damit verwandte Fragen. Alle Landesverbände der freien Wohlfahrtspflege nahmen schriftliche Stellungnahmen vor, bezogen (mehr oder weniger) die ErzieherInnen in die Diskussionen mit ein und sorgten für eine hohe Transparenz des jeweils aktuellen Diskussionsstandes. (Anmerkung: Leider gab es aber auch einige Kindertagesstätten, die sich aus allen Aktivitäten heraushielten. Sie vertraten die Meinung, daß „die da oben doch sowieso das durchsetzen, was sie wollen".)
Einige ErzieherInnen hatten den starken Anspruch, ihren Forderungen nach Qualitätsstandards noch mehr Ausdruck zu verleihen, als es bisher der Fall war. Sie bauten auf Marktplätzen Info-Stände auf und informierten Bürgerinnen und Bürger über ihr spezielles Anliegen. Kombiniert wurde das ganze mit einer Unterschriftenaktion und einer ausführlichen Informationsbreite – ErzieherInnen stellten sich der Diskussion, hatten ihren Stand mit Fotowänden und Schautafeln ausgestattet und stellten kleine Dokumentationsmappen zur Verfügung. Da diese Info-Stände in mehreren Städten aufgebaut waren, trugen sie sicherlich dazu bei, daß für eine längere Zeit das „Kindertagesstättengesetz" in fast aller Munde war, zumal auch die Presse groß darüber berichtete, Radiosendungen das Thema behandelten und öffentliche Diskussionen im ganzen Land geführt wurden.
(Anmerkung: Die ErzieherInnen leisteten ihre Info-Stand-Arbeit meist an Wochenenden – Samstagen –, also außerhalb ihrer Dienstzeit. Sie hatten sich entschieden, diese Mehrarbeit freiwillig zu leisten, weil es ihr berufspolitisches Engagement verlangte, dies für einen kurzen, begrenzten Zeitraum zu tun.)

Anlässe für einen Info-Stand

Es gibt viele Auslöser, einen Info-Stand aufzubauen, um die breite Öffentlichkeit zu suchen, etwa wenn es
- um den notwendigen Ausbau von Kindergartenplätzen;
- um die geplante Schließung von Einrichtungen;
- um die Konzentration der Aufmerksamkeit auf die Arbeit von sozial-pädagogischen Einrichtungen;
- um die Verbesserung von Rahmenbedingungen,
- um berufsspezifische oder politische Anliegen

geht.

Wenn es etwa für die MitarbeiterInnen einer sozial-pädagogischen Einrichtung zu aufwendig oder umständlich erscheint, einen solchen Info-Stand einzurichten, spricht nichts dagegen, daß sich mehrere Kindergärten, Tagesstätten oder Horte zusammenschließen und daraus eine solidarische Gemeinschaftsaktion machen.

Attraktivität eines Info-Standes

Info-Stände leben von der *Aufmerksamkeit* und *Attraktivität*. Stellen Sie sich einmal auf der einen Seite einer Fußgängerstraße einen Info-Stand vor, der lediglich aus einem aufgestellten Tapeziertisch besteht, auf dem ein paar Informationsblätter liegen. Dahinter stehen Personen, die sich miteinander unterhalten und ansonsten gelangweilt zu den Passanten schauen. Diesem Stand gegenüber würde nun ein anderer Info-Stand aufgebaut sein, der beispielsweise mit großen Plakatwänden und gut lesbarer Schrift schon von weitem erkennbar wäre. MitarbeiterInnen würden vor ihrem Stand stehen, Flugblätter verteilen und sprachlich annehmbar auf ihr Anliegen hinweisen. Neben dem Stand wäre eine kleine Spielecke für Kinder eingerichtet, Luftballons (vielleicht sogar mit einem entsprechenden Aufdruck) würden verteilt werden, und aus dem Hintergrund würden lustige Kinderlieder über einen Recorder zu hören sein. Die MitarbeiterInnen hätten für alle gut lesbar ein Namensschild mit der Ergänzung „Kindertagesstätte ..." an ihrer Kleidung, und das Engagement der Frauen und Männer wäre deutlich zu spüren.

Zu welchem Stand würden Sie gehen? Durch was würde Ihre Aufmerksamkeit besonders angesprochen sein? Die Frage ist sicherlich sehr leicht zu beantworten.

Stellen Sie sich schließlich weiter vor, über dem attraktiven Info-Stand wäre ein großes Transparent aufgestellt mit der Aussage:

- „Kindergartennotstand – Kinder brauchen Kindergartenplätze."
- „Kinder wollen spielen – und keinen Parkplatz."
- „ErzieherInnen sind keine ‚dummen Basteltanten'."
- „Pädagogik am Ende: Qualität hat ihren Preis."
- „Kinder brauchen Freunde – im Kindergarten gibt es viele!"
- „ErzieherInnen fordern Qualität für Kinder."
- „Ene mene muh – uns drückt der Schuh!"
- „Eltern und ErzieherInnen: FürsprecherInnen für Kinder."
- „Kinder brauchen gute Kindergärten, keinen Schrott!"

Würde Ihre Aufmerksamkeit dadurch nicht eher geweckt werden als bei einem Info-Stand, bei dem von weitem überhaupt nicht erkennbar wäre, „was die da eigentlich wollen"?

6.3.15 Öffentlichkeitsarbeit durch Direktwerbung (Streuartikel)

Jeder kennt die sogenannten Streuartikel, die Versicherungen und Vertreter als Werbemittel beim Verbraucher lassen (Kugelschreiber und Blocks). Baumärkte geben bedruckte Zollstöcke, Hotels vor allem Streichholzschachteln und Autofirmen Schutzhüllen für Kfz-Scheine oder Autoschlüsselanhänger an (potentielle) Kunden weiter. Im Grunde genommen ist es kein anderes Bewußtsein als bei Jugendlichen, die stolz ihre „Markenklamotten" tragen. Streuartikel haben den Vorzug, daß sie teilweise auch lange genutzt werden, nachdem sie verteilt wurden.

Auch Kindergärten, Kindertagesstätten und Horte können solche Direktwerbung nutzen. Sei es bei besonderen Aktionen (Info-Ständen, Festen) oder sei es nur dem Zweck dienend, die Einrichtung ab und zu ins Bewußtsein der Öffentlichkeit zu tragen. Die Streuartikel gibt es inzwischen in allen Facetten. Einige seien daher aufgeführt:

Verschiedene Arten von Streuartikeln

- Aufkleber (mit dem Logo der Einrichtung und einem Slogan bedruckt) – sie gibt es in quadratischer, rechteckiger, ovaler und runder Form.
- Luftballons und Fähnchen sind nach wie vor bei Kindern sehr beliebt und haben einen hohen Aufmerksamkeitswert.
- Buttons können mit sehr ansprechenden Motiven bedruckt werden – es lohnt sich, zusammen mit anderen Einrichtungen eine Buttonmaschine anzuschaffen.

- Kugelschreiber (mit guten Minen!) haben eine lange Wirkung, weil sie nach wie vor genutzt werden und vom Nutzer wiederum eine Werbung durch den entsprechenden Kugelschreiberaufdruck weitergegeben wird.
- Würfelblocks mit seitlichem Aufdruck werden gerne als Merkzettel genutzt und finden in den Haushaltsküchen ihren festen Platz.
- Bedruckte T-Shirts sind zwar relativ teuer, haben aber häufig für Kinder eine besondere Bedeutung, weil es sie deutlich als eine Person „ausweist", die zu diesem Kindergarten gehört.
- Leinentaschen mit dem Einrichtungsaufdruck machen Plastiktüten überflüssig und haben einen ganz praktischen Wert.

Es gibt inzwischen viele Anbieter für diese und weitere Streuartikel. Sicherlich lohnt es sich, einmal ganz ernsthaft über diese Form der Öffentlichkeitsarbeit nachzudenken.

6.3.16 Trägerausgerichtete Betriebsfeste und Betriebsausflüge

Kindergärten, Kindertagesstätten und Horte sind Einrichtungen, die in einem sozialen Verbund (der Kirchengemeinde, der politischen Gemeinde, der Stadt, dem Betrieb ...) eingebettet sind.

Bei vielen Trägern ist es eine langjährige Tradition, einmal im Jahr einen gemeinsamen Betriebsausflug zu organisieren, zu dem alle MitarbeiterInnen aller Arbeitsbereiche eingeladen sind. Während es üblicherweise so ist, daß die meisten MitarbeiterInnen der unterschiedlichen Arbeitsbereiche daran teilnehmen wollen, entsteht bei sozial-pädagogischen Fachkräften immer aufs neue die Grundsatzdiskussion, ob eine Teilnahme sinnvoll und gewünscht ist. So passiert es, daß in vielen Fällen der Betriebsausflug ohne die pädagogischen MitarbeiterInnen stattfindet. Es soll an dieser Stelle nicht darüber diskutiert werden, ob bestimmte Gründe gegen eine Teilnahme sprechen.

Kontakte durch Betriebsfeste und -ausflüge

Unter dem Aspekt der Öffentlichkeitsarbeit ist zu sagen, daß eine solche Abgrenzung häufig als Ausgrenzung verstanden wird. Wenn Sozial-Pädagogik den Anspruch hat, integrative – also verbindende – Arbeit zu leisten, dann geben gerade Betriebsfeste und -ausflüge die Chance, MitarbeiterInnen aus anderen, völlig unterschiedlichen Arbeitsbereichen kennenzulernen, sich mit ihnen zu unterhalten, Vorurteile abzubauen und Kontakte zu pflegen.

> Öffentlichkeitsarbeit geschieht nicht nur nach außen, sondern auch in der Binnenstruktur eines Verbandes bzw. Trägers.

Insofern gehört die Teilnahme zur internen Öffentlichkeitsarbeit.
In den allgemeinen Verwaltungsbereichen gelten PädagogInnen – ob zu Recht oder Unrecht, mag dahingestellt sein – als „Exoten", als Menschen, „mit denen man sowieso nicht vernünftig sprechen kann". Betriebsausflüge und -feste schaffen die Basis, auch Vorurteile zur Berufsgruppe pädagogischer Fachkräfte abzubauen.

6.3.17 Demonstrationen

Der Autor erinnert sich an eine ErzieherInnendemonstration zurück, die vor einiger Zeit einmal in Hessen stattgefunden hat. Es ging dabei um die große Sorge der sozial-pädagogischen MitarbeiterInnen in Kindergärten und Kindertagesstätten, daß die Rahmenbedingungen für eine qualifizierte Pädagogik kontinuierlich verschlechtert werden könnten.

Nach einem Fußmarsch mit Transparenten und lautstarken „Sprüchen" endete die Demonstration schließlich vor dem Rathaus. Dabei wurden große Mengen bunter Primeln auf den Rathausvorplatz gestellt – ein unvorstellbar buntes Blumenfeld entstand dabei. Nun wurden neue Plakate ausgerollt, und darauf stand zu lesen: „Jede Blume ist ein Kind!" – „Blumen brauchen Platz, Sonne und Menschen, die sich um sie kümmern! – Kinder auch!" – „Blumen, die zu eng stehen, sterben – Kinder auch!" – „Abgestorbene Blumen landen auf dem Müll – und Kinder?"

Dabei waren die Transparente so in einem Halbkreis aufgestellt, daß ein fließender Text entstand.

Nach einer kurzen Auflistung der Forderungen (verstärkt durch ein Mikrophon, ausgerichtet auf das Rathaus) standen ca. 200 ErzieherInnen für fünfzehn Minuten still da und schlossen ihre Demonstration mit der Übergabe einer Petition an den Oberbürgermeister ab. Es war eindrucksvoll!

Demonstrationen als Mittel

Demonstrationen sind ein legales Mittel in einer Demokratie, auf Mißstände und Forderungen aufmerksam zu machen. Sie sind auch ein eindrucksvoller Weg, *Solidarität* zu empfinden und zu zeigen. Hier haben sich sozial-pädagogische Fachkräfte (und Eltern) für Kinder und für eine qualifizierte Pädagogik eingesetzt. Gleichzeitig haben ErzieherInnen *ihr Selbstverständnis* nach außen demonstriert.

Zwei Anmerkungen seien gestattet:

Mangelnde Solidarität

1. Immer wieder fällt bei Demonstrationen sozial-pädagogischer Fachkräfte auf, daß im Vergleich zu anderen Berufsgruppen die Beteiligung eingeschränkt ist. Dafür mag es private Gründe der angesprochenen Fachfrauen und -männer geben. Dennoch bleibt es unverständlich, daß auf der einen Seite sozial-pädagogische Fachkräfte Kinder zu einer solidarischen Haltung erziehen möchten, auf der anderen Seite ganz offensichtlich sehr häufig

keine eigene Solidarität mit KollegInnen, Eltern und Kindern real umsetzen!

Gefahr der Funktionalisierung von Kindern

2. Eine Demonstration ist eine Meinungsäußerung der Erwachsenen! Selbstverständlich können Kinder mitgehen und sich an dieser Aktion auf ihre Art beteiligen.

Dem Autor bleibt es unverständlich, wenn z. B. Kinder Plakate in der Hand haben, auf denen mit Kinderschrift (von Erwachsenen geschrieben) zu lesen war:

„Wir fordern pro Gruppe 2 Fachkräfte!" Oder:

„25 Kinder in der Gruppe – da ist keine Pädagogik möglich."

So unwidersprochen diese Aussagen inhaltlich richtig waren und sind, so deutlich kommt zum Ausdruck, daß diese Sprache nicht von Kindern stammt. Damit wurden Kinder funktionalisiert, weil sie für Erwachsenenforderungen eingesetzt waren.

Auch wenn es sich um sog. „progressive Forderungen" handelt(e) – Kinder zu eigenen Meinungsträgern zu nutzen, ist eine Form der Meinungsäußerung; Kinder nicht zu nutzen, ist eine kindorientierte Form der Öffentlichkeitsarbeit!

> **Demonstrationen müssen rechtzeitig angemeldet und genehmigt werden. Dabei spielt die Vorinformation der Öffentlichkeit eine große Rolle, um möglichst viele Menschen zu aktivieren, sich für berechtigte Forderungen aktiv miteinzusetzen.**

6.4 Presse- und Medienarbeit

6.4.1 Pressemitteilung/Presseinformation

Kindergärten, Kindertagesstätten und Horte leisten im Laufe eines Jahres häufig sehr viel. So geht es beispielsweise um die anstrengende Arbeit, das Arbeitskonzept mit anderen Arbeitsansätzen zu vergleichen und zu überarbeiten, die Erstellung oder Erweiterung, d. h. Modifikation der Institutionskonzeption, die Durchführung von Fachbuchvorstellungen, die aktive Pflege von Einrichtungspartnerschaften, die Veröffentlichung des aktuellen Jahresberichts oder die Publikation eines eigenen Fachartikels, die Zusammenarbeit mit den Sponsoren oder eine Spendenaktion, die Umgestaltung des Außengeländes oder das Feiern besonderer Feste, die Eröffnung einer Ausstellung oder die Initiierung einer großangelegten Unterschriftenaktion.

Zunächst kann davon ausgegangen werden, daß sich ein großer Teil der BewohnerInnen des größeren Umfeldes für diese Aktivitäten interessiert. Wenn nicht, dann ist es für die sozial-pädagogische Einrichtung dringend erforderlich, diese Aktivitäten noch deutlicher in die Öffentlichkeit zu transportieren und die Aufmerksamkeit darauf zu lenken.

Zweck einer Pressemitteilung

Pressemitteilungen sorgen für eine (Be-)Achtung und Wertschätzung der sozial-pädagogischen Arbeit. Sie dienen gleichfalls der Imagewerbung und sorgen dafür, daß eine qualifizierte Pädagogik immer wieder ins Bewußtsein der Öffentlichkeit tritt. Grundsätzlich kommen für Pressemitteilungen und Presseinformationen viele Zeitungen in Betracht:
– die Tageszeitung mit der Lokalausgabe
– die Wochenausgabe der Werbezeitungen
– Anzeigenblätter
– lokale Bürgerzeitungen
– Kirchen- und Gemeindezeitungen
– Szene-Blätter
– Veranstaltungskalender

Presseinformationen und -mitteilungen können sich aber auch an
– Fachzeitschriften,
– Spezial-Informationsdienste der Elementar- und Primarpädagogik,
– Organe der Fachverbände und Fachorganisationen,
– Veröffentlichungen der Berufsverbände,
– Zeitungen der (Berufs-)Gewerkschaften und
– Kulturzeitschriften
wenden.

Die Facetten sind – wie zu sehen – sehr vielfältig. Regelmäßige Presseinformationen helfen den sozial-pädagogischen Einrichtungen dabei, ihren Stellenwert herauszustellen und einen festen Platz in der Gemeinde oder der Stadt zu finden. Dadurch wird sicherlich auch der Integrationsprozeß stabilisiert.

Zielgruppe

Presseinformationen und -mitteilungen werden von sehr unterschiedlichen LeserInnen zur Kenntnis genommen. Zum einen sind es die sogenannte „AllroundleserInnen" – ihre Zeitung gehört zum festen Bestandteil des Tages, und dabei wird alles, was in der Zeitung steht, zumindest mit einem Blick überflogen oder sehr gewissenhaft gelesen.

Dann gibt es besondere LeserInnengruppen, etwa andere ErzieherInnen, LehrerInnen aus den Grundschulen, MitarbeiterInnen aus den psychosozialen Diensten, MitarbeiterInnen der Gemeinde- oder Stadtverwaltung, politische Mandatsträger oder kirchliche VertreterInnen, die mit einem besonderen Augenmerk auf „soziale Angelegenheiten" achten. Schließlich gibt es die Eltern der Einrichtungen selbst, die durch ihre besonderen Beziehungen zu der Institution Kindergarten/Kindertagesstätte/Hort ein hohes Interesse haben, etwas über „ihre" Einrichtung zu lesen. Und schließlich sind es die Kinder und Jugendlichen, die stolz darauf sind, wenn sie in der Zeitung etwas über „ihr zweites Zuhause" finden. Die Presseorgane berichten über alle wichtigen Ereignisse, darüber, „wo etwas los ist", „wo sich was tut" und „was dem öffentlichen Interesse zur Information dienlich ist". Wenn davon ausgegangen werden kann und muß, daß sozialpädagogische Einrichtungen eher mit eigenen Informationen zurückhaltend sind, wundert es nicht, daß häufig nur solche Mitteilungen gedruckt werden, die „übrig bleiben". Etwa wenn in Kindertageseinrichtungen eingebrochen wurde, in den Institutionen Unfälle passiert sind, Kindergruppen wegen irgendeiner Krankheitsverbreitung geschlossen werden mußten, Unruhe in der Elternschaft durch neue Konzepte entstanden ist oder wenn das Gesundheitsamt aus hygienischen Gründen die Benutzung der Sandkästen untersagte oder einer Leiterin gekündigt wurde. So muß es im Gegenzug darum gehen, den Kindergarten, die Kindertagesstätte oder den Hort mit qualifizierten pädagogischen Inhalten ins Gespräch zu bringen.

Pressemitteilungen und -informationen sollten gedruckt und gelesen werden. Um das zu erreichen, ist es hilfreich, bestimmte Merkmale zu beachten:

Form und Aufbau einer Pressemitteilung

- Sie müssen eine Antwort auf die wesentlichen Fragen der LeserInnen haben:
  - **Wer** will mit diesem Text etwas mitteilen?
  - **Was** ist der genaue Inhalt?

- **Wann** findet das Ereignis statt, bzw. **wann** hat was stattgefunden?
- **Wo** hat sich das Ereignis abgespielt, bzw. **wo** spielt sich das Ereignis ab?
- Mit **wem** soll das Vorhaben durchgeführt werden bzw. wurde das Vorhaben durchgeführt, und für **wen** war bzw. ist es gedacht?
- **Warum** wurde das Ereignis ausgeführt bzw. wird das Vorhaben angeboten?

Dabei kann die Reihenfolge der beantworteten Fragen im Text je nach Inhalt und persönlicher Einschätzung selbstverständlich variieren.

- Die ersten Zeilen müssen die Hauptaussage möglichst genau treffen, damit LeserInnen von Anfang an „ins Bild" gesetzt werden!

- Die Überschrift muß „schlagkräftig" sein – sie soll neugierig machen und einen deutlichen Aufforderungscharakter besitzen. In der Pressemitteilung bzw. -information werden dabei folgende Arten der Überschriften unterschieden: Es gibt Überschriften mit
  - einem emotionalen Wert;
    (Beispiele: „Kindergartenkinder freuen sich über den neuen Spielplatz."
    „Kinder werden selbstbewußt – ein neues Konzept im Kindergarten."
    „Kindergartenkinder staunen über Bauaktivitäten.")
  - folgenschweren Aussagen;
    (Beispiele: „Zu viele Anmeldungen für den Kindergarten – viele Kinder bleiben unberücksichtigt!"
    „Überforderungen lassen Kinder seelisch erkranken."
    „War alles umsonst? Spendenaufrufe blieben ungehört.")
  - „kuriosen" Formulierungen;
    (Beispiele: „Ene, mene muh – und wo bleibst du? Interessanter Vortrag im Kindergarten."
    „Rambo im Kindergarten – Aggressivität unter Kindern."

„Die Kindergartentante ist tot. Professionalität ist gefragt – eine Fortbildung, die Bewegung bringt.")
– einem Lebenshilfewert.
(Beispiele: „Wenn Kinder sich bewegen, lernen sie besser."
„Wer viel spielt, ist in der Schule später besser."
„Spielzeugarme Kindergärten fördern Phantasie und Kreativität.")

Auch trockene Themen können auf diese Art und Weise lebendig formuliert werden und LeserInnen reizen, sich mit den Inhalten weiter zu beschäftigen.

- Presseinformationen oder -mitteilungen müssen den Charakter einer sachlichen Darstellung besitzen. Daher muß auf jedwede polemische Äußerung verzichtet werden, Behauptungen müssen einen Beweis beibringen, und unsachliche Formulierungen finden keinen Platz.
  Das bedeutet aber nicht, daß sachliche Darstellungen langweilig sein müssen. Im Gegenteil: Immer wieder haben die Schreiber darauf zu achten, Spannung und Interesse zu erzeugen, um LeserInnen zu motivieren, den Text zu Ende zu lesen.
  Beim Fernsehen wird „gezappt" und ein anderes Fernsehprogramm gewählt. Beim Lesen der Pressemitteilung wird entsprechend auf eine andere Information ausgewichen.

- Pressemitteilungen und -informationen sollten deutlich strukturiert sein, so daß für LeserInnen (und die RedakteurInnen) ein Aufbau zu erkennen ist. Zuerst kommen die Hauptaussagen, dann erweiternde Ausführungen und schließlich ergänzende Einzelheiten.
  Der Grund für den Aufbau nach diesem Muster hat einen einfachen Zweck: Meistens sind die geschriebenen Pressetexte zu lang, so daß eine Pressemitteilung oder -information gekürzt werden muß. Und diese Kürzungen werden meist vom Ende einer Nachricht vorgenommen.

- Presseinformationen oder -mitteilungen sollten neben einer deutlichen Struktur in auffällige Absätze gegliedert sein, so daß eine schnellere Übersicht gewährleistet ist. Fließtexte ermüden und sind Aussagesätzen gleich, die ohne Punkt und Komma gesprochen werden.

Aufbau einer Mitteilung

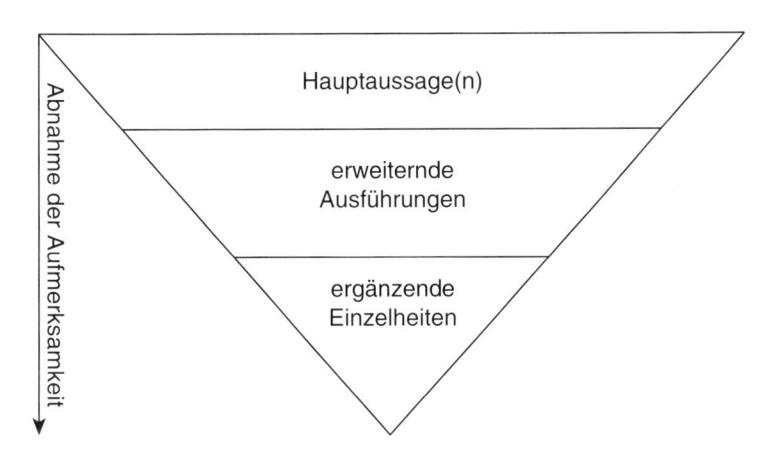

```
           Hauptaussage(n)
   ─────────────────────────
         erweiternde
         Ausführungen
   ─────────────────────────
         ergänzende
         Einzelheiten
```

Abnahme der Aufmerksamkeit ↓

- Kurze Zitate bringen auf der einen Seite eine gewisse Abwechslung in die Ausführungen, auf der anderen Seite dokumentieren sie getroffene Aussagen. Daß dabei die Namen der zitierten Personen angegeben werden, ist selbstverständlich.

- Personen werden mit ihrem Vor- und Nachnamen genannt – ohne die Anreden „Herr" oder „Frau".

- Presseinformationen und -mitteilungen leben von einem festumrissenen Inhalt. Statt viele, vielleicht sogar unterschiedliche Informationen in einen Text hineinzupacken, sollte sorgsam ausgewählt werden, was in die Mitteilung hineingehört und was nicht! Schon Maria Montessori schrieb vor vielen Jahrzehnten, wenn auch in einem anderen Zusammenhang: „Weniger ist häufig mehr! Weniger das Viele als vielmehr das Wenige."

- LeserInnen wollen ernstgenommen werden. Daher ist es notwendig, Argumente mit fundierten Tatsachen zu untermauern. Würden dagegen lediglich Behauptungen aufgeführt sein, könn(t)en LeserInnen ebenfalls Gegenbehauptungen aufstellen. Dadurch entstehen sogenannte „Meinungskämpfe".

- Sätze sind dann besonders treffsicher und provozieren LeserInnen, wenn sie spitzen Pfeilen ähneln. So könnte z. B. in einer Pressemitteilung über einen Themenelternabend mit dem Schwerpunkt „Kinder stehen unter Dauerstreß" folgendes zu lesen sein: „Immer mehr Kinder leiden unter psychosomatischen Krankheiten wie Migräne und Magendruck. Das trifft schon bald für jedes 2. Kind in Deutschland zu. Immer mehr Eltern sind darüber besorgt, denn selbst Kinderärzte schlagen Alarm. Eltern machen sich oftmals zu spät Vorwürfe, wenn Kinder schon in therapeutischer Behandlung sind ..."

- Verben sind in allen Texten die sogenannten Königswörter (s.o.: leiden, besorgt sein, schlagen Alarm), die die Inhalte lebendig werden lassen.

- Formulierungen im Aktiv sprechen LeserInnen mehr und direkter an als passive Formulierungen. Beispiele:
  Statt: „Den Eltern wurde mitgeteilt", heißt es besser:
     „Die Kindergartenleiterin, Frau ..., teilte den Eltern mit, daß ..."
  Statt: „Das Kindergartengelände wurde am Wochenende von vielen Eltern umgestaltet", heißt es besser:
     „Am Wochenende packten viele Eltern eifrig mit an und gestalteten das Kindergartengelände attraktiv und ansprechend. Nun fühlen sich die Kinder wohl. Sie können laufen und klettern, in der Erde graben und Wasserbäche bauen."

- Pressemitteilungen und Berichte sollten so verfaßt sein, daß links und rechts vom Text noch genügend Platz zur Verfügung steht, auf dem die JournalistInnen ihre Anmerkungen, Ergänzungen, Einschübe oder Korrekturen vornehmen können. Damit entfällt für sie die Aufgabe, den Text völlig neu schreiben zu müssen.

- Die Pressemitteilungen und -informationen sollten nur auf einer Seite beschrieben sein.

- Der Zeilenabstand sollte mindestens anderthalbzeilig sein, so daß der Text übersichtlicher ist.

- Zum Schluß ist es für die JournalistInnen besonders hilfreich, wenn die Angabe der Zeilen und Anschläge (= Buchstaben pro Druckzeile) folgt.

- Wenn den Pressemitteilungen oder -informationen zusätzlich zum Text qualitativ hochwertige Schwarz-weiß-Bilder zur Veröffentlichung beigelegt werden, ist es ratsam, auf die Rückseite vorsichtig (ohne daß es durchdrückt) den Namen der Einrichtung, das Absendedatum und den Bezug zum jeweiligen Text aufzuschreiben.

- Pressevertreter sind auch bereit, in die Einrichtung bzw. zur Veranstaltung zu kommen, um Fotos zu machen. Die feste Absprache von Zeiten hilft dabei, sich auf den Besuch einzustellen.

- Jeder Aufhänger für eine Presseinformation oder -mitteilung sollte Pressevertreter reizen. Wenn etwa zum x-ten Mal zur gleichen Aktion eingeladen wird und das Thema nur ein müdes Lächeln provoziert, ist die Chance groß, daß die Presseinformation im Papierkorb der Redaktion landet. Allzu häufig wird von Kindergärten, Tagesstätten und Horten beklagt, daß die Presse kein Interesse an der Arbeit der Einrichtung hat. Demgegenüber kann es durchaus sein, daß Interesse besteht, doch die bekannte Unprofessionalität, fehlende schriftliche Informationen und unattraktive Themen das Vorhaben zum Scheitern verurteilen.

- JournalistInnen und RedakteurInnen sind keine ausgebildeten „Sozialexperten", die sich in der Kindergarten-, -tagesstätten- und Hortarbeit auskennen (müssen). Sie stehen unter Zeitdruck und dem Zwang, informativ, umfassend und prägnant zu schreiben.
  Also geht es für MitarbeiterInnen grundsätzlich darum, ihnen durch sorgsam strukturierte Vorarbeit entgegenzukommen – der Preis ist häufig ein Abdruck der Presseinformation bzw. -mitteilung. Dafür lohnt sich eine professionell gestaltete Vorarbeit allemal.

- In einem besonderen Adressenspeicher oder Karteikasten sollten die Redaktionsanschriften und Telefonnummern sowie die Namen der JournalistInnen und RedakteurInnen gespeichert bzw. aufgeschrieben sein. Damit ist ein schneller Rückgriff bei Bedarf möglich.

6.4.2 Pressegespräch

Wenn beispielsweise eine Aktion in der Einrichtung geplant ist, über die auch die Presse die Öffentlichkeit informieren soll, bietet sich ein Pressegespräch an, zu dem ein Journalist eingeladen wird.

Pressegespräche finden in einer ungezwungenen, lockeren Atmosphäre statt, bei der die MitarbeiterInnen die Pressevertreter einerseits kurz über ihr Vorhaben informieren, andererseits haben die Journalisten die Möglichkeit, Fragen zu stellen. Pressegespräche können kurzfristig angesetzt werden. Wenn beispielsweise eine Woche vor der entsprechenden Aktion ein erster Kontakt zur Presse aufgenommen wird, reicht der Zeitraum aus, daß es zu einer Verabredung kommen kann.

Ein oder zwei Tage vor dem Pressegespräch sollten MitarbeiterInnen der Einrichtung noch einmal den Termin bestätigen.

Ablauf eines Pressegesprächs

Auch für das Pressegespräch gilt der Grundsatz, vorbereitet in diese Sitzung zu gehen. Das Treffen ist meist kurz – zwischen 15 und 20 Minuten. Dabei ist es hilfreich, wenn die MitarbeiterInnen einen kurzen Pressetext verfaßt haben – übersichtlich, strukturiert, gegliedert – und den Journalisten zur Verfügung stellen.

Bei einem anschließenden Fototermin werden entsprechende Aufnahmen gemacht. Da der Pressevertreter meist mehrere Fotos „schießt" und für die Veröffentlichung nur eines der Bilder benötigt, können MitarbeiterInnen nachfragen, ob es möglich ist, daß ihnen die entwickelten Bilder, die nicht gebraucht werden, überlassen werden können. Viele Pressevertreter lassen sich darauf ein. Ein fertig adressierter und frankierter DIN A-5-Umschlag hilft dabei, die Fotos auch tatsächlich zu bekommen.

Selbst bei einem kurzen Pressegespräch kann etwas zu Erfrischung gereicht werden. Das sorgt für eine gute Atmosphäre und trägt aktiv zur Beziehungspflege bei. Wenn MitarbeiterInnen nicht selbst BezieherInnen der entsprechenden Zeitung sind, kann gefragt werden, ob ihnen der zu veröffentlichende Bericht zugeschickt werden kann.

6.4.3 Pressekonferenz

In jeder Einrichtung gibt es immer wieder Ereignisse, die von besonderer Bedeutung für die Institution selbst oder die Öffentlichkeit sind. Beispiele:
- Ein bekannter Referent oder eine bekannte Referentin hält einen öffentlichen Vortrag mit einem wichtigen Thema.
- Der Anbau des Kindergartens, der Kindertagesstätte oder des Horts ist fertiggestellt.
- Eine neue Leiterin übernimmt die Einrichtung.
- Es ist den MitarbeiterInnen gelungen, einen „Prominenten" zu einem besonderen Ereignis einzuladen.
- Die Einrichtung feiert eine Einrichtungspartnerschaft.
- Die Konzeption ist nach längerer Zeit fertiggestellt und qualifiziert die Pädagogik mit neuen Inhalten, Impulsen und Ansätzen.
- Ein Fachsymposion findet statt.
- Der Jahresbericht wird vorgestellt.
- Eine große Aktion beginnt.

Das sind durchaus Anlässe, eine Pressekonferenz einzuberufen. Dazu werden alle PressevertreterInnen der entsprechenden Presseorgane eingeladen, vom Lokalredakteur über Fachjournalisten bis hin zu den VertreterInnen der regionalen Rundfunkanstalten.
Pressekonferenzen heben sich von Pressemitteilungen oder Pressegesprächen dadurch ab, daß sie nur zu wirklich wichtigen Ereignissen einberufen werden.

In den folgenden Ausführungen sollen ein Planungsmodell und ein möglicher Verlauf kurz skizziert werden.

Vorbereitung und Ablauf einer Pressekonferenz

Vorbereitung: Klärung der Fragen,
- ob das Ereignis bzw. die Aktion für eine Pressekonferenz geeignet erscheint;
- welche grundsätzlichen Vorbereitungen dafür getroffen werden müssen;
- wer die Pressekonferenz ausrichten soll (der Träger oder die Einrichtung selbst);
- welche genauen Ziele mit der Pressekonferenz verfolgt werden;

- ob es grundsätzliche Fragen gibt, die mit dem Träger im Vorfeld abgesprochen werden müssen;
- an welchem Tag die Pressekonferenz stattfinden soll;
- ob es vielleicht an diesem bestimmten Tag andere, vergleichbar wichtige Veranstaltungen gibt;
- ob der Zeitpunkt grundsätzlich günstig oder ungünstig ist (Ferienzeit?);
- wer an der Pressekonferenz teilnehmen soll;
- wer die Pressekonferenz leitet bzw. moderiert;
- was an Fakten zusammengetragen werden muß;
- wo die Pressekonferenz genau stattfinden wird und ob genügend Parkplätze vorhanden sind;
- wie der Aufbau und Ablauf strukturiert werden muß;
- ob technische Hilfsmöglichkeiten gebraucht werden (Mikrophon; Dia-Projektor; Video-Anlage);
- ob eventuell die Pressekonferenz mit einer anderen Einrichtung gemeinsam angeboten und durchgeführt werden kann;
- wer welche Aufgaben bis wann (evtl. mit wem) übernimmt.

Dann wird es ernst:
1. Nach der Entscheidung, eine Pressekonferenz anzuberaumen, wird der Ort des Treffens genau unter die Lupe genommen. Entspricht der Raum den Erwartungen und Erfordernissen? Ist die Bestuhlung gut? Gibt es Tische? Welche Tischanordnung ist günstig?
2. Nachdem alle organisatorischen Fragen geklärt wurden, wird eine Liste erstellt, auf der alle Journalisten und RedakteurInnen eingetragen werden, die eine Einladung erhalten sollen.
Die Einladung wird entworfen, der Anlaß präzise genannt, und alle wichtigen Angaben werden berücksichtigt: Ort und Zeit(-punkt/-raum), einladende Institution und kurzer Programmablauf.
In größeren Städten ist es günstig, einen Wegeplan beizulegen. Zusätzlich kann der Einladung eine Rückantwortkarte beigefügt sein mit dem Hinweis: „u.A.w.g.", das heißt: um Antwort wird gebeten.
3. Die MitarbeiterInnen bereiten die Pressemappen vor mit einem übersichtlichen Bericht zur Aktion und eventuell Fotos. Ansprechender sind Pressemappen, die noch ausführlichere Informationen enthalten, etwa

- eine kurze Pressemitteilung und
- einen ausführlichen Pressebericht;
- einen Ablaufplan für diese Pressekonferenz;
- einen Hausprospekt oder die Konzeption;
- den gedruckten Text der „Einführungsansprache";
- drei Pressefotos (13 x 18 cm) zur Auswahl;
- ausgewählte Streuartikel (Block, Kugelschreiber, Button).
4. Die Einladungen an die JournalistInnen und RedakteurInnen werden ca. 7–10 Tage vor der Veranstaltung verschickt. Dabei ist es immer günstig, die Namen der einzuladenden Personen auf den Umschlag zu setzen, damit die Briefe nicht irgendwo in der Redaktion umherirren.
5. Drei oder vier Tage vor der Pressekonferenz sollte noch einmal ein telefonischer Kontakt zu den PressevertreterInnen aufgenommen werden, um sich, die Einrichtung oder die Aktion erneut ins Gedächtnis der anderen zu bringen.
6. Jede Pressekonferenz sollte eine kleine Bewirtung enthalten: Kaffee, Tee, Säfte und Wasser gehören dabei genauso zur „Grundausstattung" wie Snacks, Häppchen, Plätzchen oder Schnittchen und belegte Brötchen.
7. An den Tischen können vorbereitete Platzkarten stehen, so daß die Veranstalter, die anderen Gäste und Pressevertreter sehen können, wer die Einladung angenommen hat.
8. Selbstverständlich sollten auch die PressevertreterInnen von der Aktion berichten, die nicht gekommen sind. Ihnen werden die Pressemappen unmittelbar nach der Pressekonferenz zugestellt.
9. Eine Stunde vor Beginn wird alles im Raum ansprechend und wie abgesprochen hergerichtet: Die Dias werden in den Projektor eingelegt, der Video-Film wird (falls nötig) zurückgespult, Flipchart und Stifte stehen an ihrem Platz, und die Mikrophone werden ein letztes Mal überprüft (falls welche nötig sind). Der kleine Imbiß wird ansprechend hergerichtet, und unter den MitarbeiterInnen werden letzte Absprachen getroffen.
10. Es gehört sicherlich zur Umgangskultur, daß jeder Pressegast persönlich begrüßt und zu seinem Platz geführt wird. Der dann folgende Ablauf ist schnell genannt:
    - nochmalige Begrüßung aller anwesenden PressevertreterInnen;
    - eigene Vorstellung und Vorstellung der MitarbeiterInnen;
    - kurze Übersicht zum Zeitplan;

- kurze Einführung in den Zweck der Aktion;
- Raum für Fragen;
- Hinweis auf die Pressemappen und den Inhalt;
- offizieller Abschluß und informelle Einzelgespräche.

11. Nach jeder Pressekonferenz ist es hilfreich, eine Auswertung vorzunehmen:
    - Sind alle eingeladenen PressevertreterInnen erschienen?
    - Wenn nein – welche Gründe könnten vorliegen?
    - Sind Angaben in der Pressekartei zu verändern bzw. zu erweitern?
    - Konnten neue Kontakte geknüpft und alte Beziehungen aufgefrischt werden?
    - Gab es auf der technischen, organisatorischen, strukturellen oder persönlichen Ebene Schwierigkeiten oder Probleme?
    - Wenn ja – wie können sie bezüglich einer nächsten Pressekonferenz verringert bzw. ausgeschlossen werden?
    - Wurden die Fragen der Journalisten kompetent beantwortet, oder gab es „peinliche" Pausen bzw. Antworten?
    - Wie wurden die veröffentlichten Beiträge in den unterschiedlichen Presseorganen publiziert?
    - Wo müssen Absprachen und Vorhaben noch besser kontrolliert werden?

12. Es entspricht einem guten Umgangsstil, sich bei den PressevertreterInnen besonders zu bedanken, die einen gelungenen Beitrag veröffentlicht haben.

6.4.4 Reportage

Aufbau einer Reportage

In vielen Zeitungen und Zeitschriften gibt es Reportagen. Darunter sind längere, ausführlichere Berichte zu verstehen, die sich einem ganz bestimmten Themenschwerpunkt widmen. So könnte z. B. aus den Inhalten eines Themenelternabends eine Reportage entstehen. Sie ist
- lebendiger als eine Pressemitteilung oder -information;
- spannender verfaßt, weil sie viele Adjektive enthält;
- mit vielen Einzelheiten, genauen Beobachtungen gefüllt;
- im Präsens (Gegenwart) geschrieben;
- so aufgebaut, daß LeserInnen das Gefühl haben, mitten im Geschehen dabei zu sein;

- eine Kombination aus der Wiedergabe einer Atmosphäre und dem Angebot sachlicher Informationen;
- trotz aller Ausführlichkeit immer durch einen bestimmten roten Faden verbunden!

Beispiel für eine Reportage

Das war super – Begeisterung auf allen Seiten beim „Tag der offenen Tür"

Katharina kann es gar nicht fassen. Gerade hat sie ihre schwierige Zirkusnummer hinter sich gebracht, da klatschen schon die über 200 ZuschauerInnen begeistert im Takt. Katharina sucht mit den Augen nach ihren Eltern und entdeckt sie schließlich. Sie nicken ihr ganz stolz zu. Sicherlich war es für sie nicht einfach, auf einem gespannten Seil zu balancieren. Doch jetzt ist alle Spannung vergessen, und sie lacht fröhlich. Viele Kinder des Kindergartens sind dabei, die Gäste zu unterhalten und zu bewirten. Im „Kinder- und Erwachsenencafé" servieren Jannik und Ole ihre selbstgebackenen Pfannkuchen. Den Eltern schmeckt es. Die beiden Jungen laufen in die Küche und rufen ihrer Erzieherin zu: „Wir müssen noch mehr backen. Ganz viele Eltern wollen Pfannkuchen. Und Geld hab ich auch schon bekommen." So fröhlich alles abläuft, so anstrengend waren sicherlich die großen Vorbereitungen für den „Tag der offenen Tür". Der Kindergarten besteht nun 25 Jahre, und das muß ordentlich gefeiert werden. Bei strahlendem Sonnenschein und gutgelaunten Eltern fällt es nicht schwer, dieses Jubiläum zu feiern. Selbst der Bürgermeister läßt es sich nicht nehmen, eine kleine Rede zu halten. Die Kindergartenleiterin, Frau ..., gibt einen Rückblick auf die Entwicklung dieses „Ortes für Kinder". Sie weist dabei auf die vielen Kontakte zu den Eltern hin, die auch dazu beigetragen haben, daß die Einrichtung einen so guten Ruf in der Gemeinde hat.

Schließlich folgt der Höhepunkt: Es steigen ungezählte Luftballons in den Himmel. Sie tragen Kärtchen mit sich, und die Kinder hoffen, daß sie Post aus der weiten Welt enthalten. „Mein Luftballon fliegt bestimmt bis China", prophezeit Johannes. „Und meiner bis zur Oma", mischt sich Christina ein, „dann weiß sie, daß ich an sie denke." Jan-Olaf sieht es nüchterner: „Da knallen doch die Flugzeuge gegen. Dann gehen alle kaputt."

Eltern, ErzieherInnen und Kinder sind sich einig: Ein solches Fest muß im nächsten Jahr unbedingt wiederholt werden.

6.4.5 Anzeige

> Wir, die Kinder und ErzieherInnen der
> Kindertagesstätte ..., suchen
>
> **eine guterhaltene Werkbank,
> möglichst preiswert oder kostenlos.**
>
> Rufen Sie gerne bei uns an.
> Kindertagesstätte ..., Tel.: ...

Lange Zeit träumten die Kinder und ErzieherInnen einer Kindertagesstätte schon von einer Werkbank. Doch leider fehlte das Geld, und so überlegten sie alle in einer Kinderkonferenz, was zu machen sei. Zunächst fragten die Kinder bei ihren Eltern nach, doch das brachte keinen Erfolg. Dann wurden Verwandte und Bekannte gefragt – auch das war eine Fehlanzeige. Schließlich kam ein Mädchen auf die Idee, es mal mit einer Zeitungsnummer zu versuchen, und so entstand der o.g. kleine Text. Erwähnenswert ist sicherlich in diesem Zusammenhang, daß die Kosten von allen gemeinsam aufgebracht wurden.

Nun verging eine Woche, und nichts tat sich. Vielmehr riefen einige Menschen aus dem Ortsteil an und fragten, ob denn vielleicht viele Angebote eingegangen seien und eine Werkbank übrig bliebe, die die Kindertagesstätte dann an die Anrufer weitergeben könnte. Kinder und ErzieherInnen gaben ihren Traum fast auf. In der zweiten Woche rief ein älterer Herr an und erzählte, daß er eine Werkbank im Keller stehen habe und aufgrund seines Alters nicht mehr daran arbeite. Sein Sohn sei sogar bereit, die Werkbank zur Kindertagesstätte zu transportieren.

Die Kinder und ErzieherInnen jubelten, baten aber darum, erst einmal vorbeikommen zu dürfen, um sich das „Schmuckstück" anzuschauen. So traf man eine Verabredung, und eine kleine Abordnung der Kindertagesstätte machte sich auf die Besichtigungstour. Dabei übertraf ihr Eindruck alle Erwartungen, zumal sich bei dem Gespräch herausstellte, daß der Anbieter sogar das ganze wertvolle Werkzeug mitabgeben wollte – kostenlos! Eine Woche später stand die Werkbank in der Kindertagesstätte. Schon bei der Besichtigung fiel den Kindern und ErzieherInnen auf, wie liebevoll der alte Mann von seiner Werkbank sprach, was er damit alles hergestellt hatte und wie er noch heute daran hing. So entschlossen sich die Kinder und MitarbeiterInnen, ihn einzuladen, um sich von einem Fachmann in den Umgang mit der Werkbank und den Werkzeugen einführen zu lassen. Aus dieser Einladung entstand eine Freundschaft: Zweimal in der Woche kommt nun der ehemalige Besitzer in die Einrichtung und werkt mit den Kindern. Daß damit auch kaputte Möbel wieder hergerichtet werden und keine Firma beauftragt werden muß, ist ein weiteres Ergebnis dieser fruchtbaren und herzlichen Zusammenarbeit.

Eine kleine Anzeige mit großen, eindrucksvollen Folgen!

In jeder Stadt gibt es inzwischen „Werbeblätter" oder „Stadtteilzeitungen". Diese bieten sich genauso wie Tageszeitungen an, Anzeigen aufzugeben.

Vielleicht wird bestimmtes Spielzeug gesucht, oder Kindertageseinrichtungen haben welches abzugeben. Vielleicht werden Pflanzen für den Garten gesucht, ohne dafür viel Geld auszugeben. Vielleicht braucht der Garten eine Fuhre Mist oder Dung, oder es wird ein Rasenmäher gebraucht, weil sich die MitarbeiterInnen und Kinder entschlossen haben, ihren Rasen selber zu schneiden, statt diese Arbeit dem Bauhof zu überlassen? Vielleicht ist es sinnvoll, unter der Spalte „Veranstaltungen" auf den „Tag der offenen Tür" oder eine Ausstellung hinzuweisen?

Es gibt viele unterschiedliche Gründe, eine Anzeige aufzugeben. Warum sollten fast ausschließlich nur private oder kommerzielle Anzeigennutzer über dieses Medium in Erscheinung treten und nicht auch Kindergärten, Tagesstätten und Horte?

Anzeigen werden in der Öffentlichkeit viel beachtet – es lohnt sich, diese Presseform selbst in Anspruch zu nehmen.

6.4.6 Lokalfunk/Radiointerview

In den letzten Jahren sind viele lokale Rundfunkstationen ins Leben gerufen worden. Sie sind ein wesentlicher Teil der Medienlandschaft und ergänzen die großen, bekannten Rundfunksender. Ihr Vorteil liegt darin, daß sie sich sehr gezielt um die besonderen Ereignisse und Situationen vor Ort kümmern. Lokale Rundfunkstationen senden nur in einem begrenzten Bereich und sind mit den

Programm-struktur eines Lokalsenders

Lokalseiten der Tageszeitungen zu vergleichen. Analysen in unterschiedlichen Städten und Gemeinden, in denen es lokale Rundfunkstationen gibt, zeigen in der Regel eine hohe HörerInnenzahl.

In den meisten Fällen sind die Sender „werbefinanziert". Das heißt, ähnlich wie beim privaten Fernsehen werden die anfallenden Kosten durch Werbebeiträge hereingeholt. Die Programme selbst setzen sich neben den (lokalen) Nachrichten vor allem aus drei Bereichen zusammen:

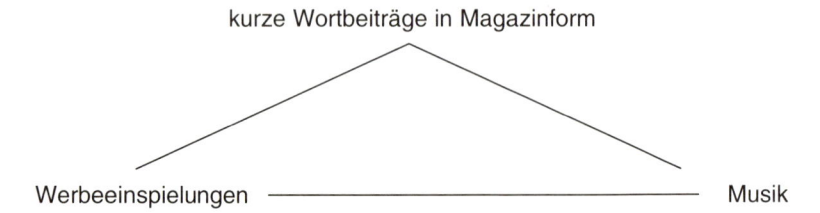

```
                  kurze Wortbeiträge in Magazinform
                         /\
                        /  \
                       /    \
        Werbeeinspielungen ——————————— Musik
```

Prozentual gesehen nimmt die Musik den größten Bereich ein (durchschnittlich zwischen 70 und 80 Prozent einer Sendestunde). Die kurzen Wortbeiträge haben eine jeweilige Zeitdauer zwischen zwei und maximal vier Minuten. Darüberhinaus gibt es auch – überwiegend abends – einzelne Sondersendungen mit einem thematischen Schwerpunkt und etwas längerer Wortbeitragszeit.

Schließlich – und das darf nicht unerwähnt bleiben – bieten manche Lokalsender den Service an, zu bestimmten Sendezeiten auf Veranstaltungen hinzuweisen.

Beiträge im Lokalfunk

Sozial-pädagogische Einrichtungen haben dabei unterschiedliche Möglichkeiten, sich bzw. ihr Anliegen über einen solchen Sender in der Öffentlichkeit zu präsentieren, indem z. B.
- in den Veranstaltungshinweisen auf einen öffentlichen Elternabend, eine öffentliche Diskussion, einen Fachvortrag oder ein anderes Ereignis aufmerksam gemacht werden kann;
- von einer besonderen Veranstaltung „live" oder „über Konserve" berichtet wird;
- MitarbeiterInnen an einer öffentlichen Diskussion teilnehmen;
- ein gesonderter Beitrag über die Einrichtung ausgestrahlt wird;
- persönliche oder fachliche Stellungnahmen zu einem bestimmten, aktuellen Anlaß aufgenommen und gesendet werden.

Schritte bei der Erarbeitung eines Radiobeitrages

Viele ErzieherInnen meinen zwar häufig, „man müsse mal dafür sorgen", dem Lokalfunk Informationen zukommen zu lassen, doch bleibt es auch hierbei mehr bei einer unverbindlichen Absichtserklärung als bei konkreten, aktiven Schritten.

Wenn also die MitarbeiterInnen der Meinung sind, ein bestimmtes Projekt bzw. eine bestimmte Aktion sei so wesentlich, daß sie auch für die Öffentlichkeit von Interesse sei, geht es darum, bestimmte Schritte zu vollziehen.

1. Ein Mitarbeiter oder eine Mitarbeiterin muß sich bereiterklären, Kontakt zum Sender aufzunehmen.
2. Die Informationen müssen vorher genau strukturiert sein: Was ist das Ziel, wer sind die anzusprechenden Personen, wie sollen sie angesprochen werden, warum kann diese Information für die HörerInnen wichtig sein? Bei Veranstaltungen kommen die Fragen dazu, wo das Ganze stattfindet und wann (Datum, Uhrzeit) es schließlich soweit ist.
3. Beiträge, die über das Radio verbreitet werden sollen, müssen immer schriftlich formuliert sein. Sie können per Fax, per Brief oder persönlich an die Radioredaktion übermittelt werden. Günstig ist es sicherlich immer, einen festen Ansprechpartner oder eine feste Ansprechpartnerin im Sender zu kennen. Vielleicht bietet es sich auch an, ein Redaktionsmitglied des Senders persönlich in die Einrichtung einzuladen, um auf diese Weise einen tragfähigen Kontakt zu knüpfen.
4. Beiträge sollten immer rechtzeitig an den Sender zugestellt werden, weil jede Redaktion gewisse Beiträge für bestimmte Tage eingeplant hat.
5. Wenn keine Reaktion von seiten des Senders folgt, geht es nicht darum, verärgert oder enttäuscht zu reagieren, sondern telefonisch, schriftlich oder persönlich nachzufragen, um sich, die Einrichtung bzw. das Anliegen erneut ins Bewußtsein der Redaktion zu bringen. Falsche Höflichkeit oder Zurückhaltung sind fehl am Platze!

Regeln für Wortbeiträge

Bei Radiosendungen, an denen ErzieherInnen mit Wortbeiträgen beteiligt sind, gibt es gleichfalls einige beachtenswerte Regeln:
- Sprechen Sie in kurzen Sätzen!
  Niemandem ist damit geholfen, lange Schachtel- oder Bandwurmsätze zu hören, bei denen Anfang und Ende meilenweit auseinanderliegen. HörerInnen sind langen Sätzen hilflos ausgeliefert.

- Sprechen Sie klar und unmißverständlich!
Es wird der Pädagogik allgemein nachgesagt, daß sie nicht nur eine „Hilfswissenschaft" ist, sondern häufig auch schwammige Formulierungen gebraucht. Mit einem Wortbeitrag über den Radiosender kann das Gegenteil bewiesen werden. Das gilt für Vorträge und Pressemitteilungen genauso.

- Wenn es um ein bestimmtes Anliegen geht, sind kurze Wortwiederholungen durchaus hilfreich, prägen sie sich doch bei HörerInnen dann besonders ein.

- Abkürzungen (Beispiel: KiGa, KiTa, KiTa-Gesetz, MAB ...) lassen Fragen aufkommen, was SprecherInnen damit meinen. Und schon kann das Interesse auf seiten der HörerInnen blitzschnell nachlassen. Deshalb geht es darum, auf alle möglichen Abkürzungen zu verzichten.

- Wie beim Sprechen überhaupt sind die ersten beiden Sätze entscheidend, ob HörerInnen ihre Aufmerksamkeit dem entsprechenden Beitrag schenken. So ist es hilfreich, gleich zu Anfang „Schlagzeilen" auszusprechen, etwa bei einem Beitrag über
  - das Berufsbild: ErzieherInnen sind keine Kindergartentanten oder KindergärtnerInnen. Wer das dennoch meint, qualifiziert eine ganze Berufsgruppe ab;
  - Kindergartenpädagogik: Für viele Kinder ist der Kindergarten ein zweites Zuhause. Viele Kinder freuen sich auf die Zeit im Kindergarten, und da gibt es auch außergewöhnlich viel zu erleben;
  - Verhaltensauffälligkeiten im Kindesalter: Viele Kinder stehen unter Streß und hohen Erwartungen. Kinderärzte und Psychologen schlagen Alarm;
  - Medien im Kindergartenalltag: Kinder verbringen heutzutage mehr Zeit vor dem Fernseher und am Computer als im Spiel mit Gleichaltrigen. Feste Kinderfreundschaften werden immer seltener.

- Bei Radiosendungen ist es immer hilfreich, wenn HörerInnen direkt angesprochen werden. Beispiel: „Sicherlich geht es Ihnen, verehrte Hörerinnen und Hörer, genauso." Oder: „Wenn Sie an

Ihre eigene Kindheit denken, dann ..." Oder: „Wenn Sie an diesem Donnerstagabend, dem ..., nichts anderes vorhaben, dann erwarten wir Sie gerne zu unserem Vortrag ..."

- HörerInnen kennen sich mit pädagogischen Fremdworten in der Regel nicht aus. Woher sollten sie auch, wenn es nicht nötig ist? Aus diesem Grunde sollten Fremdwörter grundsätzlich vermieden werden. Vergleichen Sie einmal folgende Sätze. Welche der beiden Aussagen verstehen Sie besser?

  a) – „Die Elementarpädagogik hat einen eigenständigen Erziehungs-, Bildungs- und Betreuungsauftrag, so daß sie mit Kompetenz und Priorität für relevante Projekte zu sorgen hat."
  – „Kindergärten gestalten ihre Arbeit anders als Grundschulen. Sie haben dafür zu sorgen, daß Kinder sich entwickeln können, Lernerfahrungen machen und sich gut aufgehoben fühlen. Dazu gibt es ErzieherInnen, die mit ihrem ganzen Fachwissen dafür sorgen, daß Kinder zu ihren Entwicklungsmöglichkeiten kommen. Das ist die erste und wichtigste Aufgabe in der Arbeit."

  b) – „Ganzheitliches Lernen unterstützt die Identitätsfindung der Kinder. Eine Isolation unterschiedlicher Wahrnehmungsfelder und eine damit verbundene Teilleistungsförderung provoziert Irritationen."
  – „Wenn Kinder die Möglichkeit haben, sich ganz intensiv mit einer Sache zu beschäftigen, dann fühlen sie sich wohl. Sie machen sich Gedanken, wie was klappen kann, und handeln dementsprechend ganz aktiv. Das führt dazu, daß Kinder ihre Möglichkeiten und Grenzen immer besser kennenlernen. Wenn man dagegen jeden Entwicklungsbereich bei Kindern nur für sich betrachtet, z. B. die Sprache oder die Bewegung, und nur dazu gezielte Förderungen anbietet, reißt man das Denken, Fühlen und Handeln der Kinder auseinander. Es ist dann so, als ob ein ganzes Puzzle wieder auf einem Tisch ausgelegt würde und die Teile durcheinandergebracht wären. Dann wüßte man gar nicht mehr, welches Teil zu welchem Teil gehört. Und so geht es auch den Kindern. Was zusammengehört, muß zusammenbleiben."

- Wortbeiträge sind für HörerInnen besonders gut nachvollziehbar, wenn *Beispiele* oder *Bildvergleiche* eingesetzt werden. Das macht eine Radiosendung lebendig und einen Fachbeitrag verständlich. So könnte man auf der einen Seite sagen: „Kinder sind reizüberflutet und wahrnehmungsgestört." Auf der anderen Seite könnte ein Bildvergleich das Ganze besser vorstellbar machen:

  „Viele Kinder sind voller Eindrücke und finden kaum noch Zeit, mit diesen vielen Eindrücken zurechtzukommen. Als Beispiel kommt ein Vergleich in Betracht: Es ist doch so, als ob Kinder in einem Zug säßen und aus dem Fenster guckten. Kaum hätten sie in der Landschaft etwas entdeckt, wäre der Zug schon weitergefahren. Das, was Kinder gesehen hätten, wäre wieder weg, und etwas Neues käme ins Blickfeld. Doch auch das wäre in der nächsten Sekunde wieder vorbei. Was bliebe, wären viele Reizeindrücke, doch mit keinem könnte sich ein Kind wirklich beschäftigen."

  „Die Begriffe ‚Begabung' und ‚Schulfähigkeit' dürfen nicht verwechselt werden. Begabung meint, daß Kinder bestimmte Fähigkeiten in sich tragen. Schulfähigkeit meint nun, daß Kinder diese Fähigkeiten auch dann einsetzen, wenn sie gefragt sind. Und das sind zwei völlig unterschiedliche Paar Schuhe. Dazu ein Beispiel. Kinder können ein Fahrrad besitzen. Dabei sagt aber der Besitz des Fahrrades selbst noch nicht aus, daß ein Kind auch damit fahren kann. Insofern ist es unerheblich, ob Kinder schon vor der Schule von 1 bis 10 zählen oder ihren Namen schreiben können. Vielmehr kommt es darauf an, daß Kinder ein gewisses Maß an Konzentrationsfähigkeit und Ausdauer besitzen. Dann können Zahlen schnell gelernt werden."

- So sicher, bestimmt und vielleicht sogar originell der Einstieg in eine Radiosendung vollzogen werden sollte und so klar ein Satzbau sein muß, so deutlich muß auch die Aussprache sein. Wenn Endsilben verschluckt werden oder die Sprache „nuschelnd" zu den HörerInnen herüberkommt, verliert der Wortbeitrag automatisch an Attraktivität, und das Interesse der ZuhörerInnen wird verblassen.

- Sicherlich ist es angenehm, wenn die Sprachmelodie fließend und rhythmisch, mit mäßigem Tempo und kleineren Pausen gestaltet wird. Eine stockende, hastige, abgehackte Sprache, die pausenlos auf die Ohren der HörerInnen eintrommelt, läßt sie schnell einen anderen Sender suchen und führt dazu, daß weder die Einrichtung von dem Einsatz profitiert noch die Öffentlichkeit.

6.4.7 Fernsehen

Die Vielfalt der Fernsehsendungen ist unüberschaubar – tagtäglich wird ein 24-Stunden-Programm auf unterschiedlichen Kanälen ausgestrahlt.

Neben den sehr unterschiedlichen Film- und Musiksendungen gibt es eine ganze Reihe an Sendeplätzen, die auch für sozial-pädagogische Einrichtungen von Interesse sein können, wenn es beispielsweise um eine partielle Mitarbeit gehen kann.

So sei mit einem Beispiel begonnen:

Vor einiger Zeit wurde in einer Informationssendung der ARD ein Beitrag über „Gewalt unter Kindern" gebracht. In diesem Film kamen ErzieherInnen zu Wort, die sich zur Situation von Kindern, ihren Lebensbedingungen und auch zu den Rahmenbedingungen in Kindertageseinrichtungen äußerten. Es wurden Szenen aus dem Kindergartenalltag eingespielt und fachlich kommentiert. Es kann sein, daß jetzt die Frage aufkommt, wie die Fernsehredaktion auf diese Kindergärten aufmerksam geworden war. Ganz einfach: Die MitarbeiterInnen hatten sich an die verantwortlichen Personen in der betreffenden Redaktion gewandt und angefragt, ob nicht einmal zu diesem Thema eine Sendung ausgestrahlt werden könnte. Die Redaktion nahm die Anregung auf und besuchte im Rahmen ihres Beitrags auch die entsprechende Einrichtung. Allerdings war es erstaunlich zu beobachten, daß viele (!) Einrichtungen, die zusätzlich für Aufnahmen gewonnen werden sollten, nicht bereit waren, mitzuwirken. So fielen z. B. folgende Aussagen einiger ErzieherInnen:
- „Das traue ich mir nicht zu. Ich weiß gar nicht, wie ich im Fernsehen wirken könnte. Nachher blamiere ich mich, und dann schadet der Beitrag meinem Ansehen."
- „Ich weiß nicht, wie der Träger darauf reagieren könnte, ob ich ihn zunächst um Erlaubnis fragen muß oder ob es überhaupt rechtlich gestattet ist, Fernsehaufnahmen in einer Kindertagesstätte zu machen."
- „Nachher kommen Fragen, die ich nicht beantworten kann. Das wäre mir peinlich. Nein, ich lasse lieber die Finger davon."
- „Man weiß ja nie, wie die nachher die Aufnahmen zusammenschneiden. Und dann kommt vielleicht etwas dabei raus, hinter dem ich fachlich und persönlich gar nicht stehen kann. Das ist mir zu heiß!"
- „Bestimmt gibt es andere Menschen, die das Ganze viel besser können als ich. Meine Fernseherfahrungen sind gleich null. Da sind mutige Menschen gefragt, und schließlich gibt es unendlich viele Kindergärten. Warum soll ich gerade den Kopf für eine solche Sendung hinhalten?"

Eine Analyse der Antworten verdeutlicht, daß persönliche Unsicherheiten und fachliche Zurückhaltungen sowie Vermutungen über „mögliche Folgen" den Rückzug begründen. Das ist im Kern der Sache bedauerlich. Hier wurde ErzieherInnen eine Mitarbeit angeboten, und das Angebot selbst wurde ausgeschlagen.

Öffentlichkeitsarbeit über das Fernsehen

Es gibt viele Möglichkeiten, Öffentlichkeitsarbeit über das Fernsehen zu nutzen:
- In vielen Städten gibt es regionale Fernsehsender, die nur mit Beiträgen aus dem regionalen Umfeld ihre Sendungen füllen. Auf diese Weise könnten sozial-pädagogische Einrichtungen ihre Arbeit vorstellen oder über besondere Aktionen (etwa Ausstellungen, öffentliche Vorträge, ihre besonderen Arbeitsansätze, neue Konzeptionen, besondere Feste, Einrichtungspartnerschaften …) informieren.
- In manchen Städten gibt es den „Offenen Fernsehkanal". Dahinter stehen Medienträger, die Videoaufzeichnungen von BürgerInnen und Bürgern annehmen und nach einer entsprechenden Wartezeit regional ausstrahlen.
- Es werden über verschiedene Sender Talk-Shows angeboten, in denen es auch um das große Feld „Kinder" geht. Dazu sind Experten und Betroffene gleichermaßen eingeladen und beteiligt. Wenn sich ErzieherInnen als ExpertInnen für bestimmte Themenschwerpunkte verstehen, hindert sie niemand daran, die entsprechende Redaktion anzuschreiben und um eine Mitarbeit zu ersuchen.
- In den frühen Morgenstunden laufen auf verschiedenen Kanälen Frühsendungen mit kurzen, interessanten Beiträgen. Warum wird z. B. an dieser Stelle nicht einmal die Chance genutzt, über das Berufsbild der ErzieherInnen, die tägliche Arbeit oder besondere Herausforderungen, über Rahmenbedingungen und vor allem den „Wert der Elementar- und Primarpädagogik" zu berichten?
- Verschiedene Sender bieten besondere Beitragsreihen zum Thema „Kinder" und „Erziehung" an. Auch hier könn(t)en ErzieherInnen Themenvorschläge eingeben und selbst, wenn möglich und erwünscht, aktiv mitwirken.[3]

---

[3] Liste der Fernsehsender siehe Anhang, S. 236.

Aspekte eines Fernsehauftritts

Selbstverständlich bedarf ein öffentliches Auftreten im Fernsehen einiger Vorbereitung und notwendiger Kompetenzen, die allerdings ohne Schwierigkeiten beachtet und umgesetzt werden können:

- Vorbereitung:
  Wie beim Rundfunk oder bei einer Pressekonferenz ist eine gute, fachliche Vorbereitung „die halbe Miete". Nichts ist für alle Beteiligten ärgerlicher, als wenn Fragen auftauchen, die nicht beantwortet werden können.

- Schweigepflicht:
  Es versteht sich von selbst, daß persönliche Erfahrungen zwar in eine Sendung einfließen können, Namenangaben und ähnliche Daten bei „Negativmeldungen" aber nichts zu suchen haben.

- Persönlichkeitsrecht:
  Sollten Fernsehaufnahmen in der Einrichtung selbst beabsichtigt sein, sind alle Eltern und Kinder vorher um Erlaubnis zu fragen, ob persönliche Gründe dagegensprechen.
  Am besten ist es, sich von den Eltern eine schriftliche Einverständniserklärung unterschreiben zu lassen.

- Genehmigung:
  Bei Fernsehaufnahmen in der Einrichtung ist der Träger vorher zu informieren. Die MitarbeiterInnen müssen von ihm zusätzlich eine Genehmigung erhalten.
  Was dagegen eine ErzieherIn in ihrer freien Zeit macht, ist ihre Sache. Dennoch ist es eine Frage des Stils, einen Träger über die Mitwirkung an einer Sendung vorher in Kenntnis zu setzen.

- Natürlichkeit:
  MitarbeiterInnen, die in einer Sendung mitwirken, sollten nicht den Ehrgeiz haben, bestimmten Vorbildern nachzujagen, und sich ihnen nicht anzugleichen versuchen. Fernsehbeiträge leben von den Originalen und nicht von imitationsbedürftigen Kopien anderer. Vielmehr geht es um die drei Merkmale *Professionalität*, *Glaubwürdigkeit* und *persönlich-fachliche Kompetenz*. Um in den Sendungen selbst die Informationen strukturiert zu transportieren, ist es möglich, einige wenige, kleine Karteikarten mit

Stichworten mitzunehmen. Fertige Manuskripte verleiten zum Ablesen, rascheln in der Hand und knistern beim Umblättern. Sie unterstützen die eigene Angst, „aus dem Konzept zu kommen". Daher sind formulierte Manuskripte zu Hause zu lassen (ähnlich wie bei einem Elternabend oder einem öffentlichen Vortrag)!

6.4.8 LeserInnenbriefe in regionalen und überregionalen Zeitungen/Zeitschriften

Tagtäglich gibt es Meldungen in Tageszeitungen und Berichte in Zeitschriften über Themen, die einen direkten Bezug zu Kindern haben oder von Kindern handeln. Hier ein paar Überschriftenbeispiele aus den letzten Wochen:

- „Kinder werden immer unruhiger – das Zappelphilippsymptom"
- „Immer mehr Kinder leben von der Sozialhilfe"
- „In England ist die Prügelstrafe legitim!"
- „Ärzte verschreiben zunehmend Psychopharmaka für Kinder"
- „Kinder kennen nur noch die ‚lila Kuh'"
- „Eltern ließen ihre kleine Tochter verhungern"
- „Eltern sperrten Kinder eine Woche ein"
- „Jugendliche fordern ein Jugendheim"
- „Immer mehr Straßenkinder in den Metropolen Deutschlands"
- „Die Jugend wird immer brutaler"
- „Musikschule hat noch Plätze frei"
- „Computerspiele lösen Kinderfreundschaften ab"
- „Großes Freigelände wird endlich bebaut"
- „Spielzeug immer brutaler"
- „Kind brachte Geldbörse zum Fundbüro"
- „10jähriger rettete seinem Freund das Leben"
- „Kinderprostitution im Internet"
- „Eltern kämpfen für eine Ampel am Schulweg"
- „Weltkindertag – Ministerpräsidentin lädt Kinder ins Landeshaus ein"
- „Neuer Kindergarten knapp genehmigt"
- „Kinderspielplatz voller Spritzen"

Sicherlich kommen Ihnen sofort Gedanken zu den Überschriften (auf die Texte wurde wegen der Länge der Beiträge verzichtet).

Wenn Kinder immer unruhiger sind und damit unter Streß stehen, geht es doch primär darum, im eigenen Erziehungsverhalten zu überprüfen, ob es Auslöser oder Gründe gibt, die den Streß bei Kindern bewirken. (Unter diesem Aspekt betrachtet stand nichts dazu in der Presse!)

In dem Beitrag mit der Überschrift „In England ist die Prügelstrafe legitim" war leider kein Bezug darauf genommen, daß auch in Deutschland jeden Tag Kinder von ihren Eltern krankenhausreif geschlagen werden.

Der Artikel „Ärzte verschreiben für Kinder zunehmend Psychopharmaka" gab lediglich einen Bericht von einem Ärztekongreß wieder. Es stand nichts darüber zu lesen, daß Psychopharmaka – über längere Zeit eingenommen – auch zu Abhängigkeiten führen können oder daß mit einer Psychopharmaka-Behandlung keine realen Belastungssituationen verändert werden können.

Der Beitrag beispielsweise über den „Kinderspielplatz voller Spritzen" problematisierte zwar die Situation, machte aber keine Vorschläge darüber, wie dieser Umstand verändert werden könnte.

In dem Artikel „Neuer Kindergarten knapp genehmigt" ging es lediglich um die Höhe der Kosten, nicht aber um die notwendige Bereitstellung von Kindergartenplätzen.

Der Beitrag zum „Weltkindertag", zu dem die Ministerpräsidentin Kinder ins Landeshaus einlud, berichtete zwar über die vielen Angebote (Zauberer, Würstchenbuden, Malwände, Luftballonwettbewerb, Fahrradkorso ...) und den finanziellen Betrag, der dafür zur Verfügung gestellt wurde, problematisierte aber nicht die Tatsache, daß mit dem Feiern dieses Tages für Kinder nichts mittelfristig positiv verändert wird. (Stichwort: Eintagsfliege)

In dem Beitrag „Jugendliche immer brutaler" war zwar zu lesen, daß eine Jugendgang eine kleine Gruppe von Schülern überfallen hatte; gleichzeitig enthielt der Inhalt nichts über das trostlose soziale Umfeld (Hochhaussiedlung, Jugendheim geschlossen, hohe Jugendarbeitslosigkeit ...) der Jugendlichen. (Anmerkung: Es geht nicht um eine Rechtfertigung von Gewalt, allerdings um eine Erklärung. Solange solche Verknüpfungen fast permanent unberücksichtigt bleiben, wird sich an der besonderen Situation dieser Jugendlichen nichts ändern!)

Der Artikel „Spielzeug immer brutaler" stellte drei neue Spiele vor, die tatsächlich indiskutabel brutal waren. Dabei wurde aber nicht darauf hingewiesen, daß vermehrt solche Kinder und Jugendliche diese Spiele bevorzugen, die einerseits Brutalität selber erfahren, andererseits in ihren Bedürfnissen „brutal" unterdrückt oder geringgeschätzt wurden und werden.

Es scheint ein Zeichen der Zeit zu sein, daß Presseberichte zwar zur Kenntnis genommen werden, jedoch kaum von der Möglichkeit Gebrauch gemacht wird, aus Profession (als ErzieherIn) und aus einer persönlichen Betroffenheit heraus öffentlich zu reagieren.

LeserInnenbriefe zu aktuellen Themen

MitarbeiterInnen aus sozial-pädagogischen Einrichtungen können dadurch Impulse für ein Nachdenken setzen, indem sie zu aktuellen Beiträgen mit einem LeserInnenbrief – und damit öffentlich – antworten. Wenn Hintergründe fehlen, müssen sie ergänzt werden. Wenn Fakten außer acht gelassen wurden, können sie durch einen LeserInnenbrief nachgereicht werden.

Wenn ähnliche Erfahrungen gemacht wurden, sollten sie der Öffentlichkeit nicht vorenthalten werden.

Wenn einem über das, was geschrieben wurde, „die Haare zu Berge stehen", dann bietet ein LeserInnenbrief das entsprechende Medium, sich fachlich-persönlich zu äußern.

Journalisten bestätigen immer wieder, daß LeserInnenbriefe und Todesanzeigen die meiste Beachtung in der Presse finden. Die Konsequenz lautet daher, auf diese aktive Öffentlichkeitsarbeit nicht zu verzichten.

Kriterien eines LeserInnenbriefes

Allerdings sind auch beim Verfassen eines LeserInnenbriefes folgende Kriterien zu beachten:

– Ein LeserInnenbrief ist weder ein Fachaufsatz noch eine wissenschaftliche Abhandlung; je klarer und kürzer („auf den Punkt gebracht") er ist, desto größer ist die Chance, daß er abgedruckt wird.

– Ein LeserInnenbrief ist zwar eine persönliche Meinungswiedergabe, doch sollte er trotz aller Emotion und innerem Engagement eine sachliche Auseinandersetzung fördern. Unterstellungen, polemische oder populistische Formulierungen sind dabei ebensowenig gefragt wie Unverschämtheiten.

– LeserInnenbriefe sind Stellungnahmen, die nur dann glaubwürdig sind, wenn sie einer Person zugeordnet werden können. So dürfen die Angaben zum Verfasser oder zur Verfasserin, also der Name und die vollständige Anschrift mit Unterschrift, nicht fehlen.

7. Social Sponsoring – Leistungen und Gegenleistungen

Es mag sein, daß bei dem Gebrauch des Begriffs „Social-Sponsoring" sofort ein gedankliches Horror-Szenarium in Gang gesetzt wird: Kinder treten früh am Morgen durch ein Tor, auf dem mit großen Buchstaben der Schriftzug einer bekannten Getränke-Firma in Leuchtbuchstaben aufblinkt. Sie betreten die Einrichtung, und an der Eingangstüre steht unübersehbar die Aussage: „Diese Kindertagesstätte kann ihren Betrieb dank der großzügigen finanziellen Unterstützung der Sparkasse ... aufrechterhalten." Nachdem die Kinder ihre Jacken ausgezogen und an Kleiderhaken der Möbelfirma ... aufgehängt haben, betreten sie ihre Gruppenräume. Am Eingang eines jeden Raumes steht eine Firmenleiste, der zu entnehmen ist, daß diese und jene Betriebe das Spielzeug, die Möbel und die andere Ausstattung gestiftet haben. Zum Frühstück gibt es Tee der Firma ..., und das Obst kommt vom Gemüsehändler ... Beim Zähneputzen fällt auf, daß die Zahnputzbecher von einer bestimmten Krankenkasse gespendet wurden, und die Waschlappen und Handtücher tragen den Schriftzug einer Bank. Im Garten stehen großbuchstabige Hinweise, daß die Gartenpflanzen von der Gärtnerei ... gestiftet wurden und die Spielgeräte dank des Herstellers ... nun das Außengelände schmücken. Zwischendurch gibt es schnell noch eine gesponserte Zwischenmahlzeit, und die Werkarbeiten vom Tag tragen die Kinder stolz in Tragetaschen nach Hause, die mit dem Schriftzug eines großen Kaufhauses bedruckt wurden und jedem ins Auge fallen.

Dieses Beispiel ist konstruiert! Es hat nichts mit der Realität eines Social Sponsoring zu tun und hat daher lediglich einen amüsierenden Wert.

Sponsoring Wir alle kennen dagegen gerade von großen Sportveranstaltungen bzw. Sportübertragungen im Fernsehen bestimmte Sponsoren: Sie zieren mit ihrem Namen die Autos der Rennfahrer, ihre Mützen und Jacken, Hemden und Hosen, Strümpfe und Schuhe. Es scheint fast so, daß wirklich jeder Winkel von Sponsoren genutzt wird, um beim Zuschauer aufzufallen. Tennisfelder sind von Bandenwerbung eingekreist, und SkifahrerInnen reißen nach ihrem Zieleinlauf die Bretter von ihren Füßen, damit jeder die Firmennamen auf den Skilaufflächen erkennen kann. So wundert es nicht, wenn auch die Zahlen für Sponsoring eine deutliche Sprache sprechen:

Aufwendungen der Wirtschaft

Die Wirtschaft gibt pro Jahr ca. 1,8 Milliarden Mark für Sponsorenmaßnahmen aus, und die Aufteilung sieht wie folgt aus:
- In den Sport fließen ca. 1100 Millionen Mark,
- in den Kulturbereich ca. 400 Millionen Mark,
- in den Bereich des Umweltschutzes fließen ca. 200 Millionen Mark und
- in den sozialen Bereich ca. 20 Millionen Mark.

Social-Sponsoring hat – und das muß sehr deutlich herausgestellt werde – *nichts* mit Spenden irgendwelcher Art zu tun.
Spendengelder kommen eher zufällig zustande oder auf Anregung einzelner Personen, Betriebe oder Einrichtungen.
So kann es einen bestimmten Verein geben, der im Laufe eines Jahres „für einen guten Zweck" gesammelt hat und am Jahresende überlegt, wem die Spendengelder am besten und sinnvollsten überlassen werden können. Vielleicht regiert dabei auch das sogenannte Gießkannenprinzip: Die einen erhalten etwas, die anderen bekommen den Rest.

Aspekte des Social-Sponsoring

- **Social-Sponsoring gründet sich auf der Hauptaussage: Leistung und Gegenleistung müssen jederzeit ausgewogen sein! Geben und Nehmen halten sich die Waage.**
  Bei einer Spende sieht es dagegen anders aus: Der eine hat etwas zu vergeben und gibt, der andere hat einen Mangel und nimmt einen Betrag an. Vielleicht bedankt sich der Empfänger, doch eine Gegenleistung bleibt aus.

- **Social-Sponsoring geschieht nicht aus reiner Barmherzigkeit. Beide Seiten profitieren aktiv voneinander!**
  Bei einer Spende profitiert zunächst nur einer – der Empfänger. Nüchtern betrachtet hat der Spender einen finanziellen Verlust, der Empfänger dagegen einen Gewinn.

- **Social-Sponsoring hat nichts Anrüchiges an sich. Es ist ein Geschäft, das zwischen zwei Geschäftspartnern geschlossen wird.**
  Bei einer Spende besteht auf seiten der Spender nicht selten die Frage, was mit dem Geld geschieht, ob es auch die vorgesehenen Adressaten wirklich in vollem Umfang erreicht oder ob die Spenden nicht vielleicht in „irgendwelchen dunklen Kanälen" versickert sind.

- **Social-Sponsoring vollzieht sich auf einer Handlungsebene, bei der es zwei Gewinner gibt: den Sponsor und die gesponserte Institution.**
  Bei einer Spende gibt es vor allem einen Gewinner, nämlich denjenigen, der die Spendenartikel oder den Spendenbetrag erhält.

- **Social-Sponsoring ist auf eine langfristige Zusammenarbeit ausgelegt, durch die sich die Sponsor-Beteiligten immer intensiver kennenlernen.**
  Bei einer Spende sind es nur sehr kurzfristige Berührungen, etwa wenn im Herbst des Jahres „Bittbriefe" an Firmen versandt werden mit der Bitte, etwas Bestimmtes für eine Weihnachtsfeier oder ein Fest kostenlos zur Verfügung zu stellen. Danach bricht der Kontakt ab und wird unter Umständen nach einem Jahr wieder reaktiviert.

- **Social-Sponsoring wird von beiden Seiten als marktwirtschaftlich geprägte Gedanke getragen und betrachtet.**
  Bei einer großen Spende hat vor allem der Empfänger ein „marktwirtschaftliches Interesse", nämlich in möglichst kurzer Zeit möglichst viel an Spenden entgegenzunehmen.

- **Social-Sponsoring hilft dem Sponsoren dabei, sein gutes Image zu vermarkten. Es hilft der gesponserten Institution, mit ihrem eigenen guten Image für eine Imageverstärkung zu sorgen!**
  Bei einer Spende spielt das Image keine Rolle, zumindest ist es nicht die Absicht des Spenders, in dieser Richtung etwas zu erreichen, denn dann wäre der Sinn einer (zweckfreien!) Spende nicht mehr gegeben.

- Social-Sponsoring setzt eine intensive Arbeit auf beiden Seiten voraus! Der Sponsor vergleicht seine Corporate Identity mit der der in Frage kommenden Einrichtung, die möglicherweise Sponsorenmittel erhalten soll. Die Einrichtung selbst überprüft wiederum, ob das Image des Sponsors „untadelig" ist und macht sich rechtzeitig an die Arbeit, selbst eine Innenklärung vorzunehmen (Was haben wir anzubieten? Wie bieten wir unsere Leistung an? Wer sind wir, die wir diese Leistung anbieten und eine bestimmte Leistung annehmen können?).

Bei einer Spende ist es dem Spendenempfänger eher gleich, von wem er etwas erhält. Gleichzeitig muß sich der Empfänger eher wenig darum kümmern, wie intensiv seine Vorarbeit gestaltet wurde. Hauptsache, das gesetzt Ziel wird erreicht.

- Social-Sponsoring wird sehr genau zwischen beiden Parteien ausgehandelt und in einem schriftlichen Vertrag festgehalten, wer welche Leistungen an welcher Stelle zu erbringen hat.

Eine Spende wird entgegengenommen – Verträge sind dabei überflüssig und häufig auch unerwünscht.

- Social-Sponsoring wird in nahezu allen Fällen von einer professionell gestalteten Presse- und Medienarbeit begleitet.

Spenden werden kurzfristig – wenn gewünscht – in der Presse erwähnt.

- Social-Sponsoring zeigt sich vor allem in fünf möglichen Sponsorleistungen:
  - Finanzierung von bestimmten Projekten
  - Finanzierung von bestimmten Sachausstattungen
  - Bereitstellung von Räumen
  - Bereitstellungen eines professionellen Know-how
  - Unterstützung zur Anschaffung bestimmter Nutzgegenstände

Spenden beziehen sich vor allem auf Sach- und Geldzuwendungen.

Social-Sponsoring hat damit einen großen Einfluß auf das Handlungsfeld beider Partner. Es geht nicht um irgendwelche kleinen Einzelschritte, indem etwa der Sponsor A der Einrichtung B „irgendwelche" Sach- oder Finanzmittel, Räume oder ein Knowhow zur Verfügung stellt und die Einrichtung B dafür Werbeflächen im Hause anbietet. Vielmehr entsteht Social-Sponsoring durch einen regen Innenaustausch und eine aktive Außenkommunikation beider Parteien.

Vorbereitende Fragen

Daher müssen vor der Einleitung einer möglichen Kooperation folgende Fragen von der sozial-pädagogischen Einrichtung beantwortet werden:
- Welches Profil hat die eigene Institution? Ist sie für ein Social-Sponsoring überhaupt geeignet?
- Welche Erfahrungen bestehen in der MitarbeiterInnenschaft zum Thema „Social-Sponsoring"?
- Welche andere Einrichtung hat schon mit dem Social-Sponsoring Erfahrungen sammeln können, und wer nimmt Kontakt zu dieser Institution auf?
- Wie hoch ist die Fachkompetenz zum Social-Sponsoring?
- Durch welche Möglichkeiten kann es zu einer Erweiterung der Fachkompetenz kommen?
- Welches Sponsoringkonzept erscheint geeignet, dem Sponsor unterbreitet zu werden?
  Trägt das Konzept ein eindeutiges, eigenständiges Projektprofil?
- Was ist über den Sponsor bekannt? Welchen Ruf hat er in seinem Innen- und Außenverhältnis?
- Welche Leistungen können vom Sponsor erwartet werden? Was ist erforderlich, was ist realistisch?
- Zu welchen Gegenleistungen ist die sozial-pädagogische Einrichtung bereit?
- Wer nimmt die ersten persönlichen Gespräche auf, und wie sehen die weiteren Kontakte aus?
- Welche Investitionen sind von der sozial-pädagogischen Einrichtung im vorhinein zu tätigen, um für Sponsoren attraktiv zu sein?
- Ist die Corporate Identity des Sponsors in (nahezu) allen Merkmalen mit der der Einrichtung ethisch vereinbar? Wo gibt es deutliche Berührungspunkte?
- Wieviel Einfluß darf, soll oder kann der Sponsor bei einem Social-Sponsoring auf die Einrichtung haben?

Förderung von Sonderprojekten

Social-Sponsoring dient nicht zur Finanzierung feststehender Aus- und Aufgaben. Es bezieht sich immer auf Sonderprojekte, die beispielsweise auf der einen Seite für die Erholung von Kindern, die Unterstützung der Eltern oder die Weiterentwicklung der Einrichtung notwendig sind, auf der anderen Seite wegen fehlender Mittel nicht umgesetzt werden können. Social-Sponsoring sorgt dafür, daß die begonnene und sich stark fortsetzende Handlungsunfähigkeit der sozial-pädagogischen Arbeit in sicherlich vielen Teilbereichen unterbrochen werden kann. In den Vereinigten Staaten gehört Social-Sponsoring inzwischen zur alltäglichen Realität. Dort bedeuten die drei Buchstaben S.O.S. nicht mehr „save our souls", sondern „save our society".

> Social-Sponsoring unterstützt innovative Projekte, qualifiziert die Öffentlichkeitsarbeit, unterstützt die Entwicklung der zwingend notwendigen beruflichen Professionalität, trägt zur Erhöhung des Bekanntheitsgrades der Einrichtung bei, fordert eine konstruktiv-fundierte Teamarbeit und macht eine inhaltlich-konzeptionelle Auseinandersetzung notwendig.

Sponsoren kommen ihrer gesellschaftlichen Verantwortung nach und können diese gewinnbringend dokumentieren. Der ideelle und finanzielle Profit liegt für beide Seiten auf der Hand.

Sponsoring-Agenturen

Natürlich wird es bei der Suche nach Sponsoren auch Rückschläge geben. Doch diese sind immer hilfreich, eigene Schwachpunkte in der Sponsorenwerbung zu suchen und zu identifizieren. Problematisch kann es dann werden, wenn durch fehlende Kompetenzen Türen zugeschlagen wurden. Es gibt inzwischen in Deutschland, Österreich und der Schweiz ca. 1300 Sponsoringagenturen. Sollte eine sozial-pädagogische Einrichtung erkennen, daß die eigenen Kompetenzen oder personellen Kapazitäten möglicherweise nicht ausreichen, ein Social-Sponsoring erfolgreich in Gang zu bringen, bietet es sich an, professionelle Hilfe in Anspruch zu nehmen. Manches Mal scheitert es schon daran, daß MitarbeiterInnen sozial-pädagogischer Einrichtungen Schwierigkeiten haben, adressatenorientiert zu denken und eine Sprache zu finden, die von allen Seiten verstanden wird. Manches Mal sind auch die Zeitspannen zu kurz gesetzt. So ist es üblich, daß zwischen der ersten Kontaktaufnahme und dem endgültigen Vertragsabschluß 10 bis 15 Monate gebraucht werden, um zum Ziel zu kommen.

Geduld, Engagement, Interesse, Risikofreude und Aktivität sind dabei die Merkmale, die neben einer Professionalität und einem identischen Verhalten zum Erfolg führen.

8. Zusammenfassung

Das „Handbuch Öffentlichkeitsarbeit" möchte MitarbeiterInnen sozial-pädagogischer Einrichtungen auf unterschiedliche Art und Weise dienlich sein. Es will
- dazu beitragen, die hohe Bedeutung einer Öffentlichkeitsarbeit hervorzuheben;
- klar herausstellen, daß eine qualifizierte Öffentlichkeitsarbeit den MitarbeiterInnen selbst, dem Berufsbild der ErzieherInnen und der Einrichtung, den Kindern und Eltern sowie bislang einrichtungsfernen Ziel- und Interessengruppen dienlich ist;
- abgesichert Aussagen und Thesen für eine qualifizierte Öffentlichkeitsarbeit präsentieren;
- Merkmale einer Corporate Identity benennen und für sozialpädagogische Einrichtungen praxisnah darstellen;
- unterschiedliche Formen der Öffentlichkeitsarbeit beschreiben;
- Hinweise zum Social Sponsoring geben.

Dabei bleibt es nicht nur bei theoretischen Ausführungen. Vielmehr werden in allen Kapiteln praktische Beispiele genannt, um einen Transfer auf die eigene Tätigkeit zu ermöglichen.

Gleichzeitig ist das „Handbuch Öffentlichkeitsarbeit" so geschrieben, daß der Text sicherlich gut verständlich und vor allem auch lebendig gehalten ist. Die Inhalte sind strukturiert und übersichtlich gestaltet.

So möchte das „Handbuch Öffentlichkeitsarbeit"
- Betroffenheit erzeugen: Das geschieht dadurch, daß einerseits auf die vielfältigen Möglichkeiten einer qualitätsorientierten Öffentlichkeitsarbeit hingewiesen wird, auf der anderen Seite Leserinnen und Leser selbst feststellen können, wie nah oder weit sie von den eigenen und erwarteten Ansprüchen entfernt sind;
- aufrütteln: Ungezählte Beispiele aus der Praxis zeigen, daß Öffentlichkeitsarbeit in vielen Einrichtungen wie ein „abgeschobenes Stiefkind" behandelt wird oder auf eine Art und Weise zur

Umsetzung kommt, daß sie schon im vorhinein zum Scheitern verurteilt ist;
- Mut machen: Mit Hilfe der vielen Ideen und Beispiele ist es sicherlich für jede Einrichtung möglich, ihren eigenen Weg zur Verbesserung und Erweiterung der Öffentlichkeitsarbeit fortzusetzen. Wenn beispielsweise alle Kindertagesstätten, Kindergärten und Horte – schätzungsweise gibt es ca. 40.000 Institutionen dieser Art in Deutschland – nur jeden Monat einmal eine öffentliche Darstellung unternähmen, dann würden pro Jahr über 500.000 Meldungen alleine aus der Elementar- und Primarpädagogik erscheinen;
- provozieren: Wenn von der Ursprungsbedeutung des Wortes her (pro-vocare = hervorrufen) gemeint ist, Aktivitäten in Gang zu setzen, dann ist ein wesentliches Ziel des Buches erreicht;
- Spaß und Freude beim Lesen bereiten: Nichts ist so langweilig und deprimierend, als wenn seitenweise nüchterne Erkenntnisse aneinandergereiht sind. Insofern tragen bestimmte Aussagen, Beispiele und Wortschöpfungen sicherlich dazu bei, daß Leserinnen und Leser so manches Mal schmunzeln werden;
- zur Auseinandersetzung anregen: Vielleicht ist es nicht immer gelungen, alle Inhalte und Teilbereiche vollständig und klar zu behandeln. Gleichzeitig kann es sein, daß manche Aussagen zu Widersprüchen aufrufen. Das ist sicherlich dann nützlich, wenn MitarbeiterInnen dadurch zu einer spannenden, inhaltsorientierten Auseinandersetzung finden.

Mit der Entscheidung, keine Öffentlichkeitsarbeit
zu machen, ist es wie in der Kommunikation:
Auch Schweigen vermittelt eine deutliche Botschaft.
Mit der Öffentlichkeitsarbeit ist es
wie mit einem guten Büfett:
Manches wird genommen und manches bleibt liegen.
Bei einer qualitätsorientierten Öffentlichkeitsarbeit ist es wie mit einem
sehr guten Büfett:
Die guten Dinge sind nach kurzer Zeit
gegessen, weil sie zum Genießen aufgefordert haben.

Der Autor hofft, daß Sie, verehrte Leserin, verehrter Leser, das Buch mit viel Genuß bearbeitet haben.

Literatur

„Öffentlichkeitsarbeit"

Ariwald, Wolfgang H.: Öffentlichkeitsarbeit in der Jugendhilfe. In: Mitteilungen des Landesjugendamtes Westfalen-Lippe, Nr. 106, 1991, Seite 48–70

Baerns, B.: Öffentlichkeitsarbeit oder Journalismus? Zum Einfluß im Mediensystem. Köln 2. Aufl. 1991

Baerns, B. (Hrsg.): PR-Erfolgskontrolle. Frankfurt a.M. 1995

Bebber, F. van und Neises, G.: Wie sage ich es in der Öffentlichkeit? Presse- und Öffentlichkeitsarbeit im sozialen Bereich. Frankfurt 1990 (Eigenverlag des Deutschen Vereins für öffentliche und private Fürsorge)

Bildungswerk der Erzdiözese Köln (Hrsg.): Radiowerkstatt. Arbeitsheft für Radiomacher, Hörer und Interessierte. Köln 1990

Bogner, Franz M.: Das neue PR-Denken. Wien 1990

Bürger, J.H.: PR-Gebrauchsanleitungen für praxisorientierte Öffentlichkeitsarbeit. Loseblattsammlung. Landsberg 1989ff.

Bundesvereinigung Kulturelle Jugendbildung e.V. (Hrsg.): Öffentlichkeitsarbeit. Nur das Sahnehäubchen auf dem Kaffee? Remscheid, Arbeitshilfen 3/1995

dass. (Hrsg.): Lokaler Hörfunk und Kirche. Eine Arbeitshilfe für die Öffentlichkeitsarbeit in Pfarrgemeinden, Einrichtungen und Verbänden. Köln 1992

Deutscher Bundesjugendring: Presse und Öffentlichkeitsarbeit – ein Leitfaden. Schriftenreihe des Deutschen Bundesjugendrings, Nr. 8, Bonn 1985

Dörrbecker, K. und Rommerskirchen, T. (Hrsg.): Kommunikationsmanagement. Perspektiven und Chancen des Public Relations. Remagen – Rolandseck 1990

Donath, K.G.: Kunstregeln für ein Randthema. Wie Pressearbeit bei der Jugendarbeit inszeniert wird. In: Mitteilungen des Landesjugendamtes Westfalen-Lippe, Nr. 106, 1991, Seite 45–47

Faulstich, W.: Grundwissen Öffentlichkeitsarbeit. Kritische Einführung in Problemfelder der Public Relations. Bardowick 1992

Faulstich, W. (Hrsg.): Grundwissen Medien. München 1994
Förster, H.P.: Handbuch Pressearbeit. München 1991
Gaarz, D.: Eierlegende Wollmilchsau gesucht. Anmerkungen und Fragen zur Qualifizierung und Professionalisierung von Public Relations. In: Dörrbecker, K. und Rommerskirchen, T. (Hrsg.), a.a.O., S. 50ff.
Gass, F.U.: Was kommt an in Wort und Bild? Erfolgsgrundlagen werblicher Kommunikation. Darmstadt 1983
Grözinger, K.: Gestaltung von Plakaten. München 1994
Hanemann, P.: Kultur in der Öffentlichkeit! Ein Handbuch zur kulturellen Presse und Öffentlichkeitsarbeit. Sekretariat für gemeinsame Kulturarbeit Nordrhein-Westfalen. Essen 1991
Initiative „Journalisten warnen vor dem Atomkrieg" (Hrsg.): Das Mediendschungelbuch. Gebrauchsanleitung für den richtigen Umgang mit Presse, Funk und Fernsehen. Berlin 1986
Joerger, G.: Öffentlichkeitsarbeit. Stuttgart 1975
Katholische Junge Gemeinde (Hrsg.): Public Relations. Ein Handbuch zur Öffentlichkeitsarbeit in der KJG. Düsseldorf 1989
Katholische Landesarbeitsgemeinschaft Heime der Offenen Tür in NW (Hrsg.): Öffentlichkeitsarbeit. Tips und Techniken, Tricks und praktische Theorien. Für die Katholische Offene Kinder- und Jugendarbeit. Köln/Aachen, Dezember 1995
Keller, I.: Identität und Image. Auf dem Wege zur ganzheitlichen Corporate Identity. Wiesbaden 1990
Landesverband Bürgerinitiativen Umweltschutz Niedersachsen e.V.: Öffentlichkeitsarbeit im Umweltschutz. Hannover 1984
Langenstein, B.: Öffentlichkeitsarbeit – Gemeinden werben für den Glauben. Themenhefte zur Gemeindearbeit, Heft 4/91, Aachen 1991
La Roche, W. von: Einführung in den praktischen Journalismus. München 1984
Leu, O.: Corporate design. München 1992
Leu, O.: Stilformen der graphischen Gestaltung. München 1993
Luthe, D.: Öffentlichkeitsarbeit von Nonprofit-Organisationen. Universität Bremen, Zentrum für Weiterbildung, Bremen 1994
Marchal, P. und Spura, U.K.: Öffentlichkeitsarbeit im sozialen Bereich. Weinheim 1981
Marchal, P.: Öffentlichkeitsarbeit. In: Kreft, D. und Mielenz, I. (Hrsg.): Wörterbuch soziale Arbeit. Weinheim 1988
Meier, R.: Öffentlichkeitsarbeit – von Drinnen nach Draußen. In: Sozialmagazin, Heft 3/1985

Literatur

Nantscheff, M.: Der Köder muß dem Fisch schmecken, nicht dem Angler. Praktische Schritte zur wirkungsvollen Marketingkommunikation im Non-Profit-Sektor. In: Bundesvereinigung Kulturelle Jugendbildung e.V. (Hrsg.), a.a.O., S. 28–37

Oeckl, A.: PR-Praxis. Der Schlüssel zur Öffentlichkeitsarbeit. Düsseldorf 1976

Oehrens, E.-M.: Kreativität im Public-Relations-Zeitalter. Öffentlichkeitsarbeit – ein Medienereignis oder Kommunikationsaufgabe? In: Akademie Remscheid (Hrsg.): Konzept Kreativität in der Kulturpädagogik. Grundlagen – Theorie – Praxis. Remscheid 1989

Oehrens, E.-M.: Der soziale Griff in die Horrorkiste und andere Bilder zum Steinerweichen. TV-Werbung und Öffentlichkeitsarbeit für Non-Profit-Unternehmen. In: medien concret, Heft 1/1992, S. 71ff., Köln 1992

Oehrens, E.-M.: Information und Kommunikation – damit Kultur unter die Leute kommt. Kurzlehrgang zum kooperativen Umgang mit den Medien. In: Handbuch KulturManagement. Stuttgart 1992

Oehrens, E.-M.: Der rote Faden muß erkennbar sein. Leitfaden zur Entwicklung einer Konzeption für die Presse- und Öffentlichkeitsarbeit. In: Handbuch KulturManagement. Stuttgart 1992

Oehrens, E.-M.: Keine Privatsache. Jugend und Kultur im öffentlichen Gespräch. Praktischer Ratgeber zur Presse- und Öffentlichkeitsarbeit. In: Bundesvereinigung Kulturelle Jugendbildung e.V. (Hrsg.), a.a.O., S. 6–27

Oehrens, E.-M.: Kommunikationspartnerschaft – Mehr als ein PR-Konzept. Wirtschaft und Jugendkultur auf gemeinsamer Suche nach Glaubwürdigkeit. In: Bundesvereinigung Kulturelle Jugendbildung e.V. (Hrsg.), a.a.O., S. 43–51

Olins, W.: Corporate Identity. Strategie und Gestaltung. Frankfurt a.M. 1990

Pfannendörfer, G.: Kommunikationsmanagement – Das ABC der Öffentlichkeitsarbeit für soziale Organisationen. Baden-Baden 1995

PÖFF-Projektgruppe Öffentlichkeitsarbeit an der Fachhochschule Esslingen, Hochschule für Sozialwesen: Öffentlichkeitsarbeit für soziale Institutionen. Esslingen, Sommersemester 1995

Prokop, D.: Öffentlichkeit. In: Eyferth, H./Otto, H.-U. und Thiersch, H.: Handbuch zur Sozialarbeit/Sozialpädagogik. Neuwied/Darmstadt 1987

Reineke/Eisele (Hrsg.): Taschenbuch Öffentlichkeitsarbeit. Heidelberg 1994

Rogall, A.: Tue Gutes und rede darüber. Die Öffentlichkeitsarbeit spielt bei der Umsetzung kinderfreundlicher Maßnahmen eine tragende Rolle. In: Spielraum-spezial, Heft 6/1994, Seite 28ff.

Ronneberger, F. und Rühl, M.: Theorie der Public Relations. Ein Entwurf. Opladen 1992

Ruhe, H.-G.: Öffentlichkeitsarbeit der regionalen Jugendarbeit. Hrsg.: Bischöfliches Jugendamt/Diözesanstelle BDKJ Münster, Münster 1981

Schürmann, E.: Öffentlichkeitsarbeit für soziale Projekte und Organisationen. In: BBJ Consult Info, Ausgabe II/1994

Schürmann, E.: Themen, Thesen und Materialien zur Öffentlichkeitsarbeit in sozialen Feldern. BBJ Servis GmbH für Jugendhilfe, Berlin 1993

Stähling, T.: Öffentlichkeitsarbeit und Massenkommunikation. In: Praktische Theologie heute. Hrsg.: Klostermann, F. und Zerfaß, R., München/Mainz 1974, S. 525–538

Tremel, H. (Hrsg.): Öffentlichkeitsarbeit der Kirche. Gemeinschaftswerk der Evang. Publizistik. Frankfurt a.M. 1990

Weischenberg, S.: Nachrichtenschreiben. Journalistische Praxis zum Studium und Selbststudium. Opladen 1988

Wunden, W.: Öffentlichkeit und Kommunikationskultur. Beiträge zur Medienethik, Band II. Hamburg/Stuttgart 1994

„Social-Sponsoring"

Akademie Remscheid für musische Bildung und Medienerziehung: Sich gut verkaufen heißt nicht, sich zu verkaufen. In: KABI – Konzertierte Aktion Bundesinnovationen. Hrsg.: Bundesministerium für Familie, Senioren, Frauen und Jugend. Heft 32, 18.11.1996 – Projekt 32.9

Arbeitsstelle Fundraising und Sozial-Sponsoring, SPI Service Gesellschaft Berlin: Einwerbung von Mitteln aus privaten Quellen – Herangehensweisen und Fehler. In: KABI – Konzertierte Aktion Bundesinnovationen. Hrsg.: Bundesministerium für Familie, Senioren, Frauen und Jugend. Heft 32, 28.11.1996 – Projekt 32.10

Haibach, M.: Spenden und Sponsoring – wie Individuen und Unternehmen als UnterstützerInnen gewonnen werden können. In: cash coop Hessen/cash-coop-Initiativgruppe Berlin-Brandenburg (Hrsg.): Kursbuch Fundraising, S. 143–162. Berlin 1994

Haunert, F./Lang, H.: Sozial-Sponsoring – vom Nutzen eines Wundermittels. Theorie und Praxis der sozialen Arbeit, Heft 4/1994, S. 131–139

Katholische Landesarbeitsgemeinschaft Heime der Offenen Tür in NW: Sozial-Sponsoring als Bestandteil von Managementstrategien. In: KABI – Konzertierte Aktion Bundesinnovationen. Hrsg.: Bundesministerium für Familie, Senioren, Frauen und Jugend. Heft 32, 28.11.1996 – Projekt 32.1

Kölner Förderfonds Köln/Kids: Firmen fördern Mitarbeiter/-innen von morgen. In: KABI – Konzertierte Aktion Bundesinnovationen. Hrsg.: Bundesministerium für Familie, Senioren, Frauen und Jugend. Heft 32, 28.11.1996 – Projekt 32.8

Landesarbeitsgemeinschaft Kulturpädagogische Dienste/Jugendkunstschulen NRW: Sponsoring – Partnerschaft mit Leistung und Gegenleistung. In: KABI – Konzertierte Aktion Bundesinnovationen. Hrsg.: Bundesministerium für Familie, Senioren, Frauen und Jugend. Heft 32, 28.11.1996 – Projekt 32.7

Lang, H./Haunert, F.: Handbuch Sozial-Sponsoring. Weinheim und Basel 1995

Labetzsch, B.: Sponsoring heißt Leistung und Gegenleistung. Sozialmagazin, Heft 7–8/1992, S. 18–21

Leif, T./Galle, U. (Hrsg.): Social Sponsoring und Social Marketing: Praxisberichte über das „neue Projekt Mitgefühl". Köln 1993

Markert, A.: Soziale Arbeit und Öffentlichkeit. Sozialmagazin, Heft 12/1995, S. 22–26

Orlowski, P./Wimmer, G.: Marketing und Fundraising. In: Beck, M. (Hrsg.): Handbuch Sozialmanagement. Wien 1995, S. 2–29

Orians, W.: Nur das Sahnehäubchen auf dem Kaffee: Sponsoring ist kein Ersatz für staatliche Kulturförderung. In: Bundesvereinigung Kulturelle Jugendbildung e.V. (Hrsg.): Öffentlichkeitsarbeit – Nur das Sahnehäubchen auf dem Kaffee? Arbeitshilfen 3/95, Remscheid 1995

Psychologisches Institut der Universität Bonn (Uwe Kleinemas/Michael Rietz): Sponsoring bei generationsübergreifenden sozialen Projekten: Einstellungen, Potentiale und Perspektiven. Ausgewählte Ergebnisse einer explorativen Studie. Bonn, Juli 1996

Schwiewe, K.: Sozial-Sponsoring – ein Ratgeber. Freiburg i.Br. 1995

Schöffmann, D.: Fundraising und Corporate Identity. In: cash coop Hessen/cash-coop-Initiativgruppe Berlin-Brandenburg (Hrsg.), a.a.O., S. 29–42

wir – Wirtschafts-Initiativen für Deutschland: Wirken wie ein Katalysator: unterstützen, anschieben, zusammenbringen – und eine Reaktion auslösen. In: KABI – Konzertierte Aktion Bundesinnovationen. Hrsg.: Bundesministerium für Familie, Senioren, Frauen und Jugend. Heft 32, 28.11.1996 – Projekt 32.6

Anschriften der Fernsehsender

Deutsches Fernsehen, ARD, Programmdirektion Arnulfstraße 42, 80335 München
ARD-Studio Berlin, Schadowstr. 6, 10117 Berlin
ARD-Studio Bonn, Erstes Deutsches Fernsehen, Dahlmannstraße 14, 53113 Bonn
arte, Europäischer Kulturkanal, 2a, Rue de la Fonderie, F-67000 Strasbourg, Frankreich
Bayerischer Rundfunk, Floriansmühlstraße 60, 80939 München
Der Kabelkanal, DKK, Martin-Kollar-Str. 13, 81829 München
Hessischer Rundfunk, HR, Bertramstraße 8, 60320 Frankfurt
Kabel 1, Bahnhofstr. 28, 85774 Unterföhring
Mitteldeutscher Rundfunk, Fernsehen, Rotenbaumchaussee 132–134, 20149 Hamburg
n-tv, Taubenstraße 1, 10117 Berlin
Ostdeutscher Rundfunk Brandenburg, ORB, August-Bebel-Straße 26–63, 14482 Potsdam
Premiere, Tonndorfer Hauptstraße 90, 22045 Hamburg
PRO 7, Television GmbH, Bahnhofstraße 27a, 85774 Unterföhring
Radio Bremen, Fernsehen, Bürgermeister-Spitta-Allee 45, 28329 Bremen
RTL Television, Aachener Straße 1036, 50570 Köln
RTL 2 Fernsehen GmbH & CoKG, Bavariafilmplatz 7, 82031 Grünwald
Saarländischer Rundfunk, Funkhaus Halberg, Postfach 1050, 66100 Saarbrücken
SAT 1, Otto-Schott-Straße 13, 55127 Mainz
Sender Freies Berlin, SFB, Masurenallee 8–14, 14057 Berlin
Spiegel-TV GmbH, Brandstwiete 19, 20457 Hamburg
Stern-TV GmbH, Hohenzollernring 14, 50672 Köln
Süddeutscher Rundfunk (SR), Neckarstr. 230, 70190 Stuttgart
Südwestfunk, SWF, Hans-Bredow-Straße 6, 76350 Baden-Baden
Super Channel, Goethestraße 8, 80336 München
VIVA TV, Claudius-Dornier-Straße 5b, 50829 Köln
VOX, Richard-Byrd-Straße 6, 50829 Köln
Westdeutscher Rundfunk, WDR, Appellhofplatz 1, 50667 Köln
Zweites Deutsches Fernsehen, ZDF/3sat, ZDF-Straße 1, 55127 Mainz

Armin Krenz

Armin Krenz
**Der „Situationsorientierte Ansatz"
im Kindergarten**
Grundlagen und Praxis
konzeptbuch kindergarten
144 Seiten, Paperback
ISBN 3-451-22276-0

Armin Krenz
Kompetenz und Karriere
Für ein neues Selbstverständnis
der Erzieherin
konzeptbuch kindergarten
160 Seiten, Paperback
ISBN 3-451-23009-7

Armin Krenz
**Die Konzeption - Grundlage und
Visitenkarte einer
Kindertagesstätte**
Hilfen zur Erstellung und Überarbeitung von Einrichtungskonzeptionen
konzeptbuch kindergarten
176 Seiten, Paperback
ISBN 3-451-23630-3

Im Buchhandel erhältlich

HERDER

Armin Krenz / Roswitha Raue
„Situationsorientierten Ansatz"
Neue Impulse für Theorie und Praxis
kindergarten • hort • schule
160 Seiten, Paperback
ISBN 3-451-26136-7

Armin Krenz / Heidi Rönnau
Entwicklung und Lernen im Kindergarten
Psychologische Aspekte und pädagogische Hinweise für die Praxis
praxisbuch kindergarten
144 Seiten, Paperback
ISBN 3-451-20128-3

Armin Krenz
Was Kinder brauchen
Entwicklungsbegleitung im Kindergarten
Erzieherin heute
96 Seiten, Paperback
ISBN 3-451-23576-5

Im Buchhandel erhältlich

HERDER

Armin Krenz

Armin Krenz

Armin Krenz
Was Kinderzeichnungen erzählen
Kinder in ihrer Bildersprache verstehen
Mit 8 Farbtafeln und
zahlreichen s/w-Abbildungen
192 Seiten, Klappenbroschur
ISBN 3-451-23695-8

Armin Krenz
Seht doch, was ich alles kann
Was uns Kinder sagen wollen
160 Seiten, Paperback
Band 4209
HERDER/SPEKTRUM

Armin Krenz
Kinderfragen gehen tiefer
Hören und verstehen, was sich hinter
Kinderfragen verbirgt
160 Seiten, Paperback
Band 4357
HERDER/SPEKTRUM

Im Buchhandel erhältlich

HERDER